월급쟁이는 가라, 이제 창업만이 답이다

# 실전창업의 神

지 은 이 | 이강원
펴 낸 이 | 김원중

편 　 집 | 김민주
디자이너 | 조민희 · 김나윤
제 　 작 | 허석기
관 　 리 | 차정심

초판인쇄 | 2013년 5월 27일
초판발행 | 2013년 6월 03일

출판등록 | 제301-1991-6호(1991.7.16)

펴 낸 곳 | (주)상상나무
　　　　　 도서출판 상상예찬
주 　 소 | 서울시 마포구 상수동 324-11
전 　 화 | (02)325-5191
팩 　 스 | (02)325-5008
홈페이지 | http://smbooks.com


ISBN　978-89-86089-33-2　03320

값 16,000원

월급쟁이는 가라, 이제 창업만이 답이다

# 실전창업의 神

|이강원 지음|

상상예찬

창업! 선택이 아니라 필수의 시대이다

컨설팅 회사를 운영하면서 전국을 다니며 여러 창업강좌에서 강의를 하는 경우가 많이 있다. 이런 경우 빠지지 않고 강의 중간 중간 수강생들에게 꼭 해주는 말이 있다.

1997년부터 우리사회에 불어닥친 창업붐의 동향을 살펴보면, 먼저 1997년은 경기침체와 기업체들의 구조조정 등으로 인한 명예퇴직의 바람으로 시작한 창업에서, 1998년은 IMF라는 시대적 상황에서 생계유지 차원의 생존을 위한 창업으로 이어졌고, 이러한 추세는 1999년까지 계속되었다. 이 기간, 평생직장의 개념이 사라지기 시작했고 자기사업을 꿈꾸는 열의가 매우 높아져 갔다. 2000년도는 이 같은 추세를 반영하면서 기존의 명퇴자, 조퇴자, 미래가 불안한 직장인들, 주부 및 여성창업자들, 특히 취업이 어려워 아예 포기하고 창업전선으로 뛰어드는 청년층의 창업열기가 뜨거워졌다.

이 같은 추세는 2000년대에도 계속 이어졌으며, 초반의 특이한 동향으로는 그동안 관망만 하고 있던 직장인들이 미래 대비를 위해서 적극적으로 움직이기 시작한 것과, 저금리시대 탓에 이자만 바라보고 있던 이자생활자들과 목돈을 운용하던 사람들이 보다 높은 수익을 얻기 위해서 재테크의 수단으로써 창업시장에 뛰어드는 경우가 많이 늘어났다. 2000년대 하반기부터 경제위기 때보다 더 힘들다는 2010년대 현재에 이르기까지 주요 동향으로는 "지속가능성"이라는 말일 것이다. 이른바, 대박이라는 점보다는 현재 하고있는 일을 얼마만큼 오랫동안 할 수 있느냐이다. 그래서 현재의 화두는 "일자리 창업"이라는 개념이다.

- 본문 중에서 -

실전 창업의 神

오늘날의 창업이라는 것은 그야말로 선택이 아니라 필수이다.

우리 사회는 경기침체와 구조조정이라는 어려움 속에 힘든 일상이 반복되고 있는 것이 현실이다. 한창 일할 나이에 퇴직을 강요당하는 사람들이 많을 뿐더러, 수많은 청년들이 일자리가 없어 심각한 사회문제로 대두되고 있다.

해답은 결국 창업이다.

나는 감히 소상공인들과 함께 소상공업 시대를 살아왔고 앞으로도 소상공인들을 위해 살아갈 것이라고 말하고 싶다. 나는 소상공인 그리고 소상공업 세대이다.

이제 여러분의 성공과 미래를 위해서, 나의 성공과 미래를 위해서 필요한 모든 것을 이 책에 담아보고자 한다.

지금이야말로 소상공업, 소규모 창업분야에 대한 총정리가 필요한 시점이다. 예비 창업자, 기존 사업자 구별 없이 새로운 창업정신을 가져야 한다. 지금은 새로운 시대에 맞는 마음가짐과 새로운 창업가가 필요한 시대이며 또 이런 사람들만이 창업에서 성공할 수 있다.

원고를 쓰면서 창업초보자인 독자들에게 필요한 실무적이고 원칙적인 내용을 얼마나 알기 쉽고 풍부하게 전달하느냐에 주안점을 두었다. 창업 및 경영에 있어서 반드시 알아두어야 할 필수적인 원칙 한두 가지를 주제로 잡고 이것을 쉽게 이해할 수 있도록 설명하는 방법을 선택하였다. 원칙을 이해한다면 부수적인 사항들은 스스로 터득해 나갈 수 있을 것이다.


* 글을 시작하며...... 사업에 임하는 모든 분들께 바칩니다.

公子 曰, "見利思義"(이득을 보면, 의로운가, 의롭지 않은가를 생각하라.)

**2013년 6월 - GoodWorkMaker 이강원 -**

제 **1** 부

**성공창업**을
위해
**꼭** 필요한
사업
**성공**마인드

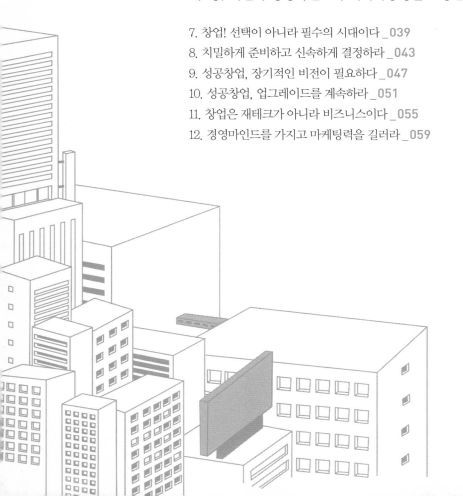

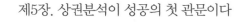

제 1 부

성공창업을 위해 **꼭** 필요한
사업 **성공마인드**

# 올바른 창업마인드가
# 승패를 가른다

# 성공창업을 위해 필요한 정신자세 4가지

최근에 통계를 보면 창업한지 1년이 안 되어 절반 정도가, 3년 이내에 70~80%가 폐업을 경험한다고 한다. 음식점의 경우에는 일년 동안 창업한 수보다 폐업을 하는 음식점 수가 더 많다고 한다. 그만큼 소비침체가 지속되고 경기가 안 좋다보니 폐업이 속출하는 것이다. 그런데 핑계 없는 무덤이 없다고 했던가?

창업을 시작했다가 실패를 경험한 대부분의 사업자들은 실패의 원인을 말할 때, 남의 탓으로 돌리는 경향이 매우 많다. 예를 들면 '종업원이 제대로 말을 안 들으며 좋은 종업원을 뽑기가 어렵다.', '경제 여건이 너무 안 좋다.', '주위에 경쟁 점포가 너무 많이 있다.', '입지가 좋지 않다.' 등의 외부 요인에서 자신의 실패를 합리화 시킨다. 그러한 원인들이 실패의 한 부분인 것은 틀림없는 사실이겠지만, 우리 주변에는 그러한 어려운 환경을 극복하고 관리하면서 성공가도를 달리고 있는 사업자들도 많이 있다는 사실을 또한 알아야 한다.

창업 희망자들은 이제부터 사업 대부분의 문제는 경영자 자신의 문제로부터 나오게 된다는 것을 명확하게 인식하고 행동할 필요가 있다. '훌륭한 리더는 문제가 발생했을 때, 제일 먼저 자신을 돌아본다.' 라는 리더십의 덕목처럼 성공적인 경영주가 되기 위해서는 자신의 내부로부터 문제의 원인을 먼저 찾아보는 자세가 필요하다.

90년대 후반과 2000년대 후반에 폭풍처럼 불어닥친 경기침체의 여파는 아직까지도 이어져 우리 사회에 많은 어려움을 주고 있다. 기업들의 상시적인 구조 조정, 청년들의 취업난으로 인한 실업 증가, 비정규직 증가 등과 같은 고용구조 변화 등으로 많은 직장인들과 학생들, 미래가 불안한 주부들까지도 너도 나도 창업, 특히 자영업 분야의 창업에 뛰어 들고 있는 현실이다. 하지만 성공할 확률보다 실패할 확률이 압도적으로 높은 상태에서 창업 초보자들이 몇 가지 생각해 보아야 할 것이 있다.

첫째, 기초부터 배워야 한다. 대부분의 초보자들은 자기가 현재까지 경험하고 알고 있는 지식이 사업 경영에 그대로 적용될 수 있으리란 착각을 하고 사업 경영을 만만하게 생각하는 경향이 있다. 수 년 동안 직장에서 경험한 전문 지식과 대학에서 배운 순수이론만으로 창업을 해서 성공 할 수 있을 것이라고 생각한다. 직장 생활을 통해 얻은 전문 지식과 학교에서 배운 순수이론은 재무, 구매, 서비스, 영업, 재고관리 등 종합적인 관리를 필요로 하는 사업 경영에서는 아주 작은 부분에서만 활용될 수 있다는 점을 간과하고 있다.

둘째, 대박은 잊어야 한다. 요즘 매스컴에서는 소위 대박가게에 대해서 많이 소개되고 있다. 창업 초보자들은 이러한 대박 집에 한 번쯤은 방문해서 자신의 미래 모습을 그려보는 게 일반적이다. 또한 예전 직장 근처에서 손님의 입장에서 본 성업 중이었던 점포를 머릿속에 그려보기도 한다. 하지만 그 집은 그 집이고, 나는 나라는 생각을 가져야 한다. 대박 집의 좋은 점이 나에게도 좋은 점으로 작용할 수는 있겠지만, 모든 것이 나에게 다 적용되는 것은 아니다. 대박 집의 사례는 벤치마킹의 대상일 뿐이라는 것을 명심해야 한다.

실전창업의 神

| 점포 경영의 9가지 기능 | | |
|---|---|---|
| **정보 수집**<br>상품 정보를 신속하게 수집·파악해 효과적으로 상품 주문 | **손익 관리**<br>매출·비용 관리, 판매촉진 등의 활동으로 이익 목표 달성 | **고객 서비스**<br>상쾌하고 깨끗한 공간에서 신속·정확·친절한 서비스 제공 |
| **상품 구색**<br>고객의 니즈에 부합하는 상품 취급 | **인력 관리**<br>종업원의 모집·고용 및 교육·개발 | **점포 환경 유지**<br>종업원의 근무 환경, 고객의 쇼핑 공간을 안전하고 쾌적하게 유지 |
| **상품 발주**<br>신상품·인기상품의 상시 구비를 위해 매출 예측 및 주문 | **진열 관리**<br>고객이 원하는 상품을 보다 찾기 쉽도록 진열 | **의무 준수**<br>정부의 규정 및 가맹계약 등을 준수 |

셋째, 예전의 지위는 잊어야 한다. 대기업의 부장, 이사 타이틀은 한 분야에서 열심히 노력하여 이룬 성과일 것이다. 그런데 큰 조직 내에서의 지위나 경험은 내 사업과는 연관이 별로 없다. 조직의 지위와 본인 사업을 비교할 때, 소의 꽃 등심 부위와 멸치를 얘기한다. '소' 라는 조직에서 꽃 등심 부위는 가장 맛이 있고 화려하고 인정받는 부위이다. 하지만 따로 떼어놓는 순간 스스로는 움직일 수 없는 고기일 뿐이다. 자기사업을 하고자 하는 창업은 멸치가 되어야 한다. 작고 보잘것없어 보이지만 머리가 있고, 몸통이 있고, 지느러미가 있어서 작은 물에서도 혼자 헤엄쳐 다닌다. 창업은 바로 이런 것임을 알아야 한다.

넷째, 근무여건을 이해하여야 한다. 사업은 그야말로 새벽 별 보기 운동이라고 할 수 있다. 새벽같이 일어나 장을 보고, 종업원보다 일찍 나가 매장 정리를 하고, 퇴근한 직장인들을 상대로 밤 늦은 시간까지 영업 후에도 혼자 남아 실적 정리를 해야 한다. 예전의 근무시간이 따로 있었던 직장생활과는 엄연히 다르다. 스몰 비즈니스 사업의 근무여건을 이해하고 적응하려는 노력이 있어야 한다.

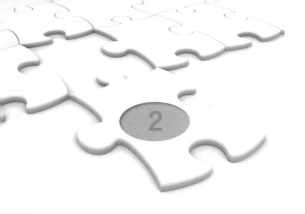

# 성공하는 경영자는
# 자세부터 남다르다

**2**

    사업이라는 것은 창업자의 철학을 필요로 한다. 고객 만족과 종업원을 중시하는 점포에서의 자세는 창업자의 서비스 철학에서 시작된다. 또한 이러한 경영자의 철학은 고객과 종업원의 만족을 이끌어내어 성공적인 사업경영을 할 수 있는 밑바탕이 되게 한다. 최근에는 기회와 여건만 주어지면 언젠가 한 번쯤 자기사업을 차려서 사장이 되고 싶어 하는 샐러리맨 예비창업자들도 수없이 많다. 그러나 사장이 되어 보겠다는 막연한 생각과 의욕만으로는 사업을 창업할 수 없고, 더군다나 성공적인 경영을 이룩해 내기란 불가능한 일이다. 따라서 창업을 성공적으로 이끌기 위해 창업 출발선상에서 창업자가 간직해야 할 바람직한 투신 자세는 어떠해야 하는지를 먼저 생각해 볼 필요가 있다.

    첫째, 사업에 전념해야 한다. 성공한 사업자들은 모두 사업에 미쳤다. 영업 시간외에도 자나깨나 사업에 대한 생각이나 구상을 한다고 하면 잠자는 시간을 빼곤 거의 모든 시간을 사업의 성공을 위해 매달리고 있다. 창업가가 사업에 전념할 수 밖에 없는 이유가 있다. 그들에게 있어서 시간적 여유, 금전적 여유로움은 나중의 일이다. 지금은 사업을 정상화시키고, 안정시키는 것이 급선무이며, 모든 여유로움은 성공 이후에 자연스럽게 제공될 것이기 때문이

*실전창업의 神*

다. 지금 당장은 사업에 몰두하는 길만이 살길이다.

직장을 퇴직한 40대의 K씨는 요즘 하루 17시간을 일하고 있다. 직장을 그만 둔 이후로 창업을 결심하고 아이템선정에서부터 입지선정까지 발로 뛴 결과 삼겹살전문점을 창업했지만, 매출이 본궤도에 오를 때까지는 쉴 틈이 없다. 새벽 4시에 기상해서 야채시장에 나가 조금이라도 좋은 상품을 고르고, 정보를 얻는 일에서부터 점포를 청소하고 손님을 맞이하고 지역상권에 전단지를 돌리는 일까지 잠시라도 일손을 멈추는 일이 없다. 또한 밤늦게 일을 마치고 귀가를 하면 그날그날의 메뉴별 판매액과 고객별 판매상황을 컴퓨터에 입력하고 나서야 잠자리에 든다. 이렇게 입력한 자료들을 가지고 일주일마다 분석을 해서 요일별, 메뉴별 판매내역을 파악하고 이렇게 작성된 자료들을 참고해서 매일매일의 장보기, 메뉴준비, 주요 고객관리 등을 하고 있다. 창업 초기라서 아직은 만족할만한 수익을 올리는 것은 아니지만 점점 고객들이 늘어가고 매출이 오르고 있어 장사재미에 힘든 줄 모르고 일을 하고 있다.

둘째, 리더십을 가져야 한다. 모든 사업이 다 그렇겠지만 사업을 할 때는 주변의 많은 사람들과 접촉하게 된다. 내부 동업자나 종업원, 가족들, 고객들, 거래처, 금융기관 및 행정기관 등 매우 다양하다. 사업자는 이들과의 관계를 원만하게 유지할 수 있어야 사업의 진행이 원활하게 될 수 있다. 이러한 능력을 리더십이라고 부를 수 있다. 리더십은 상사가 부하직원이나 종업원들에게만 적용하는 것만은 아니다. 오히려 여러 인적 네크워크를 본인의 구상대로 움직일 수 있는 능력, 잘 관리할 수 있는 능력이 필요하다.

셋째, 성공할 수 있다는 확신을 가져야 한다. 사업이라는 것이 매일같이 성공의 길만 가는 것이 아니다. 그 길에는 숱한 좌절과 고난과 아픔이 함께 병존한다. 그것을 극복할 수 있는 것은 결국 사업자의 마음가짐이라고 할 수 있다. 반드시 성공하겠다는, 그래서 나의 목표와 비전을 달성하겠다는 확신을 가지고 있어야 한다. 사업자의 굳은 마음가짐이 창업의 성공을 보장하는 것은 아니다. 하지만 사업자의 굳은 마음가짐이 없는 창업은 결코 성공하지 못한다.

'창업은 돈으로 하는 것이 아니라 의지로 하는 것'이라는 말이 있다. 마치 경제적으로 넉넉하다는 것이 한 가정의 행복을 보장하는 절대적인 열쇠가 아니라는 것과도 같다.

성공할 수 있다는 확신을 갖기 위해서는 몇 가지 알아 두어야 할 것이 있는데, 미리 준비하고 대비하여야 한다. 어떤 일이든 준비 없이 닥치고 나면 혼란의 연속이다. 경제위기 때 아무런 준비 없이 실직을 해서 사회에 내몰린 직장인들의 경우를 봐도 그렇다. 사전에 준비 없이 실행된 창업은 그리 오래가지 못한다. 더 큰 실패를 경험하게 된다. 또한, 절대 서두르지 말아야 한다. 자기사업을 하겠다고 결심한 순간 이성을 잃지 말아야 한다. 우리 주변에는 마음으로 창업을 하겠다고 생각한 시점부터 모든 일을 일사천리 식으로 밀어붙이다가 실패의 나락으로 떨어지는 경우가 많이 있다. 점포를 얻는 일이 그렇고, 업종을 정하는 일이 그렇다. 모든 것이 급하다. 하지만 대원칙은 모든 장사의 기본을 갖춘 후에 시작하는 것이 성공을 보장한다. 마지막으로, 치밀하게 계획하여야 한다. 사업계획서를 붙들고 씨름하는 나날의 연속이어야 한다. 검토에 검토를 거듭해야 한다.

실전 창업의 神

# 3 자신의 성격유형을 파악해서 창업해야 한다

창업에서 성공을 하기 위해서는 우선 자신의 성격부터 파악할 필요가 있다. 사람은 천편일률적이지 않으며 누구나 각자의 기호, 능력, 취향 등이 다르다. 또한 사람은 자기가 좋아하는 일을 하는 것과 좋아하지 않는 일을 하는 것과는 그 성과에 있어서도 큰 차이를 보이게 된다.

결국 자신이 좋아하고 성격 유형에 맞는 스타일의 창업을 해야만 성공 확률이 높다. 창업에 있어서 성공률은 결코 투자비용에 비례하지는 않는다. 사회의 트랜드를 잘 읽어 좋은 아이템을 선택하는 것이 우선이고 점포의 입지 조건도 꼼꼼히 살펴봐서 적절한 위치에 점포를 얻는 것도 중요하지만 모든 사업에서 마찬가지로 사업의 성패 원인은 창업자 자신에게 있다는 사실을 결코 잊어서는 안 된다.

성격 유형별로 적합하다는 아이템 유형을 보면 첫째, 외향·사교형은 대개 전직 경험이 유통관련 근무자, 홍보영업 종사자, 보험회사 근무자 등이 이 범주에 속하며, 적극적이고 저돌적인 성격을 가지고 있는 경우가 많으며 주로 유통 판매업, 세일즈 사업 등 대인 접촉이 많은 업종을 택하는 것이 좋다. 음식업에서는 서비스가 강조되는 부분을 고려하는 것이 좋다. 둘째, 내향·침착형은 전직이 사무직 종사자이거나, 전업 주부, 교직자, 예술가 등이 이에 해당된다. 큰 홍보활동 없이도 고객이 꾸준히 찾아오는 생활용품 및 잡화 관련 업종과 문화, 취미, 예술 분야의 사업이 적성에 맞다. 또한 아동 및 교육 사업·컨설팅 사업 등 지식 산업 분야를 택하는 것도 좋다. 음식업에서는 커피전문점 등 휴게음식 분야가 좋다. 셋째, 아이디어형은 진취적이고 도전 정신이 강하다는 것이 큰 장점인 성격의 소유자이다. 주로 지식 기반의 벤처형 사업에 적합하다. 이에 속하는 직업군은 학생, 프로듀서, 과학 분야 종사자 등이다. 음식업에서는 기존 업종들의 장단점을 분석해 획기적인 서비스방법으로 시장을 만들어 내는 경우가 많다. 넷째, 우직·원칙주의형은 생산직, 공직 근무자, 기술직에 종사했던 근무자들이 대개 이러한 성격을 소유하고 있기 마련이다. 이러한 성격에 적합한 아이템은 일반적인 음식업, 사회·가사 및 개인 서비스업 등을 들 수 있다. 다섯째, 저돌·추진력형은 건설업 종사자나 일반직에서 고위직의 근무자 등이 이러한 성격을 가지고 있기 쉽다. 건강 및 레포츠 사업, 건설업, 주점업, 이삿짐 센터 등 종업원 컨트롤(control)에 다소 노하우가 필요한 업종이 적성에 맞는다고 볼 수 있다.

사업 아이템 선정 시에는 창업자의 연령도 고려 대상이 된다. 사업이란 반드시 성공만 하는 것이 아니라, 실패 확률도 높기 때문에 창업자 연령에 맞는 사업 아이템 선정되어져야만 한다. 먼저, 50대 이상 창업은 인생의 안정기에 무리한 사업을 추진하다 실패하면 그동안 다져왔던 삶의 기반이 일순간에 물거품이 되어버릴 수 있으므로 50대 창업 또는 정년퇴직 후의 사업은 안정적이어야만 한다. 따라서 사업 아이템도 수익이나 장래성보다는 안정성을 최우선으로 하여 수익은 조금 적더라도 성공 확률이 높은 '안정창업 분야'의 사업 아이템을 선택할 필요가 있다. 20대 창업은 안정성도 중요하지만 장래가 창창하기 때문에 모험적 분야의 창업에 도전해 볼 법하다. 20대는 젊기 때문에 패기가 넘치고, 사업이 실패하더라도 다시 쉽게 재기할 수 있기 때문에 '모험

실전 창업의 神

| 구분 | 적합한 사업분야 및 아이템 | |
|---|---|---|
| 외교 · 사교형 | 유통판매업, 세일즈 사업 등 대인 접촉이 비교적 많은 업종 | 웨딩이벤트업, 인력 공급 및 고용 알선, 시터 파견 등 영업형 사업 |
| 내향 · 소극형 | 큰 영업활동 없이도 고객이 일상적으로 찾아오는 생활용품 · 신변잡화 관련 업종, 문화 · 예술 · 취미 산업 분야 | 아동의류 · 신발 할인판매업 · 완구 · 팬시점, 생활용품 할인점, 홈패션점, 정보제공업, 실내인테리어장식업 |
| 침착 · 연구형 | 아동 및 교육 사업, 컨설팅 사업 등 지식업 분야 | 도서 · CD · 학습교재 대여점, 체인학원업, 독서실, 어린이놀이방, 컴퓨터학습방, 고시원, 산후조리원 |
| 탐구 · 아이디어형 | 발명 · 벤처사업가, 모험성 있는 미래지향적 업종 | 정보통시업, 과학모형기기 전문점, 부가통신업, 소프트웨어 개발 및 공급업 |
| 우직 · 인내형 | 외식업, 개인 서비스업 | 전문음식점, 단체급식 전문업, 출장요리 배달 서비스업, 채소 · 과일 택배업, 자료 전산처리업 |
| 고지식 · 원칙주의형 | 공급자 중심형 사업 | 개인을 위한 사채금융, 전기 · 전자제품 및 주택 관련 수리업 |
| 저돌 · 추진형 | 종업원 통제와 고객 접대 노하우가 필요한 사업 | 건강 및 레포츠 사업, 건설업, 주점업, 이삿짐센터 등 |

창업'이 오히려 적합하다고 볼 수 있다. 30대 초반의 경우에는 직장 경험도 약간씩 있고, 인생의 남은 기간이 지금까지 살아온 기간보다 많이 남아 있기 때문에 미래 지향적인 측면에서 장기적으로 전망이 밝은 분야 중에서 창업자의 적성에 적합한 분야를 선택하여 집중 공략하는 '선택창업'이 가능하다. 반면 30대 후반의 경우에는 이미 10여년 이상의 사회경험을 쌓고 있기 때문에 그동안 자기가 닦은 사회적 · 경제적 기반을 최대한 활용한 '기반창업'에 초점을 맞출 필요가 있다. 직장 동료나 거래처, 그동안 관계해 온 다양한 인맥을 십분 활용한 기반창업이 바람직하다. 또한 40대의 경우에는 '전문창업'이 바람직하다고 할 수 있다. 40대의 경우에는 이미 사회적 경험도 15년 이상으로 최소한 1~2개 분야를 집중 개발하여 그것을 사업아이템으로 삼으면 성공 확률이 높은 사업아이템을 선택할 수 있다.

# 4 바람직한 성공창업자의 자질을 키워야 한다

　일본 경제신문 '벤처 북'에서는 음식업 경영자의 자질과 자격조건으로 다음과 같은 내용들을 언급하고 있다. 강력한 체력과 정신력을 단련할 것, 통찰력을 연마할 것, 원가에 대한 세밀한 지식을 가질 것, 위기관리 능력을 양성할 것, 판단력과 의사표시 능력을 양성할 것 등이다.

　결국 음식점을 포함하여 소규모의 자영업이든, 큰 규모의 기업체이든 경영자의 자질과 자격조건은 별다른 차이가 없다. 창업자에게는 모든 업무에 만능이 되어야겠다는 각오, 끈질긴 의욕과 집념, 부단한 자기계발, 그리고 성실성을 창업자의 좌우명으로 삼아야 한다.

　구체적으로 경영 능력에 대해서는 첫째, 계획과 예산수립 능력이 필요하다. 바람직한 결과를 달성하기 위해서 단계적으로 일정계획을 수립하고 가지고 있는 자원을 효율적, 효과적으로 분배하는 계획을 수립할 수 있어야 한다. 둘째, 인력구성 능력이 필요하다. 자기사업을 성공적으로 운영하기 위해서 필요한 점포의 인력구조를 만들고, 적절한 능력의 종업원 고용과 교육, 담당업무에 따른 책임과 권한을 분배하고 결정할 수 있어야 한다. 셋째, 관리 능력과 문제해결 능력이 있어야 한다. 계획한 일과 결과의 차이를 분석하고 조정할 수 있어야 하며, 이로 인한 문제를 해결할 수 있는 방법을 모색할 수 있

*실전 창업의 神*

어야 한다.

지도력에 대해서는, 사업의 새로운 방향을 제시할 수 있어야 하며, 같이 일하고 있는 모든 사람들과의 인간적인 관계를 유지하면서 그들을 동기부여하고 사기를 진작시킬 수 있는 능력이 필요할 것이다.

성공한 사업자들을 분석한 결과 그들의 사업 스타일을 동물에 비교하여 설명하는 얘기가 있다. 성공한 사업가들은 과연 어떤 스타일의 경영을 하느냐 하는 것인데, 비교 동물은 바로 사자와 토끼이다. 밀림의 왕인 사자는 배가 고플 경우에 사냥에 나서 포식을 하고, 나무 그늘 밑에서 파리를 쫓으며 한가롭게 쉬는 스타일인 반면, 토끼는 풀을 뜯어 먹으면서도 큰 귀를 쫑긋 세우고 사방을 두리번거린다. 늑대나 여우가 갑자기 튀어 나와서 자신을 잡아먹으려고 할지 모르기 때문에 늘 긴장을 늦추지 않는 스타일이다. 과연 성공한 사업가들은 어떤 스타일일까? 정답은 바로 토끼와 같은 스타일이라는 결론이다. 현재의 성공에 안주하지 않고, 경기 변화, 상권 변화, 강력한 경쟁점의 등장 등 늘 미래의 변화에 대한 불안감을 가지고 긴장을 늦추지 않는 경영을 한다. 대박만을 희망하는 초보 창업자들에게 시사점을 주는 얘기라고 판단된다.

그렇다면 미래의 변화에 능동적으로 대처하고 긴장을 늦추지 않는 창업자들의 바람직한 자세는 무엇일까? 첫째, 뛰어난 체력과 정신력으로 무장해야 한다. 자영업은 극히 작은 영세성 영업이라고 볼 수 있지만 다양한 기능이 필요한 업종이다. 개업 초기의 점포확보, 시장조사, 자금조달, 인력채용 및 교육, 자문회사 방문 협의, 친지와의 의논, 가족의 의견통일, 기존 경영주와의 면담, 체인점의 경우는 체인본부와의 상담, 각종 인허가업무, 인테리어업자 선정, 주방기기 및 각종 비품의 선정, 구매, 원자재 납품업체의 개발 등 수많은 업무가 경영주의 손을 기다리게 된다. 육체적 노동과 심한 스트레스를 극

| 선천적 자질 | 후천적 자질 |
|---|---|
| • 새로운 것에 도전하는 모험심이 강해야 한다.<br>• 가능성에 대한 집념이 강해야 한다.<br>• 스케일이 크고 매사에 대범해야 한다.<br>• 사람들을 잘 다스릴 줄 알아야 한다.<br>• 쉽게 좌절하지 않고 의지력이 남다르게<br>  강해야 한다.<br>• 꼭 해내고야 말겠다는 승부근성이 있어야 한다. | • 새로운 경영감각, 교양과 인격<br>• 창의력과 추진력<br>• 윤리의식과 사회적 책임감<br>• 지속적인 능력 개발<br>• 통찰력과 판단력<br>• 강인한 정신력<br>• 사회 욕구와 독립심 |

복할 수 있는 체력과 정신력이 필요하다. 둘째, 정보력을 키워야 한다. 자영업 경영은 한정된 점포라는 공간 속에서 극히 한정된 인원과 매일 반복되는 업무를 하는 것이므로 자기 자신도 모르게 매너리즘에 빠지기 쉬운 업종이다. 아침부터 저녁 늦게까지 원자재 사입, 출고업무, 직원관리, 현금관리, 소모품 관리에 골몰하다 보면 세상이 어떻게 돌아가는지 깜깜무소식인 경우가 태반이다. 심한 경우에는 자기점포 주변 상권에 경쟁점이 들어오는 소식조차 무감각하게 지나치는 경우도 있다. 모든 사업이 일만 열심히 해서는 성공하기 어렵다. '열심히 하는 것이 중요한 게 아니고, 열심히 자~알 해야 된다.'라는 말처럼 이제는 주변의 새로운 정보에 안테나를 세워야 한다. 최소한 업계 전문지와 경제지, 일간지 정도는 꾸준히 보면서 자기 분야의 정보뿐만 아니라 사회, 정치, 경제, 문화 전반에 걸친 변화를 파악할 필요가 있다. 내 사업에 어떤 영향을 미치게 될까하는 생각을 하면서 말이다. 셋째, 늘 경청하는 자세를 가져야 한다. 사업자에게는 고객들의 칭찬보다는 고객들의 불만이 더 도움이 될 수 있다. 사업자는 고객이 말하는 것을 듣는 귀, 고객이 말하지는 않지만 무엇을 말하려는가를 들을 수 있는 귀, 고객이 말하려고 해도 그 자리에서 말할 수 없는 것을 듣는 귀, 이 세 가지 귀를 가져야 한다는 말은 늘 경청하는 자세로 끊임없이 노력해야 한다는 말이다.

# 5  서비스정신이 성공창업의
## 성패를 가른다

앞으로의 시대에서 사업의 성패는 서비스에서 결판나게 될 것이다. 요즘은 어떤 종류의 상품, 메뉴나 인테리어 분위기 등도 경쟁점과 비교하여 차별점이 없어진 시대이다. 따라서, 고객들은 일반적인 상품, 메뉴나 인테리어 등의 자체만을 가지고 점포를 평가하지 않는다. 이제는 다른 무언가가 필요하고, 그것을 고객들의 머릿속에 확실하게 인식시켜야만이 차별성을 갖게 된다. 고객들로 하여금 자기사업에 대한 충성도를 확실하게 심어주기 위해서는 결국 고객에 대한 투철한 서비스 정신을 갖는 길밖에 없다.

평소에 친구와 만날 때 잘 가는 족발집이 하나 있다. 30대 중반의 젊은 사장님이 운영하는 집인데, 맛으로 소문이 나 꽤 유명한 곳이다. 자주 만나는 친구와 이 족발집에 시키는 메뉴는 매번 똑같다. 족발 작은 것 하나, 소주 1병(나중에 1병 추가), 사이다 1병이다. 재떨이도 달라고 한다. 이 집의 족발이 맛이 있지만, 사실 내가 이 곳을 좋아하게 된 이유는 딱 한 가지이다. 그것은 바로 젊은 사장님의 나를 알아봐주는 인사에 있다. 처음 이 곳을 방문한 이후 세 번째쯤일 것이다. 친구와 약속을 하고 만나서 다시 족발집 문을 열고 들어갔을 때 사장이 반갑게 웃으며 인사를 한다. '어서 오세요. 안녕하셨어요? 드시는 걸로 준비해 드릴까요?' 여기서 바로 결판이 났다. 자기점포에 이제 세

번째 찾아오는 손님을 알아보고, 또 그 손님의 취향을 파악해서 접객을 한다. 메뉴는 물론, 소주의 종류까지 말이다. 사이다와 재떨이도 준비해 주는 것은 기본이다. 나는 지금도 이 지역에 약속이 있으면 이 족발집에서 만나자고 하고, 또 다른 사람이 모임장소로 음식점을 추천해 달라고 하면 이 집을 추천하고 있다. 내 머릿속에 이 족발집 사장님의 서비스 이미지가 확고하게 자리 잡고 있다.

족발집을 나와서의 얘기를 더 해보자. 어찌 술 자리가 1차에 끝나겠는가? 1차로 족발을 먹고 난 이후에는 간단하게(?) 2차로 맥주 한잔이 생각나게 된다. 특히 나는 계란말이 안주를 좋아하는데, 마침 인근에 호프집에서 계란말이를 맛있게 해서 자주 가게 되었다. 그런데 문제는 이미 족발을 먹은 터라 가격이 10,000원인 계란말이가 다소 양이 많았다. 그래서 매번 계란말이를 시키지만 절반 정도밖에 먹질 못하고 나오는 경우가 대부분이다. 그래서 어느 날엔가 주문을 하기 전에 주인에게 말했다. '계란말이를 5천 원치만 해주면 안 되나요? 늘 보면 양이 많아 남기거든요' 주인의 대답은 간단했다. '안 되는데요.' 그걸로 끝이었다.

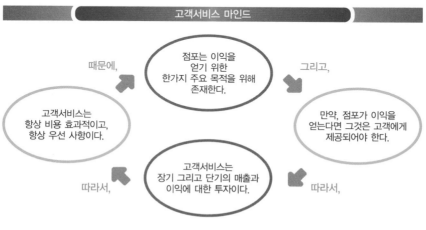

고객서비스 마인드

점포는 이익을 얻기 위한 한가지 주요 목적을 위해 존재한다.

때문에,

고객서비스는 항상 비용 효과적이고, 항상 우선 사항이다.

그리고,

만약, 점포가 이익을 얻는다면 그것은 고객에게 제공되어야 한다.

고객서비스는 장기 그리고 단기의 매출과 이익에 대한 투자이다.

따라서,

따라서,

실전 창업의 神

맛있는 메뉴, 우수한 입지, 쾌적한 환경, 분위기 있는 실내장식 등의 요인들로 많은 고객들을 불러들일 수 있다. 하지만 이러한 요인들이 계속 고객들을 유지시켜 주는 것은 절대 아니다. 고객들의 머릿속에 다른 점포, 다른 사업과는 확실히 다른 차별성을 심어 주어 계속적으로 충성스런 고객으로 유지시켜 주는 방법은 결국은 서비스 정신에 달려 있다. 충성스런 단골고객을 만들어야 한다. 고객은 한 번만 오는 것이 아니다. 한 번 방문하여 얻은 이익은 보잘 것 없다. 이래서는 장기간의 매출과 이익을 확보하기 어렵다. 고객을 생각할 때는 자기점포에 반복적으로 조금씩 조금씩 이익을 가져다 주는 사람이라는 것을 인식하여야 한다. 그렇게 하기 위해서는 고객과 장기적인 관계를 맺는다고 생각하고 지속적으로 고객을 관리하여야 한다.

더구나 고객은 사업의 훌륭한 영업사원이기도 하다. 서비스에 만족한 고객은 스스로 내 사업에 대해서 마치 자기사업인양 적극적으로 홍보를 해주게 된다. 고객을 지속적으로 관리하고자 한다면 고객정보를 확보하는 일이 무엇보다도 중요한 일이다. 오피스 지역에서 새로 오픈한 맥주전문점에서 방문한 손님들에게 명함을 받는다든지, 경품 추첨을 홍보하면서 응모권을 받는다든지 하는 것이 모두 고객의 정보를 얻기 위함이다.

작은 규모의 사업체도 고객에 대한 관심만을 가지고 있다면 충분히 할 수 있다. 족발집의 사례처럼 고객의 얼굴과 취향을 알아보고 접객을 하는 것, 또한 호프집에서도 손님에게 먼저 '늘 보면 안주를 남기시니 조금 작게 만들어 드릴까요?' 라고 말하는 것이 바로 고객에 대한 개별적인 관심이며 충성도를 높이는 방법이다. '손님을 잃어버리는 데는 10초가 걸리지만, 잃어버린 손님을 다시 오게 만드는 데는 10년이 걸린다.' 는 말을 명심해야 한다.

# 성공창업의 성공포인트는 따로 있다

창업을 성공으로 이끄는 포인트는 바로 창업기회의 적기 포착, 최적 업종의 선정, 창업규모의 결정과 창업자금 조달, 성공 가능성의 면밀한 검토, 사업추진계획의 체계적 수립, 사업가로서의 자질계발 등이라고 할 수 있는데, 세부적으로 알아보도록 하자.

첫째, 창업기회의 적기 포착은 사업을 시작하려면 적기에 창업기회를 포착하여 성공가능성을 면밀히 검토, 평가한 후에 성공확신이 있다고 판단되면 창업 추진계획을 정확히 수립하는 등 창업가로서의 준비를 갖추고 나서 창업에 도전하는 것이 필요하다. 단순히 아이디어와 야심만으로는 성공적인 창업을 이룩해 낼 수는 없다. 창업기회란 사업의 꿈을 가진 모든 사람에게 언제든지 포착될 수 있다. 그러나 좋은 창업기회의 적기 포착은 그리 쉽지 않으며, 창업자의 확신과 결단 속에서만 이루어질 수 있다. 흔히 경기가 좋을 때에는 심리적으로 창업하려는 사람이 많고, 불경기 때에는 창업을 기피하는 경우가 많은데, 이와 같은 일반적인 사고와는 달리, 오랜 기간 동안 꾸준히 면밀한 조사와 준비를 하여 온 창업 예비자에게는 불경기 때가 오히려 창업의 적기라고 볼 수 있다. 왜냐하면 경쟁자가 적었을 때에 먼저 시작하면 호황기 때 빛을 볼 수 있기 때문이다.

*실전 창업의 神*

둘째, 최적 업종의 선정이다. 창업의 성공 가능성은 결국 취급 상품에 대한 일정한 매출이 보장될 뿐만 아니라, 적정한 이익 획득이 가능한 경우를 말한다. 결국 최적 업종선정이 창업성공의 핵심이라고 해도 과언이 아니다. 창업 성공의 핵심요소인 업종을 선정할 때, 창업 예비자가 접근해 볼 수 있는 방법은, 남이 하지 않은 일을 하는 것, 남이 도중에 포기한 것을 철저하게 분석해서 하는 것, 성공한 사람의 흉내를 내서 하는 것 등의 방법이 있을 수 있다.

셋째, 사업규모의 결정과 사업자금 조달이다. 사업이란 욕심만으로 되지 않는다. 창업자의 경영능력과 자금조달능력을 사전에 충분히 고려하지 않은 창업은 실패하기 쉽다. 우리는 주위에서 흔히 분수에 맞지 않는 사업을 영위하다가 자기뿐만 아니라 여러 사람들에게 피해를 주는 경우를 많이 보곤 한다. 사채는 최소한에 그쳐야 하며, 자기 담보에 의한 금융기관 차입과 저축 등의 자기자본으로 사업을 시작하는 것이 현명한 자금조달 방법이라고 할 수 있다.

넷째, 철저한 사업타당성 분석이다. 최적 업종선정은 단순한 업종선택에 그쳐서는 곤란하다. 보다 중요한 것은 해당 상품 및 업종이 창업자의 경험과 전문지식에 얼마나 결부되는지, 과연 필요한 기술은 하자가 없으며, 시장규모는 얼마나 되고, 이 시장에 뛰어들어 얼마만큼의 자기시장을 확보할 수 있는지, 또 이런 상황 속에서 향후의 매출가능액은 얼마나 되며, 손익분기 매출은 어느 시점에 도달할 수 있고, 수익실현은 언제부터 얼마만큼 실현할 수 있는지, 이런 기준 아래에서 적정 종업원의 수는 몇 명이 적당한지, 어떻게 충원할 것인지, 그리고 이런 계획사업을 원만히 추진하기 위한 창업기간 중의 소요 총 자금은 얼마이며, 이를 어떻게 조달할 것인지도 종합적으로 검토하는 등 사업의 성공 가능성을 면밀히 검토하는 일이 반드시 필요하다.

다섯째, 체계적인 사업계획서의 작성이다. 사업추진계획은 반드시 자금

**1**

### 창업 환경 검토
창업 현황과 전망 및 창업자 적성검사, 가정환경, 창업 결심, 참업 경영이론 학습

**2**

### 투자자금 규모 설정
창업을 추진하기 위해 동원 가능한 자금 규모와 실제 투자할 자금 규모를 설정

**3**

### 업종 선택
성장성 · 안정성 있는 3~5개 아이템 수집 후 과학적인 업종 선택

**4**

### 타당성 검토
선정 업종의 수익률 검토와 창업자의 적성 · 자본 등 검토

**5**

### 시장 조사 분석
판매 형태, 상품 가격, 서비스, 애로 사항 등의 현황 조사 분석

**6**

### 사업성 분석
투자 대비 예상 매출액 및 월순이익과 성장성 등 예상 이익률 · 손익분기점 분석

**7**

### 사업계획
수집한 모든 자료를 종합해 구체적인 창업(사업)계획서 작성

**8**

### 사업장 선정
입지 분석을 통해 예상 매출 대비 수익성 높은 사업장 결정, 종업원 교육

**9**

### 행정 절차
사업자등록 · 인허가 절차(법인사업자 · 개인사업자)

**10**

### 창업 및 경영
디스플레이, 간판, 집기 설치, 개업식, 창업 홍보, 업무활동, 영업활동, 교육, 인력 관리,
경영계수 관리, 주기적 점검 및 보완

실전창업의 神

및 일정표와 함께 기본계획을 구체적으로 수립하여 시행하여야 한다. 또한 창업이 본 궤도에 오른 이후에는 장기 경영계획과 연도별 경영계획으로 전환하여 지속적으로 경영계획을 수립하여 시행할 필요성이 절실하다.

여섯째, 사업가로서의 자질계발이다. 창업기업의 사장이 사업경영의 비전을 제시하지 못하고, 기업경영에서 일어나는 여러 가지 사안에 대하여 적기에 정확한 판단을 내리지 못하고 머뭇거리는 경우가 자주 있다면 회사나 점포는 어떻게 되겠는가? 점차 사장의 신뢰는 떨어지게 되고 종업원 다루기가 힘들어질 것이다. 결국은 사장이 생산에서부터 영업과 관리에 이르기까지 세심한 관심과 업무 지식을 바탕으로 한 지시가 있을 때만 건전한 기업경영을 유지할 수가 있게 된다. 창업 환경도 끊임없이 시시각각 변화를 거듭하고 있다. 그러므로 공부하는 사장만이 사업을 성공적으로 이끌어 갈 수 있을 것이다. 틈틈이 사업 경영에 대한 연구를 게을리하지 말아야 하며, 각종 세미나나 교육에 참석하여 사업에 도움이 되는 지식을 꾸준히 습득해 나가야 한다.

**제2장**

# 비전과 경영마인드가
# 지속가능성을 보장한다

# 창업! 선택이 아니라 필수의 시대이다

컨설팅 회사를 운영하면서 전국을 다니며 여러 창업강좌에 강의하는 경우가 매우 많이 있다. 이런 경우 빠지지 않고 강의 중간 중간 수강생들에게 꼭 한 말이 있는데 바로 이런 내용이다.

1997년부터 우리사회에 불어닥친 창업붐의 동향을 살펴보면, 먼저 1997년은 경기침체와 기업체들의 구조조정 등으로 인한 명예퇴직의 바람으로 시작한 창업에서, 1998년은 IMF라는 시대적 상황에서 생계유지 차원의 생존을 위한 창업으로 이어졌고, 이러한 추세는 1999년까지 계속되었다. 이 기간동안 평생직장의 개념이 사라지기 시작했고 자기사업을 꿈꾸는 열의가 매우 높아져 갔다. 2000년도는 이 같은 추세를 반영하면서 기존의 명퇴자, 조퇴자, 미래가 불안한 직장인들, 주부 및 여성창업자들 특히 취업을 어려워 아예 포기를 하면서 창업전선으로 뛰어드는 청년층의 창업열기가 뜨거워졌다.

창업동향에서 이 같은 추세는 2000년대에도 계속 이어졌으며, 초반의 특이한 동향으로는 그동안 관망만 하고 있던 직장인들이 미래 대비를 위해서 적극적으로 움직이기 시작한 것과, 저금리시대 탓에 이자만 바라보고 있던 이자생활자들과 목돈을 운용하던 사람들이 보다 높은 수익을 얻기 위해서 재테크의 수단으로서 창업시장에 뛰어드는 경우가 많이 늘어났다. 2000년대 하반기에는 경제위기 때보다 더 힘들다는 세계금융위기를 겪으면서 이 같은 현상들은 이제 우리의 '생활'이 되었다. 2010년대, 현재에 이르기까지 주요 동향으로는 "지속가능성"이라는 말일 것이다. 이른바, 대박이라는 점보다는 현재 하고있는 일을 얼마만큼 오랫동안 할 수 있느냐이다. 그래서 현재의 화두는 바로 "일자리 창업"이라는 개념이다.

창업교육에서 강의를 할 때마다 이런 얘기를 하곤 한다.

"창업은 이제 선택이 아니라 필수입니다."

"우리 나라가 본격적으로 저 성장, 저 금리의 시대로 접어들고 또한 기업들의 살아남기 위한 구조조정은 이제 일상적인 것이 되었습니다. 경기 좋던 고성장의 시대는 가고, 평생직장의 시대도 종말을 고한 것입니다. 앞으로는 직장인이든 퇴직자이든, 남성층이든 여성층이든 또한 청년층이든 장년층이든 그들의 생활과 미래를 위해서 반드시 창업을 해야만 되는 시대가 온 것입니다."

우리 나라가 고성장, 고금리 시대에서 저성장, 저금리시대로 들어가면서 창업에 대한 관심과 절실함은 계속 늘어만 갈 것이고, 또한 재테크 수단으로서의 창업투자는 계속 늘어갈 것으로 예상이 되고 있다. 이러한 상황에서 창업을 생각하고 준비하고 있는 여러분들은 어떤 자세와 준비를 하고 있는가? 주식시장이 한참 뜰 때, 부동산시장이 호황일 때 우리는 어떻게 했는가? 너도 나도 이익을 얻고자 높은 비용을 들여서 컨설팅도 받고, 교육을 받고, 책을 사서 공부하고, 신문을 보면 관련기사를 관심 있게 보았었다. 연구하고 노력했다는 것이다.

하지만 창업분야에서는 어떠한가? 대다수가 그렇지 않은 것 같다. 무료강좌만 찾아다니는가? 책 한 권 사서 읽어보지도 않았는가? 돈 된다는 업종 소

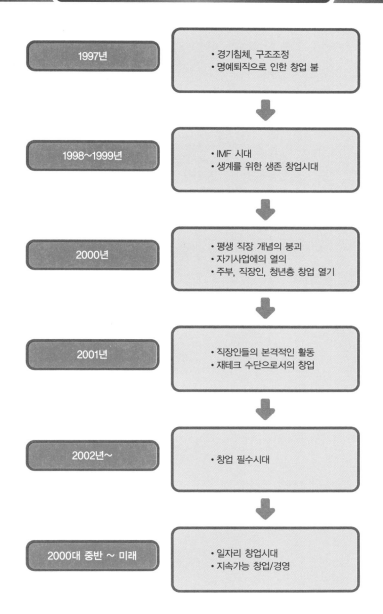

| 1997년 | • 경기침체, 구조조정<br>• 명예퇴직으로 인한 창업 붐 |
| 1998~1999년 | • IMF 시대<br>• 생계를 위한 생존 창업시대 |
| 2000년 | • 평생 직장 개념의 붕괴<br>• 자기사업에의 열의<br>• 주부, 직장인, 청년층 창업 열기 |
| 2001년 | • 직장인들의 본격적인 활동<br>• 재테크 수단으로서의 창업 |
| 2002년~ | • 창업 필수시대 |
| 2000대 중반 ~ 미래 | • 일자리 창업시대<br>• 지속가능 창업/경영 |

문에 생각이 갈팡질팡 하는가? 시장조사를 철저히 해야 한다는 얘기는 아는데 직접 할려니 힘이 들고 만만치 않아서 잘 안 되는가?

이런 사람들은 99% 성공하기 어렵다고 말하고 싶다.

이제는 창업분야가 최고의 재테크 수단으로 변모하고 있고, 미래인생의 확실한 대안으로 평가받고 있는 상황이다.

창업은 선택이 아니라 필수가 된 것이다. 인간의 수명이 99세까지 팔팔하게 사는 인생이 된 지금, 창업의 선택을 피해갈 수 있는 사람은 그리 많지 않을 것이다. 필수과목을 대비하는 방법은 평소부터 관심을 가지고 꾸준히 준비하고 공부하는 길만이, 즉 창업과 경영에 관련된 다양한 책들과 각종 매체에 나오는 컬럼들과 사례들을 주의 깊게 읽고, 각종 교육강좌에 참여하면서 본인의 창업계획을 구체화시켜 나가야 한다.

창업은 아무나 할 수 있지만, 성공은 결코 아무나 할 수 있는 것이 아니다. 꾸준한 관심과 공부를 통한 창업준비만이 창업 필수의 시대에서 성공을 이룰 수 있다는 것을 명심해야 한다.

# 8

# 치밀하게 준비하고
# 신속하게 결정하라

　창업을 준비하기로 마음먹었다면 준비는 철저하게 하고, 행동은 신속하게 해야 한다. 치밀하게 준비한다는 것은 점포 개점 여부의 판단은 물론 개점 후의 사업운영에 관한 모든 분야를 대충은 알고 시작해야 한다. 특히 경기가 불투명한 상황에서는 사전에 철저한 조사를 하지 않으면 극심한 매출부진으로 본전도 건지지 못하는 상황이 발생되기 쉽다. 철저한 준비는 자신이 직접 충분한 시간을 갖고 정보를 수집하는 것이 가장 좋다.

　창업을 준비하는 방법에서 우선 정보수집방법에 대해서 말해 보자.

　요즈음 시중에 창업 책자들도 많이 소개되고 있고, 창업관련 잡지도 발간되고 있으며, 신문지상 또는 인터넷 상에 창업사례, 컬럼 등 다양한 정보들이 소개되고 있다. 정보를 몰라서 뭘 못한다는 말은 통하지 않는 시대이다. 오히려 정보량이 너무 많아서 어떤 정보를 믿어야 할지 갈팡질팡하는 상황이다.

　효과적인 정보수집 방법을 알려 달라고 요청할 때 내가 권하는 방법이 있다.

　일단은 도서관에 가길 권한다. 직장인이라면 토요일이나 일요일을 이용하면 될 것이고, 일반인이라면 어느 때고 이용이 가능할 것이다. 도서관을 방문하여 복사카드를 구매한 다음에 각종 신문, 잡지 등을 검색하면서 창업에 관련하여 나온 기사나 컬럼 등을 딱 3개월치만 복사를 하라. 열심히 하면 아마 하루나 이틀이면 충분히 준비할 수 있을 것이다. 그 다음으로 이것을 집에서 일자순대로 천천히 읽어라. 관심 있는 부분이라고 생각되는 부분은 별도의 노트에 기록하면서 읽으면 더욱 좋다.

이렇게 3개월간의 각종 기사나 컬럼 등을 읽으면서 전반적인 창업의 흐름과 업계의 동향을 파악하도록 하고, 그 후에는 관심 있는 분야로 범위를 압축해서 (압축하지 않아도 좋다) 조사범위를 6개월치까지 넓혀 자료를 수집한 후 다시 노트에 기록하면서 천천히 읽도록 한다.

개인적인 생각으로는 3-6개월 정도의 자료 정도면 충분히 창업동향을 파악하고, 현재의 시장상황을 분석하여 사업의 방향을 잡을 수 있을 것이라고 판단하고 있다.

이왕 결심을 했으면 준비는 철저하고 치밀하게 하자. 신문이나 읽고 창업책자 좀 본다고 창업이 되는 것은 아니다. 그 다음 단계는 현장을 다녀봐야 한다. 창업을 생각하고 있는가? 그렇다면 새벽에 남대문, 동대문시장을 둘러보라. 목 좋은 상권이라고 소문난 곳을 다니면서 어떤 업종들이 영업을 하고 있는지, 점포의 임대시세는 어느 규모인지 알아보도록 하자. 음식업 창업을 희망한다면 맛집을 소개하는 기사를 보았으면 일주일에 무조건 한 번은 그 점포를 찾아가서 맛을 보고 느낀 바를 노트에 정리해 보라. 대박 터지는 아이디어가 어느 순간에 나올 수도 있을 것이다.

마지막으로 사업계획이 구체화되면서 전문가의 자문과 함께 내가 목표로 하고 있는 업종의 실제 영업점포를 방문하여 세부적인 운영사항을 눈으로 직접 확인한 후 최종 결정을 내리게 된다.

사업타당성 조사와 창업준비를 통해 창업아이템 및 입지조건이 구체적으로 정해졌으면 행동은 신속하게 하는 것이 좋다.

실전 창업의 神

구슬도 꿰어야 보배가 되는 것이다. 실제 창업상담을 하다 보면 구체적으로 준비를 완료한 상태에서도 마지막에 결정을 내리지 못하는 사람들을 많이 보게 된다. 대부분 성격이 너무 소심하고 안정 지향적인 성격의 사람들이 이런 경향을 보인다.

　결정을 내리지 못하고 자신의 창업 구상을 행동으로 옮기지 못하게 하는 생각으로 대충 이런 것들이 있다.

　'혹시 장사가 예상처럼 안 되면 어떡하지', '시설비를 투자했는데 건물주인이 계약연장을 안 해주고 나가라고 그러면 어떡하지', '오늘 신문에 광고가 난 아이템이 더 좋은 것 같은데', '체인본부가 망하면 어떡하지' 등등이다. 물론 창업준비 중에 당연히 고려해야 하는 사항들이지만 이런 걱정들 때문에 창업 실행을 위한 어떠한 사항들도 결정을 내리지 못하는 것이다. 구슬은 준비했지만 이것을 꿰지 못하는 것이다. 이런 사람들은 정말 창업하기 어렵고 오히려 다른 방법을 찾아보는 것이 훨씬 낫다. 물론 다른 방법이 있다면 말이다.

　몇 년째 창업준비를 위하여 자료수집을 하는 사람이 있다.

　그런데 매년 집중적으로 조사하는 대상이 매년 다르다. 처음에는 음식업종에 관심을 가지고 음식업종에 관련된 각종 자료들을 거의 1년 치를 수집해서 이것을 스크랩하면서 공부를 한다. 그런데 막상 투자결심을 하려니 마음이 흔들리는 것이다. 자신이 없어지기 시작하면서 근래 등장한 업종이 또 마음에 들기 시작한다. 그럼 다시 관심을 가지게 된 업종에 대해서 또 조사를 시작한다. 이런 생활이 몇 개월 단위로 수년에 걸쳐 반복된다. 한마디로 실행하지 못하고 조사만 하는 사람이다. 이런 사람은 나중에 정보 제공업을 창업하는 것이 오히려 낫다. 물론 창업 결정을 내릴 수 있다면 말이다.

　남보다 먼저 준비하는 사람이 남보다 먼저 성공한다는 점을 명심하고 지금부터라도 정보수집과 창업 공부에 몰두하길 바란다. 하지만 정보수집과 창업 공부의 최종 목표는 자신의 목표를 달성하기 위하여 창업을 실행하기 위한 것이라는 것을 명심해야 한다.

실전 창업의 神

# 성공창업, 장기적인 비전이 필요하다

9

90년대 후반부터 우리나라의 고용상황 특징 중의 하나가 평생직장 개념의 붕괴라고 할 수 있다. '구조조정이다', '실직이다' 라는 말이 이제 평상적인 용어가 된지도 오래 이고 상황이 이렇다보니 요즘 직장인들은 창업에 대해서 관심이 매우 많고 실제로 창업도 많이 이루어지고 있는 상황이다.

그런데 한 가지 문제점이 있다. 직장인들이 퇴직을 하고 창업을 하는 것을 보면, 중요한 특징 한 가지를 발견할 수 있는데 평소에 꾸준히 준비를 하고 창업을 하는 사람도 있지만, 대부분은 미래에 대한 불안, 갑작스런 퇴직 등으로 순식간에 창업을 하게 되는 경우이다. 이런 유형의 창업은 대부분 준비 없이 이루어지기 때문에 점포형 창업, 특히 음식업 창업으로 많이 이루어지고 있는 것이다.

이렇게 창업을 하는 사람들 중의 일부는 직장에서 받는 월급의 몇 배를 벌어들이는 경우도 있지만 대부분은 실패를 경험하는 경우가 많다.

30대 후반의 K씨. 직장생활 중에도 항상 자기사업의 꿈을 가지고 있었는데 장기 불황으로 회사 사정이 어려워져 장래를 보장받을 수 없는 상황에 처하자 창업을 하게 되었다. K씨는 자금도 웬만큼 준비가 되었고 또한 가족들이 음식업 운영의 경험이 있는 터라 제법 좋은 입지에 고기집을 창업하게 되었다. 직장에서 점포개발을 하는 업무에 종사한 경험도 살려서 직접 권리금이 없고 입지조건이 우수한 점포를 찾아다닌 끝에 점포를 얻었으며, 장사도 열심히 한 끝에 월 평균 수익이 월급의 3배 정도를 올리는 상황이 되었다.

그런데 어느 날 갑자기 K씨로부터 연락이 왔다. 고깃집을 그만두고 직장에서의 경험을 살려 컨설팅 창업을 하였다는 것이었다. 창업을 했다는 말에 잠시 놀라기는 했지만 전혀 의외의 상황은 아니었다. K씨는 평소에도 음식장사를 오래 할 것은 아니고 어느 시점이 되면 본인이 구상하고 있는 사업을 하겠노라고 입버릇처럼 말해 왔던 것이었다. 직장에서 점포개발업무를 담당했던 K씨는 당시의 창업붐을 타고 소자본 창업이 많아지자 이들을 대상으로 점포선정, 상권분석, 영업활성화를 지원하는 컨설팅회사를 차린 것이었다. 본인 말대로 지금은 다른 대안이 없어 식당을 운영하지만 이것을 기반으로 삼아 장기적으로는 큰 사업체를 운영할 계획을 실천하게 된 것이다. 이제 시작이라서 수입은 별로지만 장기적으로 큰 사업체로 발전시키고자 노력하는 K씨의 모습은 매우 활기에 넘치고 의욕으로 가득 차 있다. 사례에서 보는 K씨의 경우에는 참으로 창업계획이 장기적으로 구상되었고 단계별로 실천되었다는 느낌을 가지고 있다. 음식업과 컨설팅업과의 연결이 이상하게 느끼는 사람도 있을지 모르지만 창업이라는 큰 테두리 안에서 보면 얼마든지 이어지는 단계로 볼 수 있다.

위의 사례를 통해서 우리가 생각해 볼 것이 있다.

첫째, 창업이란 것이 결코 만만한 것이 아니라는 것이다.

음식점 창업이라고 해서 성공률이 높은 것도 아니다. 오히려 직장경험, 자격증 활용, 취미 등 준비과정을 통해 창업을 하게 되는 전문업종 창업에 비하여 실패할 확률이 높다고도 볼 수 있다. 설령 월급 이상의 수입을 올린다고 하더라도 실질적인 근무시간을 계산하면 결코 수입이 많은 것이 아닌 경우가

★ 사전 준비 단계 (구체적인 실행 돌입 100일 이전에 할 일)
☞ 창업자의 창업 환경을 파악하는 단계
• 창업을 왜 하는가에 대한 방향 설정(생계형 · 부업형)
• 창업을 하기에 적합한 여건의 조성 여부(자금 · 능력 · 건강 등)
• 창업자 적성검사(창업자의 능력 · 자질 · 경험)
• 가정 환경(가족의 동의와 이해, 적극적인 지지 여부)
• 창업 결심, 창업 경영이론 학습(창업교육 이수)

★ 1~30일 (어떤 창업 아이템이 좋을까?)
☞ 나에게 맞은 아이템, 창업 시장의 흐름, 내가 접근할 수 있는 사업거리는 무엇인지 찾아
  보는 단계
• 자신 있거나 좋아하는 분야, 자본과 사업의 전망 등 여러가지 주변 환경을 비교 · 검토해 알맞
  은 업종을 결정하는데 15일가량 배정
• 서점에 들러 관련 정보 서적들을 구입해 찬찬히 읽어보거나, 매스컴 자료를 활용해 간접 체험
  기회를 넓히고 다양한 아이템을 접해볼 기회를 가짐. 이미 사업을  하고 있는 주변 사람으로부
  터 다양한 조언을 받는 것도 필수
• 유망 업종에 대한 집착이나 맹신은 금물
• 내가 가장 잘 할 수 있는 업종이 무엇인지 생각해 보고, 만일 없다면 주변에서 핵심 역량을 발
  휘할 수 있도록 도움을 줄 수 있는 업종 선택(업종이 정해져 있는 경우 생략)

★ 31~40일 (아이템의 투자 대비 수익성은?)
☞ 최종 업종선정을 위한 사업 타당성을 분석해 보는 단계, 이 과정을 거쳐야 어떤 아이템
  으로 어떤 지역에서 창업할것인지 결정하기가 쉽기 때문에 반드시 현장 확인
• 몇 개의 업종이 최종 후보에 오르면 10일 정도 집중적으로 후보 아이템에 관한 현장 실사와 정
  보 수집에 투자
• 해당 업종을 이해할 수 있는 전문 서적이나 관련 단체 등으로부터 보다 자세한 정보를 수집
• 해당 업종에 이미 종사하고 있는 사람을 만나서 동향 파악

★ 41~60일 (어디에서 사업을 할까?)
☞ 업종이 결정된 후 업종에 맞는 상권과 후보 점포를 물색하는 단계
• 최종 결정한 업종에 가장 적합한 점포를 찾는 데 20일 정도 시간을 투자
• 점포의 조건을 꼼꼼히 확인한 후 자본에 맞춰 점포를 선정
• 다른 상권을 지속적으로 살펴보며 몇 개의 후보 점포들을 확보
• 회종적으로 3~5개 정도의 점포로 압축한 뒤 점포 주인과 협상에 들어가는데, 이때 건물 시가
  의 80% 이상에 해당하는 근저당이 설정돼 있다면 피할 것

대부분이고, 또한 스스로 장기적인 발전계획을 세우지 않으면 적응을 못하는 경우가 발생된다. 음식점 창업을 생각하는 사람들도 최대한 경험을 쌓고 지식을 쌓아야 한다. 단순한 경험과 지식이 아니라 창업에 도움이 되는 것이어야 한다. 경험과 지식에 기반을 둔 창업은 성공 확률이 매우 높다는 것을 명심해야 한다.

둘째, 장기적으로 구상하고 큰 틀 안에서 단계별로 시작하여야 한다. "나는 이런 일을 해야지, 저런 일은 못해!" 과연 그럴까? 자신의 10년, 20년 후 모습을 그릴 수 있는 사람이면 그 목표를 달성하기 위하여 중간단계에 어떤 형태의 모습이라도 가질 수 있어야 한다. 중간단계를 거치지 않고 바로 10년 후 모습을 가질 수 있으면 좋겠지만 창업분야에서는 돈이 없으면 절대 그렇게 안 된다. 번듯한 패밀리 레스토랑을 차리고 싶어도 처음에는 조그만 분식점으로 시작을 해야 하는 상황인 것이다. 그리고 30평의 삼겹살전문점으로, 다음은 50평의 한우 소고기전문점으로 가야 하는 것이다. 그러다 어느 순간에 본인의 희망이자 목표인 패밀리 레스토랑을 창업할 수 있게 된다. 본인의 구체적인 사업계획을 구상한다면 목표를 달성하기 위하여, 제반조건들을 갖추기 위하여 어떤 일이라도 할 수 있어야 한다. 아직도 "내가 어떤 사람인데!"하고 넥타이에 연연하고 있는가? 그런 사람은 절대 성공하지 못한다.

실전 창업의 神

# 10 성공창업, 업그레이드를 계속하라

안정창업, 알짜배기 창업, 우수한 프랜차이즈 창업을 하기 위한 전제조건 중의 하나인 창업소요자금 규모는 어느 정도일까? 천편일률적인 것은 아니지만, 약 3억 원대는 되어야 하는 게 아닌가 생각한다. 창업을 시작할 때 조달할 수 있는 자금규모가 최소한 수 억원 정도는 되어야 그나마 유망상권이라는 지역에 점포를 얻어 창업할 수 있고 입지의 우수성을 기반으로 안정적으로 영업을 할 수 있는 상황이라고 보는 것이다.

그런데 대부분의 창업의 경우에는 어떠한가? 신문지상의 설문결과를 보던지, 상담을 하면서 파악이 되는 경우를 보더라도 소자본창업의 경우가 대부분이다. 그렇다면 소자본창업의 경우에는 극히 일부분의 경우를 제외하고는 처음부터 안정적인 창업이 어려운 것인가? 나는 감히 그렇다고 말하고 싶다.

구체적인 이유에 대해서 접근방법을 조금 다르게 해서 분석해 보자.

자본금 1억 원을 가지고 창업을 할 경우, 희망업종이 소매업이든 음식업이든 대략 50%선에서 보증금과 권리금을 해결해서 점포를 얻어야 한다고 볼 때, 그렇다면 5천만 원선에서 점포를 얻어야 한다. 5천만 원으로 얻을 수 있는 점포들은 통상 우리가 말하는 A급상권이 아니며 B급이나 C급상권인 것이 대부분이다. 그리고 이러한 B급, C급상권에서 무난하게 운영할 수 있는 업종

★ 61~85일(인테리어 · 익스테리어 및 차별화는?)

☞ 상호를 정하고 점포 내외부 공사를 하고, 다른 점포와의 차별화를 위해 자기점포만의 콘셉트를 결정해 사업을 구체적으로 진행하는 단계
• 20일 정도로 공사 기간을 잡고 공사가 진행되는 동안 각종 집기와 인쇄홍보물 등 부대적인 요소를 준비
• 종업원 확보는 이 기간 동안 잊지 않고 해야 함
• 미리 종업원을 확보하고 짧은 기간이라도 교육을 시켜 개업과 동시에 정상 영업이 가능하도록 함

★ 86~95일(영업 및 오픈 준비)

☞ 점포 인테리어를 마치고 영업 준비와 실습을 하면서 개업을 준비하는 단계
• 시설이 완료된 후 5일 정도의 여유를 가지고 집기 등을 세심하게 배치
• POP 등은 비교적 디스플레이가 잘된 점포를 답사해 벤치마킹하는 것이 시간적으로나 비용 면에서 이득
• 간판과 썬팅 등은 전적으로 간판 업체에 위임하지 말고, 디자인 및 콘셉트는 가능하면 전문가의 조언을 참조

★ 96~99일(판촉 · 홍보는 매장 경쟁력)

☞ 손님을 맞기 위해 준비한 내용에 문제점은 없는지 점검하고 우리 점포와 제품을 알리는 단계
• 전단지 · 개업기념품 제작

★ 개점일(고객은 왕이다)

☞ 고객의 욕구에서 출발하는 마케팅이 본격적으로 필요한 단계
• 고객을 왕처럼 귀하게 여기는 마음이 필요

들이란 대부분 우리가 익히 알고 있는 생활근린형 기반의 분식, 치킨, 슈퍼 등 일반적인 소형 업종들이 대부분이고 수익 또한 그다지 높지 않은 것이 일반적이다. 다시 말해 자신의 노동력에 대한 대가를 얻게 되는 생계형 업종들이 대부분이다. 이러한 생계형 업종들은 통상적으로 2-3년 단위로 폐업과 창업을 반복하는 특성이 있는데, 자기가 투자한 시설비를 권리금을 받고 떠날

실전창업의 神

려고 하는 경우, 어느 정도 장사를 잘해서 보다 큰 규모로 이전할려는 경우, 현재 하는 업종이 인기가 떨어져서 매출이 급감해서 폐업을 하는 경우 등 이유는 매우 다양하다. 그렇다면 이 모든 것을 종합해 볼 때, 1억 원 정도의 소자본창업의 경우에는 처음부터 안정적으로 큰 수익을 올리면서 장기적으로 영업을 할 것이라는 생각은 대부분 틀린 것이 된다.

결론을 말하면, 자금규모 1억 원 정도의 소자본창업의 경우에는 일부분의 경우를 제외하고는 처음부터 고수익, 안정성이라는 것을 달성하기 어렵다는 것을 알아야 한다. 따라서 업종동향이나 인기도에 변화가 생기게 될 것으로 예상되는 기간인 2-3년 뒤에는 새로운 변화를 모색해야만 한다. 여기서 새로운 변화란 업종변경, 시설개선, 확장 이전 등 업그레이드되는 것을 말한다. 물론 당연히 새로운 투자가 필요하게 된다. 소자본창업의 경우에는 이러한 변화의 과정을 여러 번에 걸쳐 성공적으로 달성해야 만이 안정창업의 기반을 만들 수 있는 투자규모의 사업으로 만들 수 있을 것이라고 본다.

그렇다면, 과연 어떻게 조그맣게 시작해서 지속적으로 업그레이드를 하면서 성공의 길로 나아갈 수 있는가에 대한 해답은 바로 "간판 달 때 내릴 생각을 하는 사업자가 성공할 수 있다"는 것이다. 물론 성공한 사업자들의 특징을 말하자면 한두 가지가 아니겠지만 여기서는 창업 초기의 마음가짐을 어떻게 가지느냐에 대한 것이다.

"간판 달 때 내릴 생각하라" 이게 도대체 무슨 말이냐? 영업 시작도 하기 전에 폐업할 생각을 하란 말인가?

결론은 "그렇다"인데 내용은 좀 다르다. 간판을 내린다는 의미는 영업이 안돼서 폐업을 해야 되는 상황을 말하는 것이 아니고 발전적인 이전·폐업, 즉 단계적인 재창업을 생각하란 말이다. 그렇다면 간판 달 때 내릴 생각을 하는 사업주는 어떠한 생각을 하는 것인가.

어렵게 창업준비를 마쳐가면서 이제 점포의 간판을 달 때이다. 간판업자가 점포 전면에 간판을 설치하는 것을 보면서 이렇게 생각한다. "이제 시작이다. 이 자리에서 일단 최선을 다하면서 사업을 성공시켜야 한다. 하지만 지금의 사업규모는 안정적이라고 할 수 없다. 소점포 사업의 변화주기인 2~3년 뒤에는 틀림없이 변화의 시기가 온다. 지금부터 그 때를 준비해야 한다. 지금 설치하고 있는 간판을 2년 뒤에는 반드시 지금보다 더 우수한 입지에서, 보다 큰 규모의 점포와 업종으로 다시 달면서 재창업을 할 것이다."라고.

이런 마음가짐을 가지고 창업을 한 사업주가 과연 기대수준의 이익이 난다고 만족할 것이며, 점포운영을 다른 사람에게 맡길 것이며, 사소한 일 하나에도 소홀히 할 것인가?

결론적으로, 안정적인 사업수준이 될 때까지 장기적인 창업목표를 가지고 꾸준히 노력하는 사람만이, 현실에 만족하지 않으며 지속적으로 변화를 예의주시하는 사람만이 성공할 수 있다.

"간판 달 때(발전적이고 단계적인 재창업을 위하여 간판을), 내릴 생각을 하는 사업자가 성공한다".

실전창업의 神

# 창업은 재테크가 아니라
# 비즈니스이다

11

아무리 작은 규모의 점포 창업을 하더라도 그것은 단순히 재테크의 차원에서 생각할 일이 아니다. "창업은 재테크가 아니라 비즈니스"인 것이다. 비즈니스의 세계에선 조직의 비전과 목표의식이 무엇보다도 회사의 흥망에 중요한 역할을 하게 된다. 비전과 목표의식이 명확하게 설정된 회사는 주변 환경이 아무리 어렵고 혼란스러워도 꿋꿋이 자신들의 목표를 향해 나아갈 수 있지만, 현재는 큰 수익을 올리고 있을지 모르지만 명확한 비전과 목표의식이 없는 회사의 경우에는 조그마한 흔들림에도 회사는 방향을 잡지 못하고 쇠락의 길로 접어들게 되는 것이다.

따라서, 단순히 현재의 자신의 처지를 탈피하기 위한 도구나 생활 안정을 위한 수단으로 창업을 생각해서는 안 된다. 그렇다고 해서 전혀 틀렸다고는 할 수 없겠지만 크고 넓게 생각할 필요가 있다는 것이다. 창업자들은 자신이 계획하는 창업의 목적과 이상을 보다 깊고 넓게 생각하고, 거기에 보다 큰 의미와 사회적인 가치를 부여해야 할 필요성이 있다. 즉, 창업을 통해 생활 안정을 도모하고 자신의 꿈을 실현하며 궁극적으로 사회에 기여한다는 가치관을 가져야 한다는 것이다.

대부분의 사람들은 반복적인 업무와 일상에 쫓겨서 자신이 현재 하고 있는 일이 이 사회에서 얼마나 중요한 역할을 하고 있는지를 잊어버리고 살기가 쉽다. 그저 힘들고 지쳐서 반복적인 일상을 아무 생각 없이 지내고 있다. 이렇게 해서는 개인적인 삶이 결코 행복해 질 수 없다. 마찬가지로 창업에 있어서도 명확한 목표의식과 사명감을 가지고, 사회에 기여한다는 보다 큰 가치관을 가지지 않고는 결코 지속적인 성공을 기대하기 어렵다. 10평 남짓의 조그만 점포에서 라면집을 운영하는 사람이 있다. 투자금액은 5천만 원 정도였고, 그나마 자금이 부족해서 주변에서 조금씩 빌려서 창업을 했다. 수익도 월 150만 원 정도로 그리 많은 편은 아니다. 그런데 특이한 점은 바로 매달 주주총회(?)를 연다는 것이다. 처음에 사업을 시작할 때도 사업계획서를 철저히 작성한 것은 물론이고, 자금이 부족해서 자금을 빌릴 때도 사업계획서를 들고 다니면서 설명을 했다고 한다. 이렇게 시작된 사업인 만큼 아무리 규모가 작아도 자기사업에 투자한 분들을 모셔 놓고 사업의 영업실적을 설명하는 자리를 갖는다. 단순히 실적을 말로만 설명하는 것도 아니다. 손익계산서를 정확히 작성하여 제공하고 앞으로의 영업방향까지도 설명을 하는 것이다. 나는 이 사람의 성공을 절대 믿는다. 여러분은 믿지 않을 수 있겠는가? 이 사람은 '라면가게' 가 아니라 '라면판매업 비즈니스' 를 시작한 것이기 때문이다.

　여러 성공 케이스를 보면, 혼자만의 힘으로 사업을 성공시킨 경우가 매우 드물다. 사업이 어렵고 힘들 때 주변 사람들에게 도움을 받아 이것을 극복하는 경우가 대부분이다. 가장 가까운 도움을 줄 사람들은 역시 주변 친인척이나 친구들의 도움이다. 이들에게 도움을 청할 수 있는 자격이 되는지 판단해봐야 한다. 결국은 사업도 사람이 하는 것이고, 신용이 밑바탕에 있어야 성공한다는 것을 알아야 한다.

　창업자들의 어려움을 겪는 대부분이 창업자금 조달에 있다. 그런데 특별한 부동산담보를 가지고 있지 않은 다음에야 본인 신용이 있던지, 아니면 누

**1** 점포 사업은 품질이 우수하고 가격이 저렴한 상품을 선별해 고객이 안심하고 선택할 수 있도록 한다.

**2** 점포 사업은 고객의 요구에 맞춰 다양한 상품 구색을 갖춰야 한다.

**3** 점포 사업은 고객의 소비 욕구에 기민하게 대응해 적정한 재고를 유지해야 한다.

**4** 점포 사업은 상품 진열, 각종 광고, 판매원의 접객 등을 통해 고객에게 상품 · 유행 · 생활 정보를 제공해야 한다.

**5** 점포 사업은 고객에게 쇼핑 장소를 제공해야 한다. 고객이 이용하기 편리한 장소에 위치하는 것이 좋다.

**6** 점포 사업은 고객에게 각종 상품과 신뢰할 만한 정보를 제공하고, 유쾌한 점포 분위기를 조성해야 한다.

**7** 점포 사업은 고객에게 배달, A/S, 신용 제공, 반품 허용, 주차시설 등의 서비스를 통해 쇼핑의 편의를 제공해야 한다.

군가의 보증이 필요하게 된다. 그런데 많은 사람들이 이렇게 얘기한다. '이 어려운 시기에 누가 보증을 서주겠냐? 그건 가족도 마찬가지이다.' 라고. 그럼 나는 반문한다. '그럼 가족들도 믿지 못하는 상황에서 그 누가 믿어주겠냐고'. 대학을 휴학하고 일찍 창업전선에 나선 20대 중반의 J씨는 현재 의류점을 운영하고 있다. 공부보다는 창업에 관심이 많아 일찍 독립하고 싶었고, 그래서 자금을 만드느라 아르바이트는 해보지 않은 것이 없을 정도로 열심히 뛰어서 자금을 준비했다. 하지만 역시 역부족이라서 의류점을 창업하는 데 필요한 7천만 원의 자금 중 절반 정도가 부족한 상황에서 손을 벌릴 수 있는 곳은 가족밖에 없었다. 사업계획서를 정성껏 만들어 부모님에게 공동사업으로 투자를 설득했고, 처음에는 학업을 중단하는 자식을 못마땅하게 생각하던 부모님들도 평소에 생활이나 아르바이트 등으로 노력하는 모습을 믿고 투자를 하기에 이르러 창업을 할 수 있었다. 우리 주변에 보면, 가까운 친구에게서 몇 만원도 못 빌리는 사람이 있는가 하면, 몇 백, 몇 천도 말 한마디에 빌릴 수 있는 사람도 있다. 무슨 부탁을 받아도 이 핑계, 저 핑계를 대서 해주고 싶지 않은 사람이 있는가 하면, 마치 내 일처럼 뛰어다녀서 꼭 부탁을 들어주고 싶은 사람도 있다. 이 모든 것이 바로 본인의 신용이며, 인맥의 힘이다.

# 경영마인드를 가지고
# 마케팅력을 길러라

**12**

앞으로 우리 나라의 산업추세는 선진 외국들이 그러하듯이 서비스산업이 주도하게 될 것이다. 값 싼 노동력을 찾아서 기업들의 공장들은 해외로 이전을 계속할 것이고, 국경 없는 경제전쟁을 위하여 기업들은 세계를 무대로 경제활동을 하게 될 것이다. 국내 경기는 이제 고성장의 시대를 마감하고 저성장, 저금리의 상황이 계속될 것이다. 소규모 사업에 대한 창업의 관심이 계속적으로 늘어갈 것이고, 이러한 추세는 도·소매업, 음식업, 서비스업종들이 주도를 하게 될 것이다.

한마디로 말해서, 우리 주변에는 소규모 점포, 소규모 사업자들이 넘쳐 나게 될 것이다.

그 만큼 창업시장에서 경쟁도 치열해지게 된다. 이런 상황에서 아무런 경험이나 지식 없이 성공의 길로 나가려면 기본적으로 장사의 개념을 버리고 경영마인드를 가져야 살아남을 수 있다.

우리가 흔히 듣는 프랜차이즈 체인본부, 프랜차이즈 시스템 등과 같은 개념도 사실은 처음 미국에서 점포를 가지고 장사를 하던 사람이 장사가 잘되자 다른 사람에게 자신의 점포 상호를 빌려주고 대신 로열티를 받으면서부터 시작된다. 그러다가 점차 점포수가 늘어나자 직접 체인점을 모집하여 가맹사업을 벌이게 되었는데 이것이 체인본부이다. 세계 최초의 편의점 체인점 세븐일레븐도 처음에는 텍사스의 조그마한 얼음 가게였다. 얼음을 사러 온 고객들이 빵, 우유, 캔디 등을 찾는 것에 착안하여 기존의 매장 구석에 조그맣게 진열대를 마련해 놓고 부수적으로 수입을 올리려고 했다. 그런데 이것이 인기를 얻어 본격적으로 아침 7시에서 저녁 11시까지 운영하는 편의점의 형태를 띠면서 사업으로 발전했다. 전 세계에 자신들의 브랜드와 노하우를 수출하는 세계적인 기업이 된 것이다. 우리 나라에서 이러한 세계적인 프랜차이즈 기업이 나오지 말라는 법이 있는가? 여러분이 지금 점포창업을 생각하고 있다면 10년 뒤의 여러분의 모습을 그려 볼 수 있어야 한다. 장사의 개념을 가지고 시작한다면 10년 뒤에도 장사를 할 것이고, 경영의 개념을 가지고 시작한다면 10년 뒤에는 전국에 100개, 500개, 1,000여개의 체인점을 운영하고 있는 프랜차이즈 체인회사 사장님이 되어 있을 것이다.

예전에 텔레비젼에서 성공한 기업인의 성공스토리를 보여주는 프로그램을 보았는데, 우리에게 시사하는 바가 크다고 생각되어 얘기를 해보고자 한다.

지금은 이름만 대도 누구나 아는 체인회사를 운영하는 기업인이 되었지만, 그 시작은 아주 보잘 것이 없었다. 동네상권에서 10평정도의 음식점을 하면서

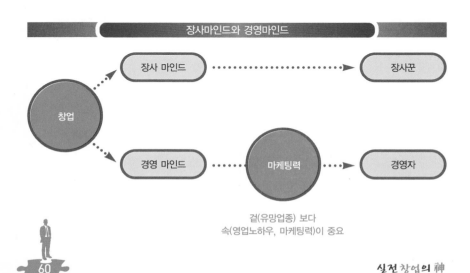

겉(유망업종) 보다
속(영업노하우, 마케팅력)이 중요

*실전* 창업의 神

시작한 창업인생은 겨우 가족들 생계를 유지하는 정도였다고 한다. 집을 구할 돈이 없어 장사를 마치면 청소를 끝내고 점포 바닥에 이불을 깔고 자는 생활이 계속되었다. 하지만 그 음식점 주인은 평생을 지금 상태로는 살고 싶지는 않았다. 장기적으로는 외식업 분야에서 큰 기업을 만들겠노라고 마음을 먹고 사장의 꿈을 가지며 열심히 일을 한 것이다. 장사가 아니라 경영자의 의지를 가진 것이다. 또한 힘든 생활이 반복되는 가운데서도 매일 점포 문을 닫은 후에는 메뉴개발에 전력을 다했다고 한다. 이 같은 노력이 오늘날 국내 토종브랜드로서 "저 회사 가맹점이 되면 무조건 돈 벌 수 있어"라는 평가를 받게 되었으며, 가맹점을 할려면 수억 원이 필요한 유명체인회사가 되었다.

이 기업인의 사례를 보면서 두 가지를 느끼게 된다. 하나는 시작은 미비하였지만 큰 꿈을 가지고 자신의 목표를 이루기 위하여 열심히 노력했다는 것이다. 장사가 아니라 경영마인드를 가졌다고 생각한다. 따라서 사업을 시작할 때는 아무리 작은 규모라도 경영을 한다는 자세로 임해야 하고, 경영인의 마음가짐으로 시작해야 할 것이다. 또 하나는 장기적인 사업성공을 위하여 연구개발에 힘을 쏟았다는 것이다. 상품개발만 생각했을 것인가? 미래의 꿈을 위하여 자금조달은, 입지는, 업종은, 고객서비스 방법은, 광고는, 가격은, 시설 등 인테리어는 어떻게 할 것인가에 대해서 끊임없이 생각했을 것이다. 영업의 노하우, 즉 마케팅력을 갖추고자 노력했을 것이다.

창업을 준비하는 사람들을 보면 거의 대부분이 돈 번다는 업종에만 관심을 가지는 경우를 흔히 보게 되는데, 이것은 바람직하지 않다고 본다. 겉(유망업종)만 보기보다는 속(영업의 노하우, 마케팅력)을 갖추는 것에 더욱 관심을 가지고 노력을 해야 한다. 왜냐하면 승패는 업종에서 갈라지는 것이 아니라, 영업의 노하우나 사업자의 마케팅력에 의해서 갈라지게 되기 때문이다.

제 2부

# 창업!
## 이렇게 하면 **성공**한다

# 제3장

# 될 만한 아이템을 선정하라

# 창업의 전 과정을
# 치밀하게 계획하라

13

성공적인 창업을 위해서는 창업 환경 파악, 업종선정, 사업계획 수립, 입지선정, 자금 마련, 행정·세무 절차 진행, 개업에 이르는 일련의 창업 과정을 효율적으로 관리하지 않으면 안 된다. 곧 창업 준비 과정과 창업 과정, 그리고 영업 및 마케팅 과정이 유기적으로 진행되어야 창업에 성공할 수 있다.

**제1단계**　창업 준비 – 사업 환경을 이해하고 창업 이념을 설정하라

창업자는 인적·물적 요소를 동원함으로써 실제 사업을 위한 조직을 설립하는 사람이며, 사업체의 모든 실적에 대해서 전적인 책임을 지게 된다. 따라서, 성공적인 창업과 경영을 위해 창업자가 제일 먼저 해야 될 일은 사업의 환경을 이해하고 창업 이념을 명확히 한다.

어떠한 형태의 창업이든 다양하고 급변하는 사업환경의 변화에 잘 적응하여야 살아 남을 수 있게 된다. 따라서 창업자에게 기회와 위협을 주는 외부환경과 창업자의 장점과 단점을 파악하는 내부환경의 분석이 필수적이라고 할 수 있다. 또한 창업 이념을 명확히 하여야 한다. 창업 이념은 사업의 활동과 방향을 설정해 주며 다른 창업요소들을 하나로 묶어 주는 역할을 수행한다.

따라서, 창업자는 왜 창업을 하려는가에 대한 명확한 목표가 설정되어 있어야 한다.

제2단계 업종선정 – 사업 타당성이 높은 업종을 선정하라

창업을 둘러싼 외부 및 내부환경에 대한 객관적인 검토를 거쳐 시장상황, 소비자조사 등을 고려하여 가장 자신에게 적합한 업종을 찾아내야 한다. 성공적인 업종 선정을 위해서는 창업의 필연성 확인, 창업가적 자질 판단, 경험과 자격조건 확인 등이 필수적이며, 창업자의 자금조달능력을 고려하여 수익성, 시장성, 기술성 등을 갖추어야 하는 등 여러 가지 조건을 충족해야 한다. 다음으로는 구체적인 업종이 과연 얼마나 사업적으로 타당성이 있는가를 구체적으로 검토해 보아야 한다. 이를 위해서는 우선 시장조사를 통해 시장 규모 및 시장 잠재력 분석, 입지조건의 경쟁력 분석, 예상매출액 분석, 수익성 및 자금 조달능력 분석 등의 사업 타당성 분석이 필요하다. 이러한 분석과정을 거쳐 사업 타당성이 가장 높게 나타난 업종을 최종적으로 선정하게 된다.

제3단계 사업계획 수립 – 사업의 개념과 구체적인 실행 계획을 담아라

사업성 분석을 통해 최종적으로 업종을 선정하고 난 후에는 구체적으로 사업계획서를 작성해야 한다. 사업계획서는 사업을 검토하는 데 타당성이 인정되는 경우에 한하여 작성하는 것으로서, 사업의 내용, 경영방침, 시장성 및 판매전망, 수익성, 소요자금 조달 및 운영계획, 인력 충원계획 등을 일목요연하게 정리한 일체의 서류이다. 사업계획서는 창업자 자신을 위해서는 사업 성공의 가능성을 높여주는 동시에 계획적인 창업을 가능하게 하여 창업기간

실전 창업의 神

을 단축시켜 주고, 계획사업의 성취에도 긍정적인 영향을 주게 된다. 따라서, 사업의 성격, 시장의 구조적 특성과 전략, 고객의 성격과 경쟁관계, 상품이나 서비스의 내용 등의 효과적인 마케팅 및 운영 전략을 수립하여야 한다.

**제4단계** 입지선정 – 주고객층이 있는 곳에 입지를 선정하라

점포 사업의 경우 입지선정이 사업성공의 가장 중요한 요소라고 할 수 있다. 목이 좋아야 성공한다는 의미이다. 입지선정에 있어서 가장 주의해서 파악해야 할 점은 배후세력의 정도와 점포 전면의 유동인구의 측정이라고 할 수 있다. 따라서 상권분석 과정을 철저하게 실행하여야 하는데 주고객층이 어떻게 분포되어 있고, 과연 점포 개점 시 점포를 이용할 것인가에 대한 예측이 중요하며, 또한 연령대별, 성별, 시간대별로 유동인구를 조사하고 해당 상권의 현재 상황뿐만 아니라 앞으로의 전망도 분석하여야 한다.

**제5단계** 자금 조달 – 자금의 50% 이상은 자기자금으로 해야 한다

창업자가 자금을 조달하는 방법은 본인 자금으로 충당하는 경우와 외부로부터 자금을 조달하는 방법이 있다. 외부에서 자금을 조달하는 경우에는 본인 자금의 규모를 넘지 않는 것이 중요하다. 즉, 창업 자금의 50% 이상은 자기자금으로 하는 것이 원칙이다. 외부에서 빌린 자금이 너무 많으면 상환에 대한 부담 뿐만 아니라 예측하지 못한 사태가 발생했을 때 대응 능력이 떨어지게 된다. 또한 자금 계획 시 초기 창업에 소요되는 금액 이외에 여유자금을 확보할 필요성이 있다. 뜻하지 않은 경우에 대비를 하고 안정적인 운영을 하기 위해서이다. 자금은 사업 운영의 원동력이기 때문에 평소에도 꾸준히 은

행 등 금융기관의 자금, 정부 지원 자금에 대한 정보를 수집할 필요성이 있으며, 자금 조달 및 수지 계획뿐 아니라 자금의 흐름을 종합적으로 관리할 수 있도록 노력하여야 한다.

**제6단계** 행정 · 세무 절차 진행 – 확인하고 또 확인하라

창업절차에서 업종 및 입지선정과 함께 자금조달계획이 완료되면, 사업의 시작을 위하여 각종 법령에서 규정하고 있는 사업 인 · 허가 내지는 신고를 하여야 한다. 즉, 창업업종이 인 · 허가 대상인지, 신고만 하면 되는 업종인지 아니면 별도의 인 · 허가 내지는 신고절차가 없이 사업을 할 수 있는지를 사전에 검토하여 해당 인 · 허가 절차를 완료한 후 사업을 개시하여야 한다. 또한 사업 인 · 허가와 관련하여 해당 관청은 어디이며, 어떤 서류가 필요하고 어떤 절차를 밟아 이행하여야 되는지에 대해서도 함께 검토하여야 한다. 이처럼 사업에 대한 인 · 허가는 본격적인 영업활동을 개시하기 전에 각 관계 법령의 규정에 따라 받아야 하는 행정절차이므로 확인 과정을 철저히 하여야 한다. 또한 사업의 시작, 중요사항 변경, 휴 · 폐업 시 관할 세무서를 통한 사업자등록 등의 제반 신고내용도 숙지하고 있어야 한다.

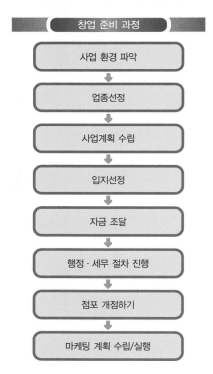

**창업 준비 과정**

사업 환경 파악
↓
업종선정
↓
사업계획 수립
↓
입지선정
↓
자금 조달
↓
행정 · 세무 절차 진행
↓
점포 개점하기
↓
마케팅 계획 수립/실행

*실전 창업의 神*

## 제7단계 점포 개점하기 - 차별화된 경쟁력을 갖춰라

　창업 과정의 마지막 단계는 실제로 사업을 착수하여 시장으로, 고객 속으로, 경쟁환경으로 나아가는 것이다. 이러한 치열한 창업 환경에서 살아 남고 지속적으로 매출과 이익을 발생하며 영업을 하기 위해서 가장 중요한 것은 차별화된 경쟁력을 갖추는 것이다. 고객의 기호, 시장의 환경, 경쟁 환경 등은 매우 급변하고 있다. 경쟁점과 비교하여 확실하게 차별화된 상품, 서비스 및 이미지를 고객들에게 제공할 수 있어야 만이 성공 창업을 달성할 수 있다.

## 제8단계 마케팅 계획 수립/실행 - 고객 만족이 최고의 전략이다

　고객들은 점포 사업에 매출과 이익을 가져다 주는 사람들이다. 따라서 점포 사업의 최대의 마케팅 및 영업계획의 목표는 고객이어야 한다. 취급하는 상품 및 서비스의 결정, 판매정책, 가격정책, 광고 및 홍보, 고객서비스 등 점포 운영의 모든 것이 고객을 향해 운영되어야 한다. 이를 위해서는 고객들의 구매심리 및 소비자들의 행동을 알아야 하며, 이에 적절한 고객 응대와 접객 서비스로 최대의 만족을 줄 수 있도록 해야 한다.

　세부적인 사항은 관련 항목에서 자세히 설명하겠지만 환경의 분석에서 개점에 이르는 창업 준비 과정에서 가장 중요한 점은 충분한 기간을 가지고 창업자가 직접 발로 뛰며 자료를 조사하고 눈으로 확인해야 한다. 사업은 남이 대신해 주는 것이 결코 아니며, 흥하든 망하든 창업자 자신의 책임이라는 사실을 명심해야 한다. 창업자가 창업 준비 과정의 각 단계를 직접 챙긴다면 창업의 성공은 눈앞에 와 있을 것이다.

# 업종선정은
# 신중하게 하라

오늘날 국내외의 여건은 매우 빠르게 변하고 있다. 현재의 기업 환경은 세계화를 추구하게 되면서 과거와 같이 국내 시장에서의 안정된 경영만을 목표로 하는 것이 아니라, 전 세계를 대상으로 모든 기업역량을 집중하고 있다. 이렇다보니 국내환경 뿐만 아니라 해외의 시장환경에도 기업활동이 영향을 받게 되고, 이러한 환경에 어떻게 효율적으로 대처하며 미래의 변화된 모습을 얼마나 정확하게 예측하여 잘 적응하느냐에 따라 기업의 흥망이 좌우되는 상황이다. 또한 저성장시대를 맞이하면서 상시적인 구조조정을 지속적으로 실행하고 있으며, 과거의 주력업종에 연연하지 않고 수익이 된다면 어느 분야에도 뛰어드는 양상을 보이고 있다. 따라서 앞으로의 기업들의 흥망은 정보 획득에 달려있다고 해도 과언이 아니며, 모든 기업은 정보의 수집 등을 통해 미래를 예측하는 데 총력을 기울이고 있는 상황이다.

점포 창업 또한 예외는 아니다. 현재 장사가 잘된다고 해서 내년에도 잘되리라는 보장은 없다. 언제 어떻게 상권이 변하고, 경쟁자가 나타나며, 경기가 변동될지 모르는 현실이다. 그렇다고 해서 대기업들처럼 5년, 10년 후의 장기적인 변화를 예측해야 한다는 것은 아니다. 최소한 현재의 사회 변화의 흐름은 예의 주시하여, 그 속에서 자신의 사업이 어떻게 될 것인지 심사숙고한

실전창업의 神

후 변화에 적응하기 위해 노력해야 한다.


### ♣ 트렌드를 읽어라

최근 소자본창업시장은 빠르게 변화하고 있다. 급변하는 창업시장에서 살아남기 위해서는 소자본창업을 준비하는 예비 창업자는 물론이고 안정적 경영을 하고 있는 기존 업체도 사회 변화에 민감하게 대처할 필요가 있다. 또한 중소기업청, 소상공인지원센터를 비롯한 정부기관이나 민간 경제단체 등에서 발표하는 경제동향과 소상공인들의 경기동향 등에 관심을 갖는 것도 경기 흐름을 신속하게 읽고 적절히 대응할 수 있는 또 다른 중요한 포인트라 하겠다.


창업시장의 흐름을 주도하는 주요한 현상을 살펴보면 다음과 같다.

첫째, 경제 성장에 따라 물질적으로 안정되면서 소비자들의 욕구가 다양해졌다. 이로 인해 건강을 추구하며 자신만의 시간을 즐기려는 경향이 높아지면서, 외식업과 건강 관련 업종이 빠르게 성장하고 있다. 또한 귀찮고 번거로운 일을 기피하고자 함에 따라 각종 대행업, 배달업, 대여업 등도 성장 추세에 있다.

둘째, 주 5일 근무제와 재택근무의 도입으로 인해 여가시간이 증가함에 따라 레저 문화가 확산되고 있다. 이에 따라 취미·레저업, 여행업 등이 성장하고 있다.

셋째, 맞벌이 부부의 증가로 인해 여성의 사회 진출이 활발해지고 있다. 이에 따라 가사노동을 줄여주는 업종이나 자질구레한 일을 대행해 주는 업종이 성장하고 있다.

넷째, 핵가족화 시대가 되면서 대부분의 가정에 자녀가 하나뿐인 경우가 많다. 이에 따라 장난감, 아동복, 학원 등 유아·아동 관련 업종이 지속적으로 성장할 것으로 예상된다.

다섯째, 의학의 발전과 경제적인 풍요로움 등으로 인해 갈수록 사회가 노령화되고 있다. 이에 따라 노인을 대상으로 한 업종이 장기적으로 많이 개발되고 성장할 것으로 예상된다.

여섯째, 컴퓨터 및 휴대폰 문화의 발달과 정보화 경향은 앞으로도 계속 우리 사회의 주된 화두가 될 것이다. 이에 따라 과거에는 상상하지도 못했던 새로운 업종들이 생겨날 것으로 예상된다.

위에서 언급한 현상 이외에 추가적으로 신세대의 소비문화를 겨냥한 업종, 환경 문제에 관련된 업종도 성장할 것이다.


### ♥ 내게 맞는 업종을 찾아라

점포사업을 하려고 하는 사람들은 대부분 업종선정보다 입지선정을 우선시하는 경향이 있다. 점포의 목이 좋으면 그 자리에서 어떤 장사를 하더라도 잘 된다라는 것이 일반적인 생각이다. 그러나 우리 주위를 둘러보면 점포의 목도 꽤 괜찮은데 업종이 수시로 바뀌는 곳이 있으며, 기존의 사업자들의 고민 중의 하나가 바로 전업에 관한 것임을 볼 때 무엇보다도 업종선정이 중요하다는 것을 알 수 있다.

결국 점포 사업의 성공은 입지선정과 업종선정이라는 두 가지 요인에 의해서 결정이 된다고 해도 과언이 아닌 것이다. 하루 이틀 사업할 것도 아니고 진정 점포 사업으로 성공하기를 원한다면 업종선정에 많은 시간과 노력을 투자해야 한다. 그렇게 업종선정을 했다 해도 다양한 측면에서 업종선정의 타

실전 창업의 神

당성을 다시 한번 점검하는 것은 필수적이다.

　업종선정의 타당성을 판단하는 가장 중요한 기준은 한마디로 자신과 맞는 업종이냐를 판단하는 것이다. 많은 창업 상담자들의 질문 중에는 첫마디가 "요즘 뜨는 업종이 무엇이냐?", "돈이 되는 업종이 무엇이냐?"라는 질문이 많은데, 이것은 매우 잘못된 접근이다. 본인과의 적합성을 판단하지 않고 업종을 판단하는 것은 실패의 지름길이다. 예비창업자들은 무엇보다도 본인의 사정과 여건에 부합하는 업종을 선택하는 노력을 해야 한다.

　• 자신의 적성과 능력에 맞는 업종인가?

　사람은 누구나 자신이 하고 싶은 일이나 적성에 맞는 일을 할 때는 하기 싫은 일을 할 때보다 능률이 오르게 마련이다. 점포 창업에 있어서도 마찬가지다. 자신의 적성에 맞는 업종을 선택해야 일에 흥미를 가지고 적극적으로 일하고 경영성과가 향상된다.

　• 경험과 지식을 최대한 활용할 수 있는가?

　아무래도 관련 업종의 초보자보다는 다소나마 경험과 지식이 있는 사람이 유리한 것이 사실이다. 과거에 경험한 적이 있는 업종을 선택하여 사업을 시작한다면 자신 있게 운영할 수 있고 성공할 확률도 더 클 것이다. 따라서 업종을 선택할 때는 이제까지의 경험과 지식, 주변 사람과의 관계 등을 고려해야 하고, 업종과 관련된 자격증이나 면허증이 있다면 한층 더 유리하다.

　• 자신의 자금 사정에 맞는가?

　점포 사업을 시작하려면 최소한 6개월에서 1년 정도 운영할 수 있는 자금이 준비되어야 한다. 보통 창업에 소요되는 자금의 1.5배 이상을 확보해야 한다. 아무리 성실한 사람이 열심히 노력하더라도 운영자금에 쪼들린다면 사업을 지속할 수 없다.

• 업종이 사업성과 성장성은 있는가?

환경 변화에 따라 성장하는 업종, 안정되는 업종, 쇠퇴하는 업종 등 업종마다 라이프 사이클이 있다. 업종을 선택할 때에는 자신이 원하는 업종이 어떤 상태에 있는지 철저하게 분석해야 한다. 즉, 자신에게 맞는 업종을 몇 가지 고른 후 기존 점포의 영업 상태 등을 조사하여 최종적으로 선택하는 것이 좋다. 이 경우 해당 업종의 사업성뿐만 아니라 성장성까지 검토해야 하며, 미래의 환경 변화와 연관하여 넓은 시각으로 판단해야 한다.

실전 창업의 神

## 15

# 자신의 적성과 경험,
# 지식이 중요하다

우리는 흔히 '이 일은 내 적성에 안 맞아', '적성에 안 맞아서 회사를 그만 뒀어' 등의 말을 자주 듣는다.

이 이야기들이 뜻하는 것은 무엇일까? 그것은 사람은 자신의 적성에 맞는 일을 하는 것을 좋아하며 적성에 맞지 않는 일은 하지 않는다는 것이다. 설령 적성에 맞지 않아도 부득이하게 하고 있다면 왠지 어색하고 행복해 보이지 않는다. 창업의 경우에도 마찬가지여서 사업 업종을 선정할 경우에는 가장 먼저 자신의 적성을 파악하여야 한다. 사람은 나름대로의 개성과 특징을 가지고 있기 때문에 어떤 사람은 적극적인 영업이 이루어지는 사업이 적당하고, 또 어떤 사람은 조용하게 할 수 있는 사업에 적당한 사람이 있다. 이러한 자신의 성격이나 취향을 고려하지 않고 무조건 현재 이 업종이 잘 나가니까, 수익율이 좋으니까, 소위 돈 된다니까 등의 이유만으로 업종을 선정하게 되면 실패하기가 쉽다.

성격이 활달하고 외향적인 30대의 C씨는 직장에서 영업 파트에 근무했고 적성에도 잘 맞았다. 그러다가 직장의 사정으로 퇴직하게 된 C씨는 퇴직 후 오피스가에서 황태요리전문점을 차렸다. 창업 초기 정신없이 열심히 한 덕에 어느 정도 자리를 잡은 상황에서 C씨는 큰 이익도 없이 6개월 만에 점포를 다른 사람에게 넘겨 버리고 말았다. 본격적으로 수익을 올리고 있는 상황에서 노력에 대한 대가도 별로 없이 사업을 접은 이유가 무엇일까? 그것은 바로 C씨가 손님들로 북적대는 점심시간 이후에는 조용한 점포를 지키는 것이 본인의 활발한 성격과 맞지 않았기 때문이다. 날로 느는 것이 담배뿐이어서 결국 좀이 쑤셔 배겨나지 못했다.

사업이라는 것은 하루 이틀에 끝나는 일이 아니다. 자신의 노력을 다 쏟아붓지 않으면 안 되는 일이라서 만약 자신이 선택한 업종이 적성이나 취향에 맞지 않으면 성공적인 사업을 기대하기 어려워진다.

그렇다면 업종이 내 적성에 맞는지 안 맞는지를 어떻게 알 수 있을까? 그것은 자신이 직접 관심 있는 업종에 대한 정보와 애로사항 등을 조사한 후 자신의 적성과 부합하는지를 판단하는 것이 가장 좋으며, 또 주위로 부터의 평가 등을 참고하고 직접 현재 그 업종을 운영하고 있는 주인의 협조를 받아서 직접 매장 경험을 해보는 것이 확실하게 판단하는 길이다. 아무튼 눈앞에 보이는 돈 만을 추구하여 전혀 적성과 취향을 고려치 않고 업종선택을 하였다가 끝내 폐업의 길로 들어서지 말고, 처음부터 자신의 적성과 취향을 면밀히 고려해서 업종을 선택해야 한다.

요즘 창업을 희망하는 사람들은 유망업종, 신업종 중독증에 걸려 있는 것 같다고들 한다. 요즘 어떤 업종이 뜬다고만 하면 불과 몇 개월 사이에 상권 내에 동일업종이 우후죽순 개점되는 것을 보면 알 수 있다. 물론 신업종은 경쟁이 별로 없기 때문에 장사가 잘 될 가능성이 매우 높은 것이 사실이고, 유망업종이라고 불리우는 업종들은 자타가 장사가 잘 된다고 인정하는 업종인 것은 사실이다. 하지만 속보다는 겉만 보고 창업하면 실패하기 쉽다는 말처럼 초기에는 뜨는 업종이지만 이것도 금방 경쟁이 심해 도태되기 쉽고, 유망업종이라는 것은 이미 경쟁상황이 심한 상황이어서 특별한 마케팅이 없으면

실전 창업의 神

살아남기 어렵다. 자기사업을 하고자 하는 사람들이 돈이 된다는 장점에 귀가 솔깃해지는 것을 나무라는 것은 아니지만, 문제는 그 업종의 구체적인 장점과 단점(속)도 파악하지 않고 주위에서 말하는 장점(겉)만을 믿고서 덜컥 사업을 시작했다가 나중에 운영의 애로점이나 업종의 단점들이 부각됐을 때 쉽게 포기하는 경우가 많이 발생한다.

　아무래도 자신이 잘 알고 있는 업종은 장점보다는 단점이나 어려움이 먼저 눈에 띄고 남이 하는 업종은 좋은 점만 먼저 눈에 들어와 쉽게 돈을 벌 수 있을 것 같은 생각 때문이다. 그러나 아주 특수한 경우를 제외하고는 모든 업종에는 장단점이 있게 마련인데, 마진율이 높으면 그만큼 힘이 들거나 위험도가 높고 마진율이 낮으면 그만큼 편하거나 안정적인 장점을 가진 것이 보통이다. 음식업을 성공적으로 운영하기 위해서는 먼저　자신이 잘 알고 있고 누구보다 강점이 있는 메뉴를 취급하거나, 한식, 일식, 양식, 중식, 분식, 주점 등의 분야에서도 잘 알고 있는 분야를 선택하는 것이 유리하다. 아니면 해당분야 자격증을 갖고 있거나 또는 관련분야에서 도움을 줄 수 있는 인맥 등이 많아서 객관적으로 남보다 유리한 입장에 설 수 있는 업종을 선택하는 것이 좋다. 이렇게 자신이 알고 있고 경험이 있는 업종을 선택하여 사업을 시작한다면 자신 있게 운영해 나갈 수 있고 성공할 수 있는 기회가 더 크다고 할 수 있다. 이제까지의 자신의 경험과 지식, 주변사람과의 관계 등을 면밀히 검토해 보고 업종을 선택하여야 하며, 이 경우 해당 업종에 자격증이나 면허증이 필요하다면 미리 미리 준비를 해두어 시작하는 것이 성공을 보장받는 지름길이다.

다음의 설문을 읽고 ○×중 하나를 선택하시오.

1. 나의 생활 방식을 다른 사람에게 구체적으로 설명할 수 있다
2. 일을 계획적으로 하는 편이다
3. 일을 맡으면 적극적으로 하고 싶은 생각이 든다
4. 실패해도 실망하지 않는 편이다
5. 약속을 잘 지키는 편이다
6. 창업을 위해 정보를 수집하고 있다
7. 친구가 많다
8. 다른 사람이 나와 다른 의견을 내도 귀를 기울이는 편이다
9. 어려울 때 같이 고민해줄 친지가 3명 이상이다
10. 도전정신이 왕성한 편이다
11. 자신의 의사가 확고한 편이다
12. 건강에 자신이 있다
13. 기초적인 재무지식이 있어 재무제표 정도는 이해할 수 있다
14. 좋아하는 일이라면 먹고 자는 일도 잊어버린다
15. 창업을 하는 데 있어 가족들을 설득할 자신이 있다
16. 잘될 줄 알았던 일이 생각처럼 안 돼도 곧 잊어버릴 수 있다
17. 즐겁지 않은 모임에 가서도 참고 즐길 수 있다
18. 누군가에게 맞으면 반드시 반격을 한다
19. 외부 사람이 말을 걸어오면 일단은 들어준다
20. 친한 친구의 출세가 마음에 걸린다

*평가 방법 : ○는 5점, ×는 0점으로 계산해 총점을 내고 결과에 따라 다음의 해설을 읽어본다.

### ▶ 총점 60점 이상(A급)
창업할 수 있는 환경이 성숙돼 있고 창업자로서의 자질도 충분하다. 자신이 추구할 업종을 검토하고 그 업종과 관련된 전문 정보를 수집했다면 언제든지 개업해도 좋다.

### ▶ 총점 35~55점(B급)
그럭저럭 창업할 만한 환경이 성숙돼 있다. 자신이 운영할 업종을 눈여겨보고 폭넓게 체인점 정보를 수집해야 한다.

### ▶ 총점 30점 이하(C급)
창업을 해야 할 동기가 명확하지 않다. 이런 사람은 '○○체인점, 월수입 1천만 원'식의 숫자에 현혹될 위험성이 높다. 다시 한 번 자신에게 맞는 업종이 무엇인지 진지하게 생각해봐야 한다. 또한 창업 관련 세미나에도 참가하고, 체인점 정보를 수집하는 일을 게을리해서는 안 된다.

*실전 창업의 神*

# 16

# 유망업종 선정기준을 명확하게 파악하라

　업종에는 환경변화에 따라 성장한 업종, 안정된 업종이 있는 반면 쇠퇴하는 업종이 있는 등 라이프 사이클이 있다. 따라서 업종을 선정할 경우에는 자신이 하고자 하는 업종이 과연 어떤 상태에 있는지를 철저하게 분석해 보고 선택하여야 한다. 실제로 우리 주변을 보면 일시적인 붐을 타고 인기를 얻는 업종에 현혹되어 체인가입을 했다가 1년도 채 안 돼 그 업종 자체가 인기를 못 얻고 사라지는 추세여서 막대한 인테리어 비용만을 날리고 전업을 생각하는 사람들이 많이 있다. 이러한 이유는 짧은 기간에 가맹점을 모집하고 이익을 챙긴 뒤 사라져 버리는 악덕 체인본부도 이유이겠지만 본인 자신이 그 업종의 성장성을 정확하게 예측하지 못했기 때문이라고 할 수 있다.

　따라서 업종을 선택할 경우에는 긴 안목을 가지고 신중하게 판단해야 하는데, 즉 사회적 변화에 부응하고 소비시장이 더욱 확대될 수 있는 업종인가, 정부의 정책변화에 큰 타격을 입을 업종은 아닌가, 대기업이나 대자본의 참여로 입지가 사라질 업종은 아닌가, 사회적으로 부도덕한 업종은 아닌가 등 여러 측면에서 종합적인 검토를 하여야 한다. 특히 모르는 것이 너무 많은 초보자의 경우에 과대광고와 주위의 말만 믿고서 투자했다가 한순간에 모든 것을 잃어버리는 경우가 많은데, 이럴 경우에는 기존에 영업 중인 유사점포, 동종점포들의 영업상태 등을 조사하고 자신에 맞는 업종을 몇 군데 선정하여 영업이 잘 되는지 비교해서 선택하여야 하고, 신업종이 등장한지 얼마 안 되서 바로 투자하기 보다는 어느 정도 추세를 지켜본 뒤 계속적으로 전망이 있고 시장개척이 된 업종을 선택하는 것이 안정적인 업종선정의 방법이라고 할 수 있다.

일반적으로 사업 초보자가 유망업종을 판별하는 기준으로 다섯 가지를 제시할 수 있는데, 첫째는, 성장성을 파악한다. 전반적인 창업시장의 흐름과 소비자들의 욕구가 일치하는지를 파악하고 또 잠재 소비시장이 얼마만큼 광범위한지를 파악하여야 한다. 즉, 아직 특정계층에만 인기가 있는 업종인지 점차 대중적으로 인기를 얻어가면서 확산될 업종인지를 파악하라는 것이다. 여기서 주의할 점은 여기저기서 동일업종이 생기는 것을 보고 무작정 성장 단계이다 라고 판단하는 것은 금물이라는 것이다. 한순간에 전국적으로 확산됐다가 마찬가지로 한순간에 사라진 유명브랜드신발할인점, 찜닭, 즉석탕수육, 조개구이전문점의 경우가 그것이다. 업종 운영의 장단점과 소비자들의 소비 경향을 잘 파악할 일이다. 둘째로, 철수할 경우에 자금환수율을 검토한다. 즉, 시설투자비용이 과도하지 않은가를 판단해야 하는 것이다. 한창 인기를 얻어가고 있을 당시의 조개구이전문점에서는 최소의 시설투자를 해서 운영하고 있었다. 특별한 인테리어도 없었고 내부 벽은 페인트로 시원하게 칠하고, 바닥은 담배꽁초를 그냥 버리게 하는 정도의 수준이었다. 이러한 분위가 간이주점 분위기를 연출해 직장인들 사이에 인기를 얻은 것도 사실이다. 이러던 것이 초보창업자들이 참여하게 되는 시점에서는 나름대로 차별화를 모색한다고 조개구이를 팔면서 인테리어는 일식집 분위기를 내기 시작하는 것이다. 이른바 무리한 과투자를 한 것이다. 조개구이의 인기가 점차 떨어지자 투자를 많이 하지 않은 기존의 점포들은 그래도 버티는데 무리가

실전창업의 神

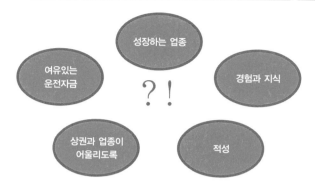

성장하는 업종

여유있는
운전자금

경험과 지식

? !

상권과 업종이
어울리도록

적성

없고 또한 점포를 내놔도 쉽게 거래가 되지만, 일식 인테리어로 꾸민 과투자 점포는 당장 버티기도 어려울뿐더러 투자금액이 큰 관계로 쉽게 거래가 되지 않아 결국에는 눈물을 머금고 손해를 보면서까지 철수를 하게 되는 것이다. 임차비용의 경우 사업을 그만 두었을 때 다시 되돌려 받을 수가 있지만 업종의 특성상 고급 레스토랑 등과 같이 시설비가 과도하게 들어가는 업종의 경우에는 점포를 폐점하거나 업종 전환 시 거의 제 값을 받을 수가 없어서 자금 환수율이 극히 낮아진다. 해당 업종을 아주 잘 알고 있거나 특별히 경영에 자신이 있는 경우를 제외하고는 시설비가 과도하게 들어가는 업종은 조심하여야 한다. 셋째로, 업종의 수익성을 검토하여야 한다. 즉, 총투자비용에 대한 월 수익이 어느 정도인지, 마진율이 높은지 아니면 박리다매품으로 적합한지를 파악하는 것이다. 일반적으로 수익성이 높은 업종은 취급도 다소 까다롭고 전문상품이거나 고가상품의 메뉴인 경우가 많고, 수익성이 낮은 업종은 반대로 취급도 간편하고 일상적으로 이용하는 간이음식이나 대중적인 상품인 경우가 많다. 넷째로, 자금회전율을 고려하여야 한다. 신용카드 계산이 보편화된 지금에서는 매출금액이 일정 기간이 지난 이후에야 현금화가 된다.

하지만 아직도 식사 위주의 메뉴를 운영하는 음식점에서는 현금계산 빈도가 아주 높은 편이다. 식자재 구입과 각종 지출을 처리하는데 필요한 자금의 효율적인 운영을 잘 따져보아야 한다. 다섯째, 업종의 경쟁상황을 예측하여야 한다. 나만의 독특한 조리비법이나 소스 등을 가지고 영업하는 전문음식점이라면 소비자들에게도 인정받고, 경쟁점들도 쉽게 참여하기 어렵도록 만들 수 있을 것이다. 하지만, 특색이 없는 일반적인 업종이라면 당장은 쉽게 창업해서 자리를 잡는 것처럼 보여도 몇 개월만 있으면 주변에 경쟁점이 넘쳐나게 되어 영업에 어려움을 겪게 된다. 따라서 누구나 쉽게 참여할 수 있는 업종인가 아닌가, 주변의 시장 규모에 비해 너무 과도한 경쟁상태에 있는 것이 아닌지 등을 면밀히 살펴봐야 한다. 가급적 조그만 점포를 하더라도 남들과는 다른 영업 노하우를 익혀서 차별화하는 것만이 살아남는 길이다.

실전 창업의 神

## 17 상황과 여건에 맞는 창업방법, 원칙은 있다

최근 경기불황과 기업 구조조정 일상화로 직장 근무를 하다가 퇴직을 앞두고 있는 직장인들이 대단히 많은데, 현실적으로 지금처럼 총체적인 불경기 상황에서는 대부분 중년의 나이인 이들에게 갈 곳이 거의 없다고 해도 과언이 아니다. 그래서 가장 쉽게 생각해 보는 것이 바로 점포 창업인데 전혀 경험도 없는 상태에서 적지 않은 자금을 필요로 하는 점포 창업은 신중하게 결정해야 한다.

퇴직자들이 점포창업을 준비할 때는 반드시 다음과 같은 것에 유의해야 한다.

첫째, 최소한의 경제적 안정을 유지하기 위해서는 가지고 있는 자금의 50-60% 선에서 할 수 있는 업종을 선택해야 한다. 중년층의 창업 고려 시, 가장 걱정하는 부분이 바로 한 번 실패하면 다시 일어설 수 있는 기회가 없을 것이라는 불안감과 생활 유지에 대한 문제 때문이다. 처음 창업을 고려할 때부터 창업자금을 보유자금의 50-60%선으로 책정하고 준비를 함으로써, 준비기간 중에 가질 수 있는 불안감을 해소하고 시작해야 한다.

둘째, 가급적 종업원을 채용하지 말고 가족의 도움만으로 운영할 수 있는 업종을 선택해야 한다. 중년층의 경우 가족들의 도움은 필수적인 사항이다.

직장에서의 지위에 연연하여 남 보기에도 그럴듯한 업종을 창업해서 자신은 사장님으로 자리를 지키고 일은 종업원을 시켜서 하고 싶다는 사람이 의외로 많은 것을 경험하는데, 이것이 가능한 경우는 소위 돈이 많으면 가능할까 절대 불가능한 일이라고 생각해야 한다. 이사 직급을 내준다는 말에 동업을 해서 사기를 당하는 경우도 대부분 이런 사유 때문일 것이라고 생각한다. 하얀 와이셔츠에 넥타이의 환상을 버리지 못하는 것이다. 평소에 꾸준히 사업계획을 추진하여 계획적으로 창업을 하는 경우를 제외하고는 대부분의 경우 자신의 경력과는 상관없는 분야로의 창업을 생각해야 하는데, 규모는 작더라도 본인과 가족들이 노력만 하면 안정적으로 운영할 수 있는 업종을 고려하는 것이 바람직하다.

셋째, 성급하게 시작하지 말고 최소한 6개월 정도의 기간을 가지고 입지선정, 업종선정 등 사전준비에 만전을 기하여야 한다. 퇴직 전 직장생활 중에 이 준비를 하면 제일 좋을 것이다. 창업 상담을 하다 보면, 제일 안타까운 일이 갑작스럽게 퇴직을 하고 난 후 집에 알리지도 못하고 너무 조급하게 창업을 혼자서 준비하는 것이다. 빨리 창업거리를 만들어서 집에 알려 주고 '내가 다 알아서 할게!' 라는 말을 하고 싶은 것이다. 평생 가족을 위해 일해 온 우리의 아버지들의 모습이다. 하지만 현실은 그렇게 이해해 주지 않는다. 오히려

| 안정 창업 | |
| --- | --- |
| **전제 조건** | **창업 방향** |
| • 생활유지 필요성<br>• 안정 지향<br>• 가족형 창업<br>• 제2의 인생 목표<br>• 충분한 준비기간 | • 생활 밀착적인 업종<br>• 경험과 지식 활용<br>• 성실과 영업에 기반을 둔 판매업<br>• 큰 힘이 들지 않는 시설형 업종 |

실전창업의 神

당당하게 제2의 인생을 살 목적으로 가족들과 회의도 하고, 또 지원도 얻으면서 활기차고 밝게 창업을 준비하는 것이 더욱 효과적이다.

중년층의 안정적인 창업에 적합한 업종으로는 자금조달 금액에 따라 다르겠지만 거주지 밀집지역에서의 생활밀착적인 업종, 자신의 경험과 지식을 살린 업무관련업, 성실과 영업력에 기반을 둔 유통업 등 판매업이 바람직하고, 외식업 중에서는 독립점 창업보다 믿을 수 있는 체인회사의 가맹점으로서 창업을 하는 것이 안정적이다.

또 한 가지 자금이 비교적 많이 소요되지만 가능하다면 시설형 업종을 고려해 보는 것이 좋다. 초기 투자비가 많이 들어가는 점은 있지만, 일단 창업을 하고 난 뒤에는 관리에만 충실하면 수익이 보장되는 이점이 매우 크다고 할 수 있다.


### ♥ 여성층의 창업방향은 어떻게 하는 것이 좋을까?

수입은 줄고, 물가는 나날이 오르기만 하는 요즘 같은 때 가장 힘든 사람은 가계를 꾸려 가는 주부들일 것이다. 이제는 주부들도 가만히 앉아 있을 수는 없다. 가계를 꾸려 나가는 공동책임자로서 생활일선에 나서야 하는 상황이다.

경기가 계속 어려워지면서 가계에 보탬이 될 수 있는 부업거리를 찾는 주부나 여성인력은 늘어났으나 여성의 취업기회가 극히 제한되어 있는 우리 나라 현실은 오히려 여성 근로자의 실직율만 높아지고 있는 실정이다. 더군다나 주부들 뿐 아니라 극심한 취업 한파 속에서 젊은 여성층들이 아예 창업전선으로 뛰어드는 경우도 많이 보게 된다.

여성 창업 상담자와의 상담 결과 이제까지의 희망업종을 생각해 보면 대부

| 여성 창업 | |
|---|---|
| **전제 조건** | **창업 방향** |
| • 가계 유지를 위한 창업<br>• 자금 부족<br>• 특별한 경험이나 지식 부족<br>• 시간, 정보 등 부재<br>• 사회경험 부족<br>• 적정이익 목표 | • 운영하기 쉽고 감각적인 업종<br>• 소규모 음식업종<br>• 부업용 업종<br>• 장기적으로 부부가 공동으로<br>  운영할 수 있는 업종 |

분 젊은 여성은 꽃집, 악세사리점, 팬시점, 내의전문점, 아동복점, 유아용품점, 아이스크림점, 테이크아웃커피점 등 겉보기에 깔끔하고 감각적인 면을 살릴 수 있는 업종을 선호하는 경향이 있으며, 주부층의 경우를 보면 젊은 여성들과 별 차이가 없으나 치킨점, 호프점, 간이음식점 등 중저가 소규모 음식점 업종들도 적극적으로 고려하는 것을 볼 수 있었다.

하지만 여성들의 창업 상황을 보면 대부분 자금이 넉넉하지 못한 상황이다. 남편과 함께 하는 부부창업의 경우에는 여성이 오히려 남편을 이끌어 가는 창업형태도 상당히 많은데, 여성이 보다 적극적일 때 규모있는 외식업 창업도 바람직한 방향이다. 그런데 남편의 직장생활이 불안해서 부업으로 창업을 고려한다면 자금이 넉넉할리 없을 것이고 그렇다 보니 현실적으로 노동력에 대한 대가만을 얻는 업종, 즉 소규모 음식이나 주류취급 계통의 창업이 많게 되는 특징이 있다.

여성 창업의 경우 주의할 점은 무엇보다도 나에게 맞는 업종을 선정해야 한다는 것이다. 대부분의 경우 여성들은 남성들보다 사회경험이 적은 것이 일반적이다. 그래서 창업의 전 과정, 즉 사업계획, 업종선정, 입지선정, 체인점 판단 등 모든 면에서 정확한 판단을 하기가 어려울 수 있다. 따라서 얼마

실전창업의 神

를 투자할 것인가, 운영은 어떻게 할 것인가, 과거 어떤 경험을 가지고 있는가, 적성 및 성격은 업종에 맞는가 등의 종합적인 검토을 한 후에 업종을 선택해야 한다.

그러므로 사업 초보자는 업종선정시 여러 가지 기준을 가지고 출발하되, 많은 정보를 습득하고 직접 원하는 업종의 점포를 찾아다니면서 경험을 쌓은 후 창업을 진행해 나가는 것이 바람직하다.

### ♥ 청년층 및 직장층의 창업방향은 어떨까?

요즘 신세대들은 샐러리맨이 되기보다 독자적인 자기만의 사업을 하고 싶어하는 열망이 매우 높다. 최근 언론사, 교육기관, 대학 등 각종 기관에서 개설하고 있는 창업강좌에 대학생들이나 넥타이를 맨 직장인들이 대거 참여하고 있는 것을 보면 잘 알 수 있다.

또한 사상 최대의 취업난으로 대졸 취업자들이 쏟아져 나오고 있는 가운데 아예 이 기회에 창업전선으로 뛰어들고자 하는 청년층들도 상당히 많아졌다.

그러나 이들 대부분은 창업자금을 마련할 만한 여건이 못 되는 관계로 자

**청년, 직장인 창업**

| 전제 조건 | 창업 방향 |
|---|---|
| • 직장생활 불안감<br>• 자기사업에의 열의<br>• 경기 불투명<br>• 취업대란<br>• 자금조달 능력 부족<br>• 사업경험 등 사회경험 부족 | • 소호형 업종<br>• 인터넷 활용 업종<br>• 유통/판매 업종<br>• 컴퓨터 관련 업종<br>• 교육학습 관련 업종<br>• 각종 대행 및 용역 업종<br>• 자투리 시간 활용을 통한 부업형 업종 |

금을 많이 들여서 하는 안정적인 점포 창업은 하기 어렵다. 그래서 나타나는 현상이 자본 없이 자신만의 번뜩이는 아이디어를 활용해 할 수 있는 무자본 창업 또는 소호창업, 즉 1인창조기업을 추구하는 것이다.

청년층 창업을 고려하는 사람들은 일찍부터 눈높이를 낮추고 자신의 소질과 관심을 정확히 파악하는 것이 좋다. 젊다는 점, 한 가지만 가지고 험난한 창업 시장을 헤쳐 나가기에는 역부족인 면이 많다. 비록 실패한다고 하더라도 재기의 기회는 얼마든지 있겠지만 이왕 시작하는 창업이라면 성공적이어야 한다. 따라서 학창시절부터 독립적인 마음가짐을 가지고 여러 분야의 경험을 쌓으면서 충분한 정보와 지식을 습득해야 한다. 가능하다면 6개월 정도의 기간에 아르바이트를 하면서 현장에서 경험을 쌓는 것도 좋은 방법이다.

또 한 가지, 요즘 직장인들 사이에서는 부업거리가 큰 화제라고 한다. 현실적으로 평생직장의 개념이 사라진지 오래이고 보니 맡은 바 일만 하고 나면 얼마든지 자기사업을 할 수 있다고 생각하는 것이 일반적이다. 또한 미래가 불안하다 보니까 사전에 다른 일거리를 만들어 놔야겠다는 의식도 많이 작용하는 것 같다.

청년층에 적합한 아이템이라고 한다면 신선한 아이디어로 할 수 있는 소호형 업종과 인터넷 통신 기술을 활용한 업종, 상품의 유통흐름을 배울 수 있는 유통업종, 컴퓨터 관련 업종, 교육 학습관련 사업, 각종 대행 및 용역업종 등이 적당하다.

직장인층은 아무래도 본업이 있는 관계로 짜투리 시간을 이용할 수 있는 자동판매기사업으로 부업을 고려하거나, 아니면 퇴근 후에 본인의 전문적인 기술을 활용할 수 있는 인터넷관련 사업 등을 종합적으로 고려하는 것이 바람직하다.

실전 창업의 神

## 판매 · 서비스업종의 영업 포인트를 파악하라

**18**

판매 · 서비스업종이라는 것은 일반소매업을 중심으로 우리 주변의 생활 용품을 판매하거나 서비스를 제공하는 업종들을 말한다. 이러한 업종의 특징 은 음식업종이나 레저 · 유흥업종에 비해 쉽게 망하거나 흥하지 않고 안정적 인 반면 수익이 적다. 취급상품에 대한 지식을 갖추고 끈기있게 노력하는 성 실한 스타일의 사람들에게 적합한 업종이다.

### ❥ 점포를 늘 깔끔하고 청결하게 유지한다

청결한 점포에서 깨끗한 상품을 구매하고 싶은 마음은 고객이면 누구나 갖 고 있다. 그러므로 이런 고객의 마음을 읽고 늘 깨끗한 점포를 유지해야 하는 데, 그렇게 하기 위해서는 무엇보다 청소작업이 중요하다. 매장 내부, 간판, 출입구, 유리창 등을 항시 깨끗하게 청소해야 하며, 지역사회의 일원으로서 점포 앞 뿐만 아니라 지역환경에도 관심을 가져 소비자들에게 좋은 이미지를 심어 주도록 한다.

점포 내부를 청소할 경우에는 상품이 진열되어 있는 곳은 매일 청소하는 것을 기본으로 하고 조명부위, 거울, 냉장고 등의 시설물, 판매대, 진열대, 계

제3장 될 만한 아이템을 선정하라

산대, 천장, 광고물 등도 지저분하게 방치되는 일이 없도록 요일별로 청소일 자를 정하고 체크리스트를 만들어 항상 점검하도록 한다.

### ♦ 접객요령에 대한 종업원 교육을 철저히 시킨다

판매 · 서비스 업종에서는 대부분 종업원에 의해 접객이 이루어지고 판매 가 이루어진다고 해도 과언이 아니다. 주인이 아무리 열심히 해도 종업원이 영업에 적극적이지 않거나 능숙하지 않으면 판매가 제대로 이루어지지 않게 된다.

따라서 종업원에게 고객에 대한 친절한 인사, 종업원끼리 잡담 금지, 친절 한 접객, 공평한 접객태도, 계산의 정확성과 신속성, 상품지식의 습득, 포장 기술의 숙달 등 접객서비스 요령을 확실하게 숙지시키고 지속적으로 교육시 켜야 한다.

한 가지 중요한 것은 접객에 있어서 종업원의 팔겠다는 자세가 너무 강렬 하게 표출되면 손님은 거북함을 느끼게 된다. 처음에는 손님이 매장을 자유 롭게 둘러볼 수 있도록 하고, 특별한 표시가 있을 때 자연스럽게 상품설명을 시작해야 한다.

### ♦ 상품을 적정하게 발주해 재고를 효율적으로 관리한다

자기점포에서 팔리는 상품의 비율과 매출액을 정확하게 따져 상품을 주문 하는 습관을 가져야 한다. 소매업은 겉보기에는 잘 되는 것처럼 보여도 실제 이익을 따져 보면 별로 남는 것이 없는, 장사의 허점에 빠지기 쉬운 업종이다.

따라서 판매 · 서비스 업종에서 성공하기 위해서는 자기점포에서 잘 팔리

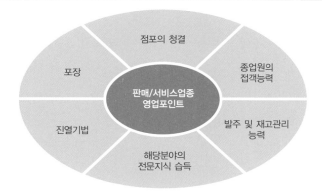

판매/서비스업종 영업포인트

점포의 청결

포장

판매/서비스업종
영업포인트

종업원의
접객능력

진열기법

발주 및 재고관리
능력

해당분야의
전문지식 습득

는 것과 안 팔리는 것을 정확하게 파악하고, 그 비율에 따라 적정하게 발주함으로써 매장 내의 재고를 최적수준으로 유지하고 회전율을 높이는 것이 가장 중요하다.

### ♥ 해당 분야의 전문적인 지식을 갖추고 최신 정보를 습득한다

판매·서비스 업종에 종사하고 있는 사람은 자신의 업종에 대해서 부단히 공부하는 자세를 가져야 한다. 음반전문점, 액세서리전문점, 패션 소품점, 꽃가게 등 전문점의 성격이 짙은 업종은 특히 그러하다.

이런 전문점들은 상품에 대한 전문적인 지식이 뒷받침되어야 고객의 요구를 만족시켜 줄 수가 있다. 또 이러한 업종은 매우 빠르게 신상품이 나오고, 시시각각으로 소비자들의 기호가 변하기 때문에 소비자들의 기호변화를 따라가고 대처하기 위해서라도 관련 상품의 최신정보나 유행, 신상품의 동향 등을 각종 정보지를 통해 습득해야 한다.

## ❧ 진열에 신경을 써서 시선을 끈다

매장내의 디스플레이나 진열은 계절별로 바꿔 주어 참신함과 함께 계절감
각에 어울리게 하는 것이 좋다. 신상품이나 인기상품은 고객들이 찾기 쉽게
중앙진열대 등 보기 좋은 곳에 진열하도록 하고, 쇼윈도 등도 가급적 수시로
진열을 바꿔서 분위기 전환은 물론 지나가는 사람들의 눈길을 끌 필요가 있
다. 진열에 있어서 중요한 포인트의 하나는 주인이나 종업원들도 해당 상품
을 쉽게 찾을 수 있도록 관리하기 편하게 진열되어 있어야 한다.


## ❧ 포장에 세심한 정성을 기울인다

포장이 필요한 상품의 경우 특별히 포장에 세심하게 신경을 쓰는 것도 고
객확보의 비결이라고 할 수 있다. 아무리 값싼 물건이라 할지라도 꼭 정성 들
여 포장해 주어야 한다.

특히 고객이 여성층이라면 여러 가지 포장지를 준비해서 원하는 것으로 포
장해 주고, 리본이나 꽃장식 등의 서비스를 제공한다면 고객은 반드시 그 점
포를 다시 찾는다.

실전 창업의 神

# 음식업종의 영업 포인트를 파악하라

**19**

　창업을 희망하는 사람들 중 절반 이상이 음식업종을 희망할 정도로 음식업은 각광을 받고 있다. 그러나 인기가 많고 점포 수도 많은 만큼 경쟁도 치열해서 웬만큼 운영을 잘 하지 못하면 실패를 경험하기가 쉬운 것이 또 음식업종이다. 먹는 장사가 남는 장사라는 말은 이제 흘러간 옛말이 되어 버렸다. 일반적으로 식당의 폐업 원인은 잘못된 입지선정, 평범한 음식 맛, 종업원 관리의 실패, 점포의 분위기 조성 실패 등을 꼽을 수 있다. 음식업종에서 성공하기 위해서는 최소한 다음 사항에 대해 철저한 검토가 있어야 한다.

### ❥ 인력관리를 철저히 한다

　음식장사는 사람 다루기가 매우 어려운 것이 사실이다. 평생 직장으로 일하기보다는 잠시 잠깐 일하는 사람들이 대부분이라 말도 없이 그만두는 일이 잦아 장사에 큰 영향을 미치는 경우가 비일비재하다. 그렇다고 직업의식이 없는 종업원들만 탓할 수는 없다. 점포 안에서 이루어지는 모든 일은 근본적으로 주인에게 책임이 있다.

종업원을 효율적으로 관리하려면 아무리 작은 점포라도 종업원에 대한 근무수칙을 세우고 이를 철저하게 지키도록 해야 하며, 종업원들이 일에 사명감을 갖고 일할 수 있도록 장기근속자에 대한 상여금 지급, 우수 근무자 표창 등의 메리트를 주어야 한다.

### ♨ 위생관리를 철저히 한다

음식업의 운영에 가장 주의해야 할 부분이 철저한 위생관리이다. 아무래도 사람이 먹는 음식을 취급하는 점포이다보니 청결문제에 있어서 만큼은 아무리 조그만 조그마한 실수라도 고객들에게 용납되지 않는다.

주인은 종업원들과 함께 청소작업 일정표를 만들어 놓고 철저히 시행하는 습관을 길들여야 한다. 점포 외관, 천장, 조명기기, 테이블, 바닥, 계산대, 주방, 주방기계, 화장실 등 주기적으로 관리해야 할 곳을 며칠에 한 번씩, 어떤 방식으로 청소할 것인지 작업 방법을 구체적으로 결정하고, 한 달에 한 번씩은 주인이 감독관이 되어 위생조사를 실시해야 한다.

또한 종업원들의 복장도 수시로 점검해 혹시라도 불결한 복장으로 손님을 맞이하는 일이 없도록 해야 한다.

### ♨ 사전에 연습을 실시해 주방과 홀 쪽의 호흡을 맞춘다

고객들에게 신속하게 음식을 제공하고 서비스를 하기 위해서는 실전 연습을 해야 한다. 개점 전 반드시 실전교육을 실시해서 주방과 홀 쪽의 호흡을 잘 맞추어야 한다.

특히 패스트푸드 업종의 경우에는 신속이 생명이므로 주문한 후 얼마 만에 식사가 나오는지, 맛에 대한 반응은 어떤지, 일을 하거나 고객이 움직이는데 불편한 동선은 없는지 1-2일간 주변 사람들을 가상고객으로 끌어들여 연습을 해보는 것이 바람직하다.

### ♣ 고객층에 적합한 홍보를 한다

홍보활동의 핵심은 점포 위치에 따라 주고객층에 적절한 홍보방안을 마련해야 한다는 점이다. 주택가 지역에서 배달 중심의 영업이 이루어질 경우에는 신문에 광고지를 끼워 넣어 전화번호를 기억하게 하거나 주변에 중·고교나 학원 주변이라면 학생들을 상대로 판촉물을 이용한 홍보활동을 해 볼 수도 있다.

### ♣ 업종특성에 맞는 인테리어로 분위기를 표현한다

음식업종은 실내 인테리어가 그다지 중요하지 않다고 생각하는 사람들이 많이 있지만, 사실 음식 업종이야말로 인테리어로 실내 분위기를 잘 조성해야 하는 업종이다.

주고객이 청소년층이라면 밝고 발랄하게, 가족단위의 고객이 많은 곳은 너무 고급스럽거나 너무 현대적이지 않으면서 잔잔한 음악이 흐르게 하여 자연스럽고 편안한 분위기를 연출하는 등 고객의 성향과 점포의 분위기를 맞추는 것이 좋다. 특히 커피전문점, 주스전문점 등과 같이 고객들이 차 한잔 하면서 편안한 휴식공간으로 이용하는 경우에는 매장의 안정된 분위기는 물론 화장실의 청결, 분위기 좋은 음악과 편한 자리 배치, 친절한 인사, 신속한 음식 제공 등에 중점을 두어 운영을 해야 한다.

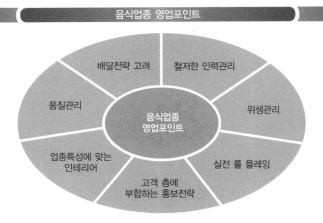

음식업종 영업포인트

배달전략 고려
철저한 인력관리
품질관리
음식업종
영업포인트
위생관리
업종특성에 맞는
인테리어
실전 롤 플레잉
고객 층에
부합하는 홍보전략

### ❖ 재료의 품질관리를 철저히 한다

음식의 제 맛은 신선한 재료에 있는데 체인점의 경우 체인본부에서 주재료를 냉동상태나 당일에 공급해주므로 주재료의 신선도는 신경을 쓰지 않아도 된다. 그러나 주재료에 곁들여 내는 야채 등은 꼭 싱싱한 것으로 준비하도록 하고, 주재료가 냉동상태라 변질의 우려가 없다 하더라도 오래된 것은 맛이 떨어지므로 가급적 사용하지 않도록 한다.

음식점의 성공 비결 중에 첫 번째는 어디까지나 맛이라는 것을 명심하고 재료의 품질관리에 만전을 기한다면 자연스럽게 단골고객을 확보할 수 있을 것이다. 이렇게 하기 위해서는 재료의 구입과 발주를 신중하게 해야 하는데, 한꺼번에 많은 양을 구입하지 말고 매일매일 예상판매량을 예측하여 적정량을 발주함으로써 항상 신선한 음식을 고객에게 제공해야 한다.

실전 창업의 神

## ✔ 배달은 신속하고 정확하게 한다

　도시락전문점, 피자점 등은 배달이 중심이 되는 업종이다. 매장 판매와 배달을 겸하고 있다 하더라도 배달에 신경을 써야 한다. 배달은 신속, 정확이 생명이므로 주문 후 15분 이내, 주문 후 30분 이내 식으로 원칙을 세워 놓고 홍보하고, 실제로 이것이 잘 지켜지도록 사전에 미리 준비를 철저히 해 놓아야 한다.

　개점 전에 선전물을 가지고 주인이나 종업원들이 직접 방문한다면 적극적인 홍보활동 효과도 볼 수 있고, 자연스럽게 지리도 익히게 되어 차후 영업 시에 배달하기에도 훨씬 용이해진다.

# 20 체인점으로 할 것인가, 독립점으로 할 것인가

　체인점이라는 것은 프랜차이즈 시스템에 의해서 운영되는데, 프랜차이즈 시스템이란 체인본부 (프랜차이저)와 체인점 (프랜차이지)이 상호간에 프랜차이즈 계약을 맺고 체인본부는 상품의 판매권, 경영기술의 제공, 상호 사용권, 각종 판매촉진 등의 영업활동을 해주고, 체인점은 그 대가로서 일정한 로열티를 체인본부에 내고 판매에만 전념하는 영업형태를 말한다. 이러한 프랜차이즈 시스템은 창업 및 경영에 이르기까지 본부에서 책임을 지고 지원 및 보조를 해주므로 예비창업자 또는 초보자들이 누구나 쉽게 창업할 수 있는 특징이 있다. 그러나 이러한 프랜차이즈 시스템이 무분별하게 도입되어 부실한 체인본부가 계약금만 챙기거나 경영지원이 원활하게 되지 않는 등 피해사례가 빈번하게 발생되고 있어서 프랜차이즈 체인에 가맹하여 창업을 하고자 하는 사람들은 사전에 치밀하고 면밀하게 분석을 하여야 한다.

　체인점은 체인본부가 점포의 상권분석, 점포 인테리어 시공, 상품공급, 영업기법, 광고선전 등 모든 일을 처리해 주고 체인점은 판매에만 전념할 수가 있으므로 예비창업자 또는 초보자들이 가장 쉽게 창업을 할 수가 있다는 장점이 있다. 또한 체인본부의 전국적으로 동일한 브랜드, 인테리어 등의 이미지에서 영업을 하기 때문에 소비자의 신뢰성을 쉽게 확보할 수 있다는 점도

실전 창업의 神

| 분류 | 독립점 | 체인점 |
| --- | --- | --- |
| 사업 형태 | 경험자에게 유리 | 초보사업자에게 유리 |
| 창업 비용 | 창업 비용 절감(본사)에 지불하는 비용 절감) | 가맹비 · 보증금 · 로열티 같은 부대 비용 추가 |
| 마진율 | 높음 | 낮음 |
| 상호 | 독자적인 상호 개발 | 본사 브랜드 |
| 인테리어 | 창업자의 독자적인 콘셉트 | 본사의 통일된 콘셉트 |
| 상품 구매 | 독자적인 구매처 확보 | 본사 공급 |
| 경영 노하우 | 독자적인 경영 노하우 개발 | 본사의 경영 노하우 제공 |
| 경영 대처 능력 | 고객 욕구나 시장 변화에 따라 신속한 대처 가능 | 본사의 통일된 의사결정 때문에 지연될 수 있으나 트렌드 또는 시장을 읽는 능력은 유리 |
| 성장 가능성 | 성공할 경우 프랜차이즈 본사로 도약 가능 | 가맹점수 확대를 통한 성장 가능 |
| 경영 노하우 | 창업자의 능력에 따라 창의적인 경영 노하우 | 본사의 축적된 경영 노하우 |
| 홍보 · 마케팅 | 독자적인 홍보 전략 구사 | 본사의 공동 마케팅 지원 |
| 상권 조사 | 창업자 스스로 판단 | 체인본부의 입지 조건 또는 상권 조사 |
| 창업 기일 | 창업하기까지 오랜 시간 소요 | 창업 기간 최대 단축 가능 |

독립점보다 유리한 점이다. 체인점의 단점으로는 일단 마진율에 있어서 독립점보다 낮고, 체인본부의 영업지침 등을 준수하여야 하므로 독자적인 영업전략을 펼 수 없는 등 장애요인이 있고, 체인본부의 파산 또는 동일 체인점의 폐점 등으로 인하여 자기의 점포에 나쁜 영향을 미치게 된다. 또한 프랜차이즈 계약에 의해 정기적으로 일정한 로열티를 본부에 내야 하므로 매출이 보장되지 않을 경우 영업이 어렵다는 단점이 있다.

독립점포로 창업해서 운영을 하는 것은 주인 자신이 스스로 상품을 구매하고 경영목표를 설정하는 등 점포운영의 모든 일을 독자적으로 처리할 수 있고, 이익율에 대한 결정권도 가지고 있으며, 운영에 어떠한 간섭도 없으므로 시장환경의 변화에 민첩하게 대응할 수 있는 장점이 있는 반면에, 체인점과 같이 체인본부로 부터 경영지원을 받지 못하고 모든 일을 스스로 알아서 처리해야 하므로 점포주인 입장에서는 점포를 운영하기가 매우 어렵다는 단점이 있다.

우리나라의 프랜차이즈 본사의 50% 정도가 외식업이라고 한다. 그만큼 프랜차이즈 분야에서 외식업의 비중이 높은 것이 사실이다. 또한 우리나라 사람들은 프랜차이즈에 있어서 아픈 기억이 있다고들 한다. 무슨 말이냐 하면 90년대 후반 IMF 이후에 폭발적인 창업붐에 힘입어 많은 본부들이 탄생했고 그로 인해 수많은 체인점 창업이 이루어졌지만 가맹 사기 등 피해사례도 많아 사회문제로까지 대두된 것 때문이다. 하지만 최근의 동향을 보면 경기가 어려운 상황에서도 나름대로 영업을 해나가는 점포들을 보면 체인점의 비중이 점차 높아지고 있다. 독립점으로 운영해도 충분한 기술과 경험을 가진 사업자들도 비용이 다소 들더라도 일부러 체인점에 가맹해서 브랜드의 힘과 본부의 운영시스템, 사후관리 등을 지원받으며 창업하는 경향이 늘어나고 있다. 해외의 경우에서처럼 성공확률이 독립점에 비해 압도적으로 높다고 평가받는 프랜차이즈 시스템에 대해서 향후 관심을 가지는 것이 필요하다.

실전창업의 神

# 21

# 프랜차이즈 가맹시,
# 이것만은 고려하라

　프랜차이즈 체인 가맹을 고려할 경우에는 다음의 몇 가지를 확인할 필요가 있다. 첫째는 체인의 가맹점을 직접 방문해서 점주들의 협조 아래 의견을 청취하는 것이다. 견실한 체인본부인지, 아닌지를 알 수 있는 사람은 다름 아닌 가맹점주이다. 가맹점주를 직접 방문하여 이것저것 질문을 해서 본부가 경영지원을 제대로 해주는지, 계약 시에 약속했던 것들을 이행하고 있는지, 물품공급이 원활하게 이루어지고 있는지 등을 확인하여야 한다. 둘째, 각 가맹점의 평균매출을 직접 확인해 볼 필요가 있다. 가맹점주를 찾아가서 매출에 관한 사항을 알아볼 필요가 있다. 실제로는 자신의 점포 매출을 밝히는 것을 꺼리는 경향이 많지만 자신의 입장을 솔직하게 전달해서 알아보도록 노력해야 하며, 그것이 어려우면 핵심 시간대에 가맹점의 영업상황을 반드시 확인해 보고 나름대로 짐작해 봐야 한다. 셋째, 본사의 설립연도와 자금력을 확인하여야 한다. 회사의 법인명만 알고 있으면 상업등기소에서 회사의 개략적인 사항을 알아볼 수가 있다. 물론 역사가 오래됐고 자본금이 크면 견실하다고 판단할 수가 있다. 하지만 역사가 짧고 자본금이 작지만 부실하다고 판단할 것만은 아니다. 젊은 사업가들이 참신하고 기발한 아이디어를 가지고 체인사업을 전개하는 경우도 있기 때문이다. 결국은 회사의 외형도 중요하지만 더

**＊ 독립점**

• 장점
- 상품구매 등 경영의 모든 일을 독자적으로 수행한다.
- 이익률에 대한 결정권을 갖고 있다.
- 독자적인 경영으로 시장 변화에 민첩하게 대처할 수 있다.

• 단점
- 모든 것을 경영자 스스로 알아서 처리해야 한다.
- 초보자의 경우 점포경영이 매우 어렵다.

**＊ 프랜차이즈점**

• 장점
- 체인본부가 상권분석, 인테리어, 상품공급. 영업기반, 광고선전 등 모든 일을 처리해 주므로 초보자도 쉽게 창업할 수 있다.
- 전국적으로 동일한 브랜드, 인테리어 등의 이미지를 가지고 있기 때문에 소비자의 신뢰성을 쉽게 확보할 수 있다.

• 단점
- 마진률이 독립점보다 떨어진다.
- 체인본부의 영업지침을 준수해야 하므로 독자적인 영업전략을 펼 수 없다.
- 체인본부의 파산, 동일 체인점의 폐점 등으로 피해를 입을 수 있다.
- 정기적으로 로열티를 내야 하므로 적정한 매출이 보장되지 않으면 경영이 어렵다.

욱 중요한 것은 믿을 수 있는 사람들이 운영하는 것이냐에 관심을 가져야 한다. 넷째, 계약내용을 확실히 확인하고 계약하여야 한다. 본사에서 준비한 계약서가 서너 장 분량밖에 안되고 항목도 미비한 것이 많아서 추후 분쟁의 소지가 많은 경우는 조심해야 한다. 대부분 이런 회사는 계약서 내용을 자세히 설명도 안하고 빨리 계약을 하자고 종용하는 경우가 많다. 오히려 계약서가 너무 어려울 정도로 복잡하고 자세하며 회사에서도 계약의 내용을 꼼꼼이 설명하면서 이해를 시키려고 하는 회사가 시스템을 가지고 있다고 보아야 하며 믿음성도 있다.

다섯째, 체인본사의 인력구성을 점검한다. 프랜차이즈 체인 사업이라는 것이 변화하는 고객 욕구에 맞춰 지속적으로 상품 및 메뉴개발이 필요한 사업이다. 따라서, 체인본부가 이러한 연구개발 인력을 확보할 수 있고 신상품 및 신메뉴 개발에 충실한지 확인해야 한다. 또한 개업 후 영업 지도를 수행하는 수퍼바이저 인력의 구성 여부도 중요한 문제다. 철저한 사후 경영지도를 표방하고는 있지만 개업 후에는 체인점의 운영상태에 대해 관심도 없으며, 경영지도를 지원할 인력도 구성돼 있지 않은 체인본부도 많다. 점포 개발 등 가맹점 계약 부서의 인력만 많은 체인본부도 주의해야 한다. 이들은 보통 계약직으로 사업 초기의 가맹계약 체결에만 신경쓰고 계약 후에는 특별한 지원을 해주지 못하는 경우가 많다. 이러한 체인본부는 가맹비 수입에만 관심이 많은 본사일 확률이 높다.

계약전 계약서 내용과 정보공개서를 꼼꼼히 분석하고 결정하는 것이 바람직하다.

# 프랜차이즈 결정시,
# 체크포인트 6가지

22

　프랜차이즈 체인점 가맹을 고려할 경우에 생각해 보아야 할 것들이 있다.

　먼저 첫째로 자기 자신에 대해서 판단해 보아야 한다. 흔히들 우리나라 사람들은 성격상 프랜차이즈 시스템에 맞지 않다는 평가를 하곤 한다. 처음에는 본인이 혼자 창업하기 어렵기 때문에 나름대로의 판단으로 체인점 가맹을 해서 본부의 도움으로 창업을 했는데, 점차 점포 운영에 노하우가 쌓이기 시작하면서 본부의 말을 듣지 않으려고 한다. 조금이라도 싼 원재료가 있으면 직접 사입을 하기도 하고, 마음대로 인테리어 이미지를 바꾸기도 하며, 본사의 지시 및 통제에서 벗어나 독립점으로 운영하고자 하는 경향이 나타난다. 우리 주변에 수많은 음식체인점 간판이 있지만 그 중에서 상당수가 간판만 걸려 있는 '무늬만 체인점'인 경우가 많다고 한다. 본부는 가맹비, 인테리어 마진 등 개설이익금을 이미 받았으니 가맹점에 신경을 안 쓰고, 가맹점은 줄 만큼 줬으니 이제는 내가 알아서 한다는 식의 행태가 빈번하다. 결론적으로 이러한 것은 상호 윈-윈이 아니라 결국 동반자멸하는 결과를 가져오게 된다. 체인점을 고려할 경우에는 가장 먼저 자신이 체인점 사업자로서 적당한 성격인지, 아니면 독립적인 경향이 강한지를 판단해서 결정해야 상호 피해를 줄일 수 있다. 프랜차이즈 시스템의 장점과 단점을 잘 이해하고, 본인이 그것에

*실전* 창업의 神

적당한지를 판단하고, 체인본부의 방침과 경영방법에 따라서 경영을 할 수 있는지를 판단해 봐야 한다. 그것이 아니라면 전문가의 컨설팅을 받더라도 독립점 창업을 고려하는 것이 바람직하다.

둘째로 체인본부 선정에 대한 것이다. 먼저 자신이 하고자 하는 업종을 선택하여 관련 프랜차이즈 기업들의 리스트를 조사하고 정보를 모아야 한다. 다음으로 취급 상품에 대한 기본적 사항, 즉 취급상품의 범위와 종류, 품질의 우위성, 기존의 체인점 조사, 상품이나 서비스의 라이프 사이클에 대한 장래성, 매입 면에서의 메리트, 본부의 개발투자 여부, 취급상품의 이미지 창출 여부 등을 체크하여야 한다. 또한 체인본부의 기본적 영업방침을 체크하고, 체인본부가 취급하는 상품과 자신이 요구하고 있는 내용이 잘 조화될 수 있는가를 판단해야 한다. 마지막으로 가맹비, 보증금, 로열티, 인테리어 비용, 상품 공급 및 결재방법에 대한 사항 등 부담해야 하는 의무내용에는 어떠한 것이 있는지를 파악하여야 한다.

셋째로 체인본부 기업에 대하여 알아봐야 한다. 여기에는 기업의 설립시기와 영업실적, 기업의 경영방침과 인재구성, 경영력 등에 대한 정보, 장기경영계획, 체인점 모집과정, 체인점에 부여하는 판매지역에 대한 명확한 규정 등이 포함되는데, 가맹사업공정화에 관한 법률에 의한 정보공개서를 통해 완전하게 숙지하여야 한다.

넷째로 선정 후의 검토사항으로는 입지의 결정, 주변의 경합 동업자 조사, 당해 입지가 고객을 흡인하는 힘 파악, 지역의 소득수준과 성장가능성 파악, 경쟁점이 진출할 경우의 영향 고려, 본부에 의한 상권분석의 타당성 등을 검토하여야 한다. 또한 개점을 하기 위한 소요자금의 견적과 조달에 대하여 파악하고, 판매 및 이익계획과 아울러 운전자금에 대한 분석을 시행하여야 하며, 체인본부 및 금융기관에 의한 금융지원제도 및 본부에 의한 광고선전, 홍

**❶ 자신의 성격 및 배경을 파악한다.**
- 아내와 남편 혹은 자녀의 전폭적인 지지가 있는가?
- 리더십이 있으며, 경영자로서 소질이 있는가?
- 프랜차이즈 시스템의 장점과 단점을 잘 이해하고 체인본부의 방침에 따라 경영할 수 있는가?
- 사업을 시작하는 데 필요한 자기자금의 조달 가능액은 어느 정도인가?

**❷ 체인본부 선정에 대해 살펴본다.**
- 자신이 하고자 하는 업종을 선택해 관련 프랜차이즈 기업들의 리스트를 조사하고 정보를 수집한다.
- 취급 상품의 범위와 종류, 품질의 우위성, 기존의 체인점 조사, 상품의 라이프 사이클에 대한 장래성, 매입 면에서의 메리트, 본부의 개발투자 여부, 판매 상품의 이미지 창출 여부 등 기본적 사항을 체크한다.
- 체인본부에 대해 가맹비, 로열티, 인테리어, 상품 결재 방법에 대한 사항 등 부담해야 하는 의무 내용은 무엇인가?
- 체인본부의 선정 기준이 명확한가?
- 체인본부의 기본적 영업 방침을 잘 수행하고 있는가?

**❸ 자신의 성격 및 배경을 파악한다.**
- 기업의 설립 시기와 영업 실적 등을 살펴보고 경영 방침과 장기 경영 계획, 인재 구성, 경영력 등에 대한 정보를 수집해 체크한다.
- 체인점 모집 과정이 적법하게 수행되는지 파악한다.
- 체인점에 부여하는 판매 지역에 대해 어느 정도 명확하게 규정돼 있고, 그 지역이 영업을 하는 데 충분히 넓은가?

**❹ 선정 후의 검토 사항**
- 입지를 결정한 후 주변의 경합 동업자를 조사하고, 당해 입지가 고객을 흡인하는 힘을 파악하며, 지역의 소득 수준과 성장 가능성 및 경쟁점이 진출할 경우의 영향을 고려하고, 프랜차이즈 본사에 의한 상권분석의 타당성을 검토한다.
- 개점을 하기 위한 소요 자금의 견적과 조달에 대해 파악하고, 판매 및 이익 계획과 아울러 운전자금에 대한 분석을 시행한다.
- 체인본부 및 금융기관에 의한 금융 지원 제도를 검토한다.
- 본부에 의한 광고·홍보 등에 대해 체크한다.

**❺ 지도·원조 사항을 체크한다.**
- 점포의 인테리어 등 공사에 관련해 본부의 지도·원조 및 업체의 소개나 보증들을 확인한다.
- 경영 노하우를 포함한 본부의 교육 훈련 계획에는 어떤 것이 있는가?
- 영업 중에 매니저에 의한 경영 컨설팅의 실시 여부를 파악한다.
- 회계·경리상의 시스템에 대한 표준적인 방법이 확립돼 있는가?
- 적자가 계속될 경우 본부의 원조나 보증 여부 등을 파악한다.
- 개점시 본부의 광고 선전 지원과 경영 실적 자료를 통한 분석은 실시되는지 파악한다.

**❻ 계약서 작성시 내용을 세심히 살핀다.**
- 프랜차이즈 시스템에서의 모든 내용은 프랜차이즈 계약서에 명시된다. 프랜차이즈 계약서는 체인본부에 의해 정형화되고, 여기에 서명하면 프랜차이즈 시스템의 모든 권리와 의무에 대한 효력이 발생한다. 따라서 체인점 가맹 희망자는 계약의 각 조항을 면밀히 파악해야 한다.

*실전 창업의 神*

보 등에 대해서도 확인한다.

다섯째로 본부의 지도. 원조사항을 체크하여야 하는데, 여기에는 점포의 인테리어 등 공사에 관련하여 본부의 지도·원조는 어떠한가, 경영 노하우를 포함한 본부의 교육훈련계획에는 어떠한 것이 있는가, 개점시의 본부의 광고 선전 지원은 무엇이 있는가, 영업 중에 수퍼바이저에 의한 경영컨설팅의 실시는 어떻게 진행되는가, 경영실적 자료를 통한 분석을 실시하여 주는가 등을 파악하여야 한다.

여섯째로 계약에 관한 사항을 확인해야 하는데, 가맹사업공정화에 관한 법률에 따라 사전에 계약서를 제공받아 충분히 검토하여 판단하여야 한다. 프랜차이즈 시스템에서의 모든 내용들은 프랜차이즈 계약서에 명시되게 된다. 프랜차이즈 계약서는 체인본부에 의해 정형화되어 준비되고 여기에 서명을 하게 되면 프랜차이즈 시스템의 모든 권리와 의무가 효력을 발생하게 되므로 체인가맹 희망자는 계약의 각 조항을 면밀히 파악하여 계약서에 표시된 내용을 받아들이거나, 거부하든가의 양자택일을 해야 한다.

# 입지 분석 성공 포인트

# 23
# 주변 지역의 특성을
# 파악하라

　창업을 하고자 하는 사람이 입지선정에 나설 경우에는 나름대로 강남권이다, 이대 앞이다, 수유역 주변이다 등의 장사를 하고 싶은 지역을 염두에 두고 있는 것이 보통이다. 하지만 실제로 점포를 구하기 위하여 그 지역에 가보면 마땅한 점포도 찾기가 힘들뿐더러 점포가 매물로 나와 있다 하더라도 도대체 어떻게 그 점포의 우수성을 판단해야 하는지 막막하기만 할 뿐이다. 점포 창업은 입지산업이라는 말이 있듯이 좋은 입지를 선정해서 창업하는 것이 사업 성패의 갈림길이 되기 때문에 대부분의 창업준비자들이 가장 신경을 쓰는 부분이기도 하지만 가장 실패를 겪는 부분이기도 하다. 더욱이 창업 초보자의 경우는 더욱 그렇다.

　그렇다면 입지선정에 나서서 제일 먼저 해야 할 것은 무엇인가? 그것은 염두에 두고 있는 지역의 주변상권 특성을 파악하는 일이다. 주변 지역상권의 특성을 파악한다는 것은 해당 지역에서 자신이 하고자 하는 업종이 얼마만큼 형성되어 있는지, 또한 매출실적은 좋은지, 다른 유사업종들의 분포는 어떠한지 등을 파악하여 그 지역의 상권이 계속 발전하고 있는 상권인지 쇠퇴하고 있는 상권인지를 알아본다.

　발전하는 상권과 쇠퇴하는 상권을 알아보려면 먼저 그 지역의 부동산 현황

제4장 입지 분석 성공 포인트

을 알아보면 되는데, 발전하고 있는 상권은 매물로 나온 점포가 거의 없고 설혹 한 두개가 나왔다 하더라도 엄청난 금액의 권리금이 붙어 있는 것이 특징이다. 이러한 현상은 동일 상권 내에서의 2개의 상가를 놓고 잘 되는 상가인지, 쇠퇴하는 상가인지를 파악할 때에도 판단기준으로 이용할 수가 있다.

그러면 현재 번영하고 있는 상권과 현재는 그럭저럭 운영을 하고 있지만 갈수록 발전을 계속 하고 있는 상권 중에서 어느 곳이 더 좋을까? 물론 쇠퇴하고 있지 않다면 현재 번영하고 있는 상권이 두말할 나위 없이 좋겠지만 이 경우에는 점포세가 상당히 높고 또 권리금이 매우 높은 것이 사실이다. 창업을 준비 중인 초보자라면 아직은 상권이 성숙되지 않았지만 계속적으로 발전하고 있는 상권을 선정하여 장기적으로 영업을 하는 것이 좋다고 할 수 있다.

하지만 이 경우에도 발전하고 있는 상권 내에서 가장 활성화된 지역에 편입해서 영업을 하여야 유리하다. 주변에 상권이 발달하지 않은 경우 혼자서 고립되어 장사를 할 경우에는 고객들을 유인하기 위하여 영업적인 노하우가 있어야 하지만 장사경험이 있는 일부분의 사람들을 제외하고는 대다수의 사람들이 그렇지 못하다. 따라서 경험이 없는 초보자일수록 해당 지역에서 가장 활성화된 곳, 전체가 번영하고 있는 상가 등에 입점을 해야 유리하고 전체적인 상승효과를 같이 얻을 수 있다.

가장 활성화된 상권, 번영하고 있는 상권에 입점을 할 경우에 한 가지 주의해야 할 것이 있는데 그것은 주변의 다른 점포에 비하여 시설이나 규모면에서 쳐져서는 안 된다. 적어도 비슷한 수준을 유지할 수 있을 때에만 입점이 가능하다. 이것은 어떤 형태로든 남들과 다른 판매 전략이 있어야 한다. 남들과 다른 판매 전략을 가지기 위해서는 점포가 위치하게 될 지역의 주 기능, 즉 주변상권의 기능요소에 대한 특성 파악이 있어야 한다. 그 지역이 주거지

- 10층 이상 대형 건물이 5개 이상 밀집된 지역
- 2,000세대 이상의 대규모 아파트단지나 주택단지
- 지하철역으로부터 300m 이내인 지역
- 버스 정류장으로부터 100m 이내인 지역
- 버스 정류장에 정차하는 노선버스가 5대 이상인 지역
- 고등학교 이상 대학가 주변, 정문의 500m 이내 또는 후문의 300m 이내인 지역
- 버스 종착역 반경 500m 이내
- 버스 정류장, 지하철역으로부터 주택으로 들어오는 입구 모퉁이
- 편도 2차선, 삼거리 이상 가로의 200m 이내인 지역
- 동일 가로 200m 이내에 같은 업종이 없는 지역
- 반경 500m 이내에 같은 업종이 3개 이상 없는 지역
- 인구이동이 심한 지역인 경우 전입해 오는 추세인 지역
- 고정인구 2만 명, 고정세대 5천 세대 이상인 지역
- 기타 업종에 상응하는 시간대별 유동인구 및 주거인구가 부합하는 지역

역인지, 상업지역인지, 공장 혹은 기타 빌딩가인지를 파악하고 부속기능으로 유흥가인지, 시장인지 혹은 숙박시설, 관공서, 학교 주변인지를 조사하여야 한다. 또한 상점가의 상황을 파악하여야 하는데 상점가의 도로의 형태 및 점 포의 위치 등을 고려하여야 한다. 점포가 도로의 입구인가 또는 모퉁이에 위 치하는가 등을 살펴 이에 알맞도록 신축성 있는 상황파악을 하여야 한다. 입 지조건은 교통기관의 발달, 도시계획의 추진, 경쟁점의 변화, 주변 시설의 변 모에 따라 달라질 수 있다. 그러므로 현상에 너무 집착할 것이 아니라 장래의 어느 시점에 어떠한 변모를 가져오게 될 것인가에 대해서도 지속적인 관찰과 연구가 필요하다. 결론적으로 성공적인 입지선정을 위해서는 혼자서 고립되 어 장사를 하기 보다는 활성화된 또는 번영하는 상권이나 상가에 입점하여 영업을 하는 것이 유리하고 또 그러기 위해서는 그 주변지역의 특성을 철저 하게 파악하여 다른 점포들과 차별화함으로써 지역주민들에게 호응을 얻을 수 있어야 한다.

## 24 영업대상층이 누구인지를 파악하라

　점포 입지를 선정하려고 할 경우에 확인해야 할 사항으로 배후지역의 세력
이라는 것이 있다. 여기서 배후지역이라는 것은 한마디로 점포의 상권 반경
안에 거주하고 있는 영업대상층들의 범위라고 할 수 있다. 또 배후지역의 세
력이라는 것은 영업대상층인 지역주민들 또는 주고객층들의 소득수준, 인구
수 및 세대수, 교육정도, 직업분포, 주거형태, 가처분 소득, 소비형태, 연령별
인구수, 잠재고객 대상층 등에 대한 사항이라고 할 수 있다. 배후지역의 세대
수와 인구현황 등 세력을 파악하는 목적은 어떤 업종이든지 후보점포 배후지
의 세대수와 인구현황 등의 세력수준이 점포 입지가 타당한지에 대한 여부를
판단하는 첫걸음이기 때문이다.

　일반적으로 주거지역에서의 창업의 경우 대상지역을 점포입지 반경
500m 정도로 보는데, 이를 통상 1차상권이라고 부르며 1차상권 내의 세력수
준에 관한 사항을 알아보려면 관할 구청이나 동사무소에서 세대수, 인구수
등의 잠재고객에 대한 자료를 조사할 수가 있다.

　아파트단지 입지의 경우에는 관할 관청 및 아파트 관리사무소에서 제반 자
료를 조사할 수 있으며 일반적으로 200-300세대의 경우는 지역 밀착적인
상품을 판매하는 대중적인 업종이 적합하고 500세대 정도면 웬만한 업종은

실전창업의 神

거의 가능하며 2,000세대가 넘으면 중심지역의 최고 상권과 다름없다고 할 수 있다.

유동인구가 풍부한 대로변에서의 배후세력은 주로 오피스 밀집지역이라든지, 역세권 등이 해당되는데, 어떤 경우에는 상당히 광역적인 지역을 배후세력으로 고려할 수도 있고, 또는 지하철 출입구 한 곳에 의존하는 경향도 보일 수 있다.

오피스 밀집지역이라면 주변 빌딩들의 분포와 규모를 파악하고 주간에 활동하는 인구수들에 대해서 조사할 필요가 있으며, 역세권에서는 지하철 등을 이용하는 사람들의 수를 관리사무실을 통해서 매일매일의 승하차 인원수를 파악할 수 있다.

이렇게 배후지역의 세력을 파악하는 것은 자신이 하고자 하는 업종의 점포가 해당 상권에서 몇 개까지 가능한지, 또 어떤 업종이 가능한지도 파악할 수가 있어서 업종선택의 중요한 판단근거가 된다.

창업을 준비하는 사람들은 대부분 머릿속에 어떤 상품이나 메뉴를 주로 취급하는 점포를 하겠다는 생각을 가지고 있는 것이 보편적이다. 그런데 현실에서 자금에 맞는 점포를 구하러 다니다 보면 본인이 구상하는 딱 맞아떨어지는 점포를 구하기가 대단히 어려운 것이 사실이다. 이럴 경우 영업방향이나 상품 전략을 적절하게 수정하여야 하는데, 바로 상권 내의 영업대상층에 대한 정밀한 분석을 통해서 이루어져야 한다. 본인이 고집하는 상품이 아니라, 고객들이 원하는 방향의 상품이나 메뉴로 전략을 수정해야 한다는 말이다.

강서구에서 부대찌개 전문점을 운영하는 S씨는 처음에는 일반한식점을 창업하고자 계획했었는데, 자금대에 걸맞는 적절한 규모의 점포 입지를 찾지 못하고 있다가, 어느 날 버스 종점 인근에 신축건물이 들어서는 것을 알게 됐

| 지　　역 | • 하고자 하는 업종의 일반적 조건이 맞는가? |
| --- | --- |
| | • 사람들이 어느 정도 모이는 장소인가? |
| | • 유동인구의 수는 얼마나 되는가? |
| | • 인근의 상점가나 동종 업종, 대형 점포 등의 영업 상태는 어떠한가? |
| | • 상권 내의 주거 상황과 소득 수준, 세대수와 인구 등은 어떠한가? |
| | • 지역에서의 점포 매물 현황을 파악해 성장기인가, 쇠퇴기인가? |
| 채산관계 | • 경쟁 점포는 어느 곳에 위치하고 있으며 영업 상태는 어떠한가? |
| | • 경쟁 점포와의 경쟁에서 이길 수 있는가, 혹은 이길 수 없더라도 공존할 수 있는가? |
| | • 예상 매출은 어느 정도이며 이익을 낼 수 있겠는가? |
| | • 향후 고객수의 증가를 기대할 수 있는가? |
| 점포 조건 | • 점포의 폭은 적당한가? |
| | • 점포의 넓이와 형태는 적당한가? |
| | • 도로에 접해 있는가? |
| | • 주차장은 있는가? |
| | • 상품의 수송과 배송에는 문제가 없는가? |
| | • 설비에 문제는 없는가? |
| 가　　격 | • 점포의 수준과 비교해 비싸지는 않은가? |
| | • 준비자금과 부합하는가? |
| | • 관리비 · 공과료 등이 높지 않은가? |

고 조사 결과 자신의 자금으로 10평 규모의 점포를 얻을 수 있다는 것을 확인하게 되었다. 권리금이 없어 최소 자금으로 점포를 확보할 수 있지만, 문제는 한식집을 하기에는 점포 규모가 너무 작다는 것이었다. S씨는 주변 상권을 분석하기 시작했고, 버스 종점에 먹자골목이 형성되어 있고 또 모텔촌이 형성되어 야간에도 활동인구들이 상당수가 있다는 것을 알게 됐다. 대부분의 음식점이 문을 닫으면 야간에 활동하는 사람들이 특별히 먹거나 마실 수 있는 공간이 없다는 것을 알게 되었고 과감하게 업종을 바꿔 24시간 영업하는 부대찌개 전문점을 창업하게 되었다. 결과는 대성공이었다. 매장은 작아서 테이블수가 7개 밖에 안 되지만 오후부터 야간까지 회전이 계속 되면서 일매

실전 창업의 神

출이 50만원에 달하게 된 것이었다. 이후에 S씨는 단체손님 수요도 있다고 판단하고 매장을 복층으로 꾸몄고 일매출은 80만 원까지 달성하게 되었다. S씨의 성공은 바로 초기의 자신의 구상에 집착하지 않고 상권 내 영업대상층에 초점을 맞춰서 분석한 결과 과감한 업종의 전환, 야간활동인구의 확인, 단체수요의 가능성 확인 등으로 이어져 달성하게 된 것이라고 할 수 있다. 한마디로 영업대상층에 대한 정밀한 분석의 결과인 것이다.

# 25 점포 앞 유동인구 파악은 필수적이다

어떤 이는 음식업의 경우 배후세력과 맛이 중요하지 점포 앞에서 유동인구 수를 세는 것은 큰 의미가 없다고 한다. 찾아오는 업종이기 때문이라는 것이다. 물론 틀린 얘기는 아니다. 유동인구가 거의 없는 교외에 크게 식당을 차리고 먼 거리에서도 차를 타고 찾아와 식사를 즐기는 경우도 많고, 골목길 후미진 곳에 있어 잘 보이지 않아도 맛집으로 소문이 나 사람들은 잘도 찾아간다. 하지만 이런 경우가 흔한 일은 아니다. 맛집으로 소문이 날려면 오랜 기간이 걸리는 일이고, 대형 식당을 열려면 웬만한 자금력으론 꿈도 못 꿀 일이다.

대다수의 음식 창업초보자들은 고객을 끌어들일 수 있는 조건보다는 고객 가까이 다가가는 창업이 바람직하다. 따라서 몇 가지 특수한 경우를 제외하고는 음식업도 유동인구의 확인은 필수적이라고 판단한다. 하물며 유동인구에 의존하는 판매업의 경우에는 더욱 절대적인 것이 유동인구 파악이다.

아무래도 자기의 점포 앞을 지나다니는 사람들이 많으면 많을수록 자신의 점포를 방문할 확률은 더욱 높다. 따라서 우수한 입지를 고르는데 가장 기본적으로 할 사항이 바로 점포 앞을 지나다니는 사람들의 숫자를 세는 일이다.

실전 창업의 神

바로 이 점포 앞 유동인구의 많고 적음에 따라서 '어떤 점포가 좋다', '어떤 점포는 나쁘다' 라는 말들을 하고 점포를 임차할 경우에도 가격에 차이가 발생하곤 한다. 그만큼 유동인구를 확인하는 것은 중요한 사항이며 노력이 들어가야 하는데, 좋은 점포입지를 구하려는 사람들은 통행인구수를 한 번 보는 것만으로 판단하는 것은 절대 금물이며, 자신이 직접 평일과 휴일로 나누어서 시간대를 세분화하여 지나다니는 사람들을 일일이 세는 것이 가장 정확하다고 할 수 있다.

유동인구를 파악하는 일만큼은 머리가 뛰어나고 감각이 뛰어난 것이 필요없다. 다소 미련하게 곰같이 조사하는 것이 가장 중요하다고 할 수 있다.

## 층별 적정 업종

| 층 | 적정 업종 | 설명 |
|---|---|---|
| 5층 이상 | 커피 전문점, 바(Bar), 스카이라운지 | **5층 이상**<br>• 반드시 엘리베이터가 있어야 하며 특별한 경우를 제외하고 5층 이상은 사업성이 없다. 전망을 중시하는 업종이 적합하다. |
| 3 · 4층 | 상권에 따라 2~5층 이상의 음식점 업종 | **3 · 4층**<br>• 1 · 2층에 비해 임차보증금이 30~50% 저렴해 초기 투자 비용이 줄어든다.<br>• 휴게 · 오락 · 여가 공간, 임대 관련 업종에 적합하다.<br>• 소비자가 찾아가는 업종, 매출에 한계가 있는 업종에 적합하다. |
| 2층 | 중국집, 커피 전문점, 전통찻집, 호프집, 간이주점, 휴게음식점 | **지상 2층**<br>• 계단의 모양과 위치가 중요하다.<br>• 계단은 경사가 완만해야 하고 계단별 높이는 15cm를 넘지 않는 것이 좋다.<br>• 입구 계단이 반드시 건물의 전면에 있어야 하며, 옆에 있거나 뒤에 있는 경우는 피하는 것이 좋다. |
| 1층 | 일반음식점, 닭갈비집, 레스토랑, 일식집, 우동 · 국수 전문점, 피자 등 패스트푸드점, 아이스크림점 | **지상 1층**<br>• 업종과 건물 구조에 따라 앞마당을 활용할 수 있다는 장점이 있다.<br>• 지하 2층보다 30~50% 이상의 매출이 추가 발생한다.<br>• 업종과 아이템에 대한 선택의 목이 넓고 다른 층에 비해 성공지수도 높다. |
| 지하 1층 | 커피 전문점, 중국집, 주점, 소주방, 호프 | **지하 1층**<br>• 환기 시설이 지하 영업의 사활을 좌우한다.<br>• 계단별 높이는 15cm 이하가 좋다. |

유동인구의 파악은 시간대별로 요일별로 정확히 파악하여야 하는데, 평일과 휴일로 나누어서 점심시간과 오후시간, 저녁시간을 중점적으로 파악하고, 야간시간대도 파악하여 영업시간대를 짐작할 수 있어야 한다. 직장인들의 출근길에 토스트 등을 판매하는 토스트전문점은 아침시간대의 유동인구도 파악하여야 하며, 24시간은 운영하는 편의점의 경우에는 야간에 활동하는 사람들의 동향도 파악하여야 한다.

그런데 한 가지 주의해야 할 사항은 점포 앞 유동인구는 상당히 많은데 장사가 잘 안 되는 경우가 있다. 이러한 이유는 점포 앞의 유동인구가 단순히 지나치는 성격이 강하거나 또는 점포가 유동인구층에 걸맞지 않은 엉뚱한 업종이라고 할 수 있겠는데 아무튼 점포 후보지의 잠재적 고객 뿐만 아니라 어떤 업종을 선택해야 할지, 어떤 계층에 초점을 맞춘 업종이어야 하는지 등을 종합적으로 판단하기 위해서는 후보지 앞에서의 유동인구 현황 뿐만 아니라 점포로의 내점율을 파악하여야 한다.

아무리 유동인구가 많아도 그들이 점포 안으로 들어오지 않는다면 장사에 아무런 도움도 되지 못하기 때문이다. 따라서 유동인구와 더불어 내점율을 조사하여 그 입지가 얼마나 실속있는 자리인지를 판단하는 것이 무엇보다 중요하다.

그런데 내점율을 조사하고 판단하는 것은 말처럼 쉽지 않은 일인데, 약간의 시간만을 들여 조사할 수 있는 방법이 있다. 그것은 바로 동일상권 내의 자신이 하고자 하는 업종과 동일한 업종 또는 유사한 업종의 현황을 파악하는 방법이다. 예를 들어 자신이 판매업을 하고자 할 때 내점율을 예상하고자 한다면 인근의 유사한 규모의 판매점을 대상으로 평일과 휴일로 나누고 또 시간대별로 나누어 일일이 자신의 점포처럼 유동인구를 세어 본다. 이 때 총 유동인구 중에서 그 점포로 들어가는 사람도 또한 체크한다. 이렇게 하면 유

실전 창업의 神

사지역의 유사업종의 내점율이 나오게 되고 입지의 우열에 따라 약간의 오차는 있겠지만 자신의 점포가 개점을 하였을 때의 내점율을 나름대로 예상할 수 있게 된다.

참고로 유동인구의 특성이 다음과 같은 경우에는 같은 통행량이라고 하더라도 유리한 경우인데, 첫째는 통행량이 시간적으로 변동하지 않고 끊임없이 계속되고 비교적 일정한 경우, 둘째는 통행량의 속도가 느릴 경우, 셋째는 속도가 빠르다 하더라도 통행량의 목적이 회식, 음주, 식사 등 외식이라는 사실에 의해 이루어질 경우(통행량이 매우 큰 경우에는 속도에 관계없이 상당한 매상 가능성이 기대된다.), 넷째는 통행인들의 소득수준이 비교적 높을 때, 다섯째는 통행량 중에서 구매를 목적으로 하는 비율이 상당한 비중을 차지할 때, 여섯째는 점포 앞을 끊임없이 왕래하는 사람이 많을 경우 등이다.

# 고객이 쉽게 찾아올 만한 장소를 택하라

앞서 유동인구의 중요성과 내점율에 대해서 이야기했었다. 아무래도 점포의 내점율이 좋을려면 고객들이 그 점포를 찾기 쉽고 편하게 올 수 있는 입지여야 한다. 배후지역의 세력이 아무리 뛰어나다 하더라도 고객들이 전혀 이용하지 않는 도로에 점포를 낸다면 그 결과는 뻔한 일이다.

따라서 점포입지는 고객들이 얼마나 쉽게 찾고 편하게 올 수 있는가 하는 사항이 중요한데 이것이 바로 점포의 접근성에 관한 것이다.

고객들은 특별히 목적을 가지고 일부러 찾아가는 점포를 제외하고는 접근하기 편한 점포를 당연히 이용하게 되는데, 이러한 접근성을 구성하는 요인들은 여러 가지가 있다. 버스정류장, 지하철역, 건널목, 출입구의 위치, 출입구의 계단 여부, 주차시설, 교통의 혼잡성 등 접근성에 영향을 주는 요인들을 정확하게 판단하여야 만이 좋은 입지를 선정할 수가 있는 것이다.

또한 상권 내의 인구유발요소가 접근성에 영향을 주는데, 이런 시설들은 학교, 극장, 관공서, 대형 서점 등이 있고 이러한 시설들은 많은 사람을 끌어당기는 역할을 하고 있어서 점포를 내는 입장에서는 사람들이 그러한 시설로 이동하는 방향으로 점포를 내는 것이 점포의 접근성을 높일 수 있다.

그러면 경기도 인근의 전원음식점이나 강남의 고급음식점 등의 접근성 요

아파트단지와 상가의 규모를 비교
• 배후지 세대수별 상가의 규모(대 · 중 · 소)를 정확히 파악해야 한다.

원하는 점포가 상가에서 차지하는 비중을 검토
• 1층일 경우 가장 좋은 위치는 상가 전면과 주출입구 좌우측이다.

아파트 출입구와 상가와의 관계를 고려
• 출입하는 고객의 유동 형태를 판단해 충분한 접근성을 도모한다.

점포의 크기와 업종이 적정한지 파악
• 너무 크거나 작아서는 사업성이 없으며 보통 5~10명 정도가 좋다.

인접 상가와의 간격을 고려
• 가까운 거리에 유사 업종이 있는 상가와 근접하면 득보다는 실이 많다.

대형 쇼핑센터는 반드시 1km 이상 떨어져 있어야 함
• 단지 내 · 외 고객의 유동 거리는 반경 500m인 점을 염두에 둔다.

단지 주변의 주거 밀집지 반드시 고려
• 상가의 활성화를 위해 주거 밀집지의 고객이 흡인돼야 한다.

사업의 다각화를 위해 상가 번영회의 활동이 중요
• 점주들 스스로가 개인의식보다는 공동체의식을 보유해야 한다.

교통이 편리한 곳의 상가는 흡인 고객을 계속 증가시킴
• 가로의 접근성, 차량 통행량, 다용도 주차장 등이 이러한 예다.

단지 주변의 서비스 시설에 관심을 가져야 함
• 볼링장 · 당구장 · 수영장 · 소극장 · 관공서 등

인은 무엇일까? 버스정류장 등의 교통 요인일까, 출입구 요인일까, 그렇지는 않다. 그러한 상류층을 대상으로 하는 업종이나 전문점들은 대중교통이나 시설물 등의 접근성 요인이 영향을 주는 것이 아니라 오히려 주변의 수려한 자연환경이나 넓고 깨끗한 주차환경 등이 접근성 요인으로 작용한다. 이와 같이 업종의 성격에 따라 접근성의 요인이 달라진다는 것도 명심해야 한다.

또 한 가지 주의해야 할 것은 아파트 단지의 경우인데, 출입구가 하나 밖에 없는 소단지 아파트의 경우에는 문제가 없겠지만 사통팔달식으로 출입구가 여러 개 있는 대단지 아파트의 경우에는 약간의 문제성이 있다. 대부분

대단지 아파트의 경우에는 출입구가 여러 개 있고, 그 출입구마다 상가가 형성되어 있는 것이 일반적이어서 과연 어느 상가 쪽이 고객들의 접근이 용이하고 이용율이 높은가를 판단하기 위해서는 각 상가를 대상으로 유동인구 측정, 이용율 확인, 주변업종과의 관계, 대중교통 이용현황, 인구유발요소 등의 제반 접근성 요인들을 종합적으로 분석해야 적절한 입지선정이 이루어진다.

돼지갈비전문점을 창업하고자 하는 G씨는 입지를 선정하고자 여러 곳을 둘러보다가 2,500세대 아파트 단지가 새로 조성되는 곳에 상가를 얻어 2층 규모로 창업을 하게 되었다. 아파트 세대가 탄탄하니 다소 큰 규모로 점포를 열어도 고객들을 흡수할 수 있을 거라는 생각이었다. 하지만 G씨의 생각은 여지없이 빗나가 버리고 말았다. 2층은 물론이고 1층 테이블도 절반 밖에 못 채우는 상황이 발생했고 손님들은 꾸준히 찾아오지만 결국은 고정비를 감당하지 못하고 폐업하고 말았다. 음식 맛이나 서비스나 입지조건도 나무랄 데가 없었지만 점포규모가 너무 대형이라서 그 정도 매출로는 경비를 감당하지 못한 것이었다. G씨의 실패원인을 분석해 보면 바로 아파트 세대수 2,500세대를 보고 1, 2층 점포를 연 것인데, 실제로 아파트 단지에는 출입구가 4군데로 형성이 되었고 출입구마다 상가가 형성되어 외식 수요를 충족시키고 있는 전문점들이 다수 들어서게 되었던 것이다. 결국 G씨는 400-500세대만을 대상으로 영업을 하게 된 상황에서 고정비 감당이 부담으로 작용한 것이다.

또 한 가지 음식업은 사람들이 먹는 음식을 취급하는 곳이기 때문에 주변에 불결하거나 악취가 나는 혐오시설이 있으면 접근성이 떨어지게 된다는 것을 명심해야 한다. 또한 점포 앞이 차량 통행으로 복잡하거나 통행하는데 위험요소가 있다면 대부분의 사람들은 빨리 그 곳을 벗어나고자 하는 경향이

실전 창업의 神

강하기 때문에 음식업의 입지조건으로서 타당하지 않다고 할 수 있다.

　고객들에게 홍보활동을 펼쳐 찾아오게 만드는 형태의 영업형 사업들은 소문, 간판, 길 안내판 등이 중요한 사항이지만 그것 이외에도 인근에 지명도가 있는 건물이나 회사, 주유소, 은행 등의 시설물이 있는지의 여부도 입지선정에 중요한 사항으로 작용한다. 대부분 전화 및 약도 등으로 점포 위치를 알려 주게 되는데, 누구나 알 수 있는 시설물과 연계하여 설명한다면 그만큼 고객들의 입장에서는 쉽게 접근할 수 있다.

# 27 교통이 편리하고 관리하기 쉬운 곳을 택하라

일반적으로 사람이 많이 모이는 곳은 시내 도심지, 시장터, 버스정류장, 지하철역 부근 등이라고 할 수 있다. 이러한 위치에 자리 잡은 점포는 일단은 기본적으로 매출이 좋기 때문에 임차보증금과 임차료, 권리금 등이 타 지역에 비해 비싸고 매매가격 또한 높게 형성되어 있는 것이 일반적이다.

특히, 대중교통수단은 점포 사업에 지대한 영향을 미치고 있는데 이른바, 역세권이라는 것이다. 역세권은 지하철역이나 버스정류장, 시외버스 터미널 등 대중교통 수단이 상권에 큰 영향을 미치는 지역을 말한다.

역세권은 일반적으로 그 지역의 교통요지이기 때문에 통행인구수가 가장 많고 그렇다 보니 그 주변에서 장사를 하면 성공할 확률이 매우 높은 것이 사실이다.

역세권 주위에서 점포입지를 고를 때에는 무엇보다도 교통수단의 이용계층이 주로 어디로 움직이고 있는가를 파악하여야 하며, 이러한 유동의 흐름 동선 상에 점포를 구하여야 하며, 역세권 중에서도 가장 좋은 곳은 사거리나 삼거리 옆에 있는 주통행지라고 할 수 있다. 역세권에서의 유동인구의 흐름을 파악하기 위해서는 교통수단을 이용하는 사람들의 흐름을 직접 따라 가 보면서 파악하는 방법이 효율적이다. 유동인구 측정의 방법과 동일하게 요

실전 창업의 神

일별, 시간대별로 나누어 교통수단을 이용하는 사람들이 몇 명이나 있고, 그중에서 어떤 비율로 이동 동선이 갈라지는 것인지를 일일이 체크해 본다. 사람들의 흐름을 따라 가면서 파악하는 방법은 자연스럽게 사람들이 어떤 목적으로 이동하는지도 알게 되어 추후의 이용가능성까지 예측할 수 있게 해 준다.

지하철역 인근에서 테이크아웃 전문점을 창업하려고 하는 A씨는 장사가 될 만한 대로변 입지의 점포들이 너무 비싸서 고민이었다. 테이크아웃 전문점 특성 상 유동인구가 빈번하고 가시성도 좋아야 하는데, 자신의 자금으로는 역부족이었던 것이다. 그러던 어느 날 무심코 지하철 출구 쪽에서 몰려나오는 사람들의 뒤를 따라가게 되었는데, 대로변에서 꺾어져 작은 골목으로 들어가는 사람들도 상당수 비율이 된다는 것을 알게 되었다. 골목 안에는 예상 외로 특별한 업종들이 많이 형성되지는 않은 상태였다. 상권의 세력이 떨어져 보이는 지역인 것이다. A씨는 이후부터 계속 출입구에서 나오는 사람들의 뒤를 따라가면서 일일이 숫자와 골목으로 들어가는 비율을 체크하기 시작했고, 골목 안 점포의 시세가 대로변의 3분의 1 수준인 것으로 파악이 되자 과감하게 창업을 하게 되었다. 결과는 성공적이어서 대로변 매출보다는 떨어지겠지만 점포투자금액 대비 수익률의 측면에서는 대로변보다 훨씬 우수한 결과를 얻을 수 있게 된 것이다.

교통의 편리함을 고려할 경우 또 한 가지 유의할 점은 요즈음 자동차가 필수품화 되어 이동할 때 자가용의 이용이 일반화되었다. 이러한 경향은 음식점의 경우 주차시설의 확보를 중요사항으로 만들었는데, 가급적 점포 주변에 주차공간을 확보할 수 있는 곳을 선정하는 것이 바람직하다. 정히 주차공간을 확보하기 어려울 경우에는 역세권 등 대중교통이 원활한 곳에 입지하는 길만이 최선이다.

**1 주인이 자주 바뀌는 점포**

장사가 잘되는 점포는 주인이 자주 바뀌지 않는다. 점포를 구할 때는 주변 사람들에게 물어보고 판단하는 것이 좋다. 자주 바뀌었다면 장사가 잘 된다고 볼 수 없는 것이다.

**2 임대료가 유난히 싼 점포**

이 세상에 공짜는 없다. 점포의 경우에도 좋으면서 싼 점포는 애당초 기대하지 말아야 한다. 가격이 싸다면 목이 안 좋거나 다른 이유가 틀림없이 있으며, 별다른 이유도 없이 싸다면 더욱 신중해야 한다.

**3 맞은편에 상권이 형성되지 않은 점포**

맞은편에 점포가 형성되지 않은 지역은 대게 대중교통이 비켜가거나 상권의 끝 지점일 경우가 많다. 아무래도 점포 사업은 사람들이 많이 모이는 장소에 있는 것이 좋다.

**4 주변에 대형점이 있는 점포**

경쟁 점포를 이기려면 경쟁 점포보다 더 큰 규모와 더 풍부한 상품력을 가져야 한다. 큰 것이 작은 것을 이긴다는 말이다. 따라서 주변에 대형점이 있다면 근처에는 가지 않는 것이 원칙이다.

**5 주인이 유사 업종에 종사하고 있는 점포**

점포를 임차해 사업을 하는 사람들에게 계약 기간이 끝나서 주인이 점포를 비워달라고 하면, 권리금은 둘째 문제라고 하더라도 그동안의 노력이 허사가 된다. 따라서 장기간 걱정 없이 점포를 운영하려면 주인이 직접 하겠다고 덤빌 여지가 있는 경우는 피해야 한다. 그렇지 않다고 해도 주인과의 관계를 평소에 잘 유지해야 한다.

**6 언덕에 있는 점포**

사람은 하행성 동물이라고 한다. 내려가는 것을 좋아하고 올라가는 것은 싫어한다는 말이다. 따라서 편한 내리막길이나 평지에 있는 점포를 선택해야 하며, 언덕에 있는 점포는 피하는 게 상책이다.

또 한 가지, 점포 입지를 고를 때에는 입지조건이 우수한 곳을 선정하는 것이 무엇보다도 중요하지만 자신의 생활관계도 고려하는 것이 필수적이다. 왜냐하면 점포사업은 직장생활과는 달리 사업과 생활의 구분이 어려운 경우가 보통이기 때문이다. 대개 가족 노동력을 활용하는데다가 특별한 출퇴근시간이 정해져 있는 것이 아니어서 점포 일이 머리를 떠나는 시간이 거의 없다고 해도 과언이 아니다.

실전 창업의 神

또한 자녀 교육문제, 가정문제 등으로 복잡한 일들이 많아서 사업은 물론이고 가정도 파탄에 이르게 되는 상황을 맞이하게 될 수도 있다. 따라서 가급적 점포의 입지를 고를 때에는 거주지 주변이나 주변에 교통이 편한 곳을 선정해서 사업과 생활의 두 가지 면에 모두 충실할 수 있는 곳을 사업의 입지로 선정하는 것이 바람직하다.

일반적으로 사업장으로 이동하는 시간이 30분에서 1시간 이내인 곳에 점포를 구하는 것이 좋다. 이렇게 거주지 주변에 점포입지를 구하면 주변지역을 잘 모르는 사람보다 유리한 면이 있는데, 평소에 자신이 매일 출퇴근하면서 다니던 낯익은 거리, 자신이 거주하고 있는 집을 중심으로 한 상권이므로 매일 주변업소를 방문하여 경쟁업소에 대해서 연구할 수 있는 시간적 여유가 많다는 장점이 있다.

# 경쟁점 조사로
# 차별화하라

경쟁 상대에 대한 조사도 입지선정 과정에서 빼놓을 수 없는 항목이다. 아무리 상권이 뛰어나고 아무리 좋은 입지를 선정했다고 하여도 이미 그 상권에서 자신이 하고자 하는 업종이 포화상태라면 개점의 의미가 없게 될 것이기 때문이다.

사실상 어떤 지역에 개점을 하려고 하면 아주 독특한 업종이 아닌 다음에야 자신과 같은 업종이 최소한 한두 개쯤은 있게 마련인데 이 때 크게 걱정하거나 포기할 것이 아니다. 문제는 이 점포와 경쟁해서 승산이 있는가, 서로 시장을 나누어 차지할 수 있을 정도의 상권인가, 자신의 점포 위치는 같이 붙어 있는 것이 좋은가, 떨어져 있는 것이 좋은가 하는 문제들을 경쟁점 조사를 통해서 파악하여야 한다.

이러한 후보지 인근 경쟁점의 현황을 조사하는 목적은 경쟁점포의 인지도, 매장크기, 취급하는 메뉴의 성격, 영업시간, 하루 내점 고객수 등을 조사함으로써 이들 점포와 경쟁할 수 있는 차별화 전략을 세우기 위한 것이다.

경쟁점이라는 말에서 느낄 수 있듯이 주변 상권에 경쟁점이 많으면 영업에 부정적인 영향을 주는 것이 일반적이다. 그러나 경쟁점이 있다고 해서 모두 불리한 것만은 아니고 주위에 같은 업종이 많이 있으면 많이 있을수록 좋은 경우가 있는데 왜냐하면 같은 업종의 점포가 많이 붙어 있으면 서로서로 의지해서 상권을 형성하고 상호간의 상승효과를 가져오기 때문이다. 음식업의 경우는 소위 무슨 무슨 골목으로 불리는 먹자골목이 유명한데 이런 곳에 입지하면 기본적인 수요는 확보할 수 있다는 장점이 있는 것이다. 손님의 입장에서는 한 장소에 같은 업종의 점포가 여러 개 있으면 편리하기 때문에 자주 이용을 하게 된다. 따라서 같은 업종의 경쟁상대가 많은 곳에 점포를 내는 것은 방법 여하에 따라서는 성공할 확률이 높아지는 것이다. 하지만 한 가지 신경을 쓸 것은 현재의 음식점 환경은 수요보다 공급이 과도하게 많은 관계로 기본 수준에 미달하는 경우에 같은 업종들이 모여 있는 곳에 창업을 할 경우 최악의 결과를 초래하게 된다.

이렇듯 업종에 따라서는 서로에게 도움을 주는 호혜·보완업종이 있는가 하면 서로 손해를 끼치는 상극업종이 있는 것이다. 어쨌든 상권 내에 있는 경쟁점포가 호혜·보완업종이어서 자신의 점포에 좋은 영향을 주는 경우이든, 상극 업종이어서 나쁜 영향을 주는 경우이든 그것에 대한 판단은 경쟁점 현황을 조사함으로써 이루어져야 한다.

경쟁점 현황 조사의 궁극적인 목적은 차별화 전략을 찾는 것으로서 해당 상권을 찾아 온 고객을 경쟁점이 아닌 자신의 점포로 오게 하는 방법을 찾아내는 것에 있다. 즉, 전문성을 확보함으로써 주위의 점포와 같은 업종의 장사를 하더라도 고객의 층을 세분화해서 특징 있는 상품과 서비스를 갖춤으로써 경쟁점과 경쟁해서 이길 수 있는 점포를 만드는 데 있다고 할 수 있다.

공단지역 인근의 먹자골목에서 삼겹살전문점을 창업하려고 하는 C씨는 점포 계약을 앞두고 잠시 망설였다. 점포의 금액은 적정하다고 판단하지만 아무래도 상권 내에 비슷비슷한 음식점들이 너무 많고, 그렇다 보니 점심장사는 문제가 없을 것 같지만 저녁장사는 자신이 서질 않았다. 며칠 동안의 정밀한 상권조사 후에 C씨는 해법을 내렸고 창업을 결심하게 되었다. C씨의 점포는 창업 후 2달 만에 인근 지역의 명소로 자리 잡았고 밀려드는 손님들로 즐거운 비명을 지르는 상황이 되었다. C씨는 계약 전에 인근의 경쟁업소들을 하나하나 방문해서 장단점을 따져 보았는데, 첫째는 맛과 가격대에서는 큰 차이들이 별로 없다는 점, 둘째는 먹자골목 내 점포들이다 보니까 입지의 우위성이나 접근성, 가시성은 큰 영향이 없고, 찾아오는 직장인들도 일단 골목으로 들어와 메뉴들을 보며 오늘은 뭘 먹지 하는 분위기였다는 점, 세째는 인테리어도 다들 평범한 분위기라는 점 등이다. 그 결과 C씨의 최종 해법은 바로 인테리어 분위기의 차별화였고, 유사한 입지조건에서 유사한 맛과 가격대의 동종업종들이 모여 있는 곳에서 한마디로 튈 수 있는 원목무늬 자재를 사용하여 나무의 따뜻한 느낌을 주고, 조명도 은은하게 해서 젊은 직장인들이 좋아할 수 있는 분위기를 연출한 것이다. 이렇게 단장된 C씨의 점포는 단연 주목을 받게 되었고, 맛과 가격이 차이가 없는 상황에서 더 좋은 분위기에서 외식을 하려는 손님들로 북적이게 된 것이다. 결론적으로 경쟁점에 대해 조사를 하는 목적은 나만의 차별화를 만들기 위한 것임을 명심해야 한다.

실전창업의 神

# 29 발전 가능성이 있는 곳을 자금에 맞게 골라라

예비 창업자라면 '점포 사업은 입지에 웃고 입지에 운다' 는 이야기쯤은 알고 있을 것이다. 그만큼 점포 사업은 입지가 중요하다는 의미인데, 실제로 입지선정에 시간을 투자하는 사람은 그리 많지 않다. 대부분 자금 마련과 업종을 선정하는 데 신경 쓰기 마련이다. 물론 그것들도 중요하지만 점포 창업의 핵심은 점포 입지이다. 아무리 유망한 업종을 선정하고 사업계획을 훌륭하게 세웠다 하더라도, 점포의 입지가 좋지 못하면 사업에 성공하기 힘들다. 곧 입지선정에 따라 점포 창업의 성공 여부가 결정된다고 할 수 있다.

또한 점포라는 것은 한 번 장소를 선정했으면 다시 바꾸기가 쉽지 않은 일이다. 초기에 투입된 자금과 손해를 생각하면 더욱 더 그렇다. 따라서 입지를 선정할 경우에는 장기적인 사업구상을 가지고 멀리 내다보고 점포를 구하여야 한다. 특히, 초보자의 경우에는 이미 완전하게 형성된 1급 상권보다는 자신의 자본규모에 맞고 앞으로의 발전 가능성이 높은 지역을 근거지로 삼는 것이 좋다.

앞으로의 발전 가능성을 전망할 때 몇 가지 주목해야 할 것이 있는데, 그 중 하나가 요즘은 지하철시대라는 것이다. 사실 지금도 지하철시대라고 할 정도로 시내 곳곳을 거미줄처럼 연결하고 있는 것이 지하철이다. 지하철이

교통수단으로 이용되면 될수록 지하철 주변은 점포사업의 최적지로 부상할 것이 틀림없다. 점포의 입지를 선정할 때 앞으로 개통될 지하철 역세권에 관심을 갖고 점포를 구하는 노력을 해야 한다.

또 하나는 유망업종의 변화에 민감하여야 한다는 것이다. 요즘 우리 사회는 매우 빠르게 변화하고 있는데 이러한 변화요인들은 점포 사업에 지대한 영향을 미치게 되어 잘 나가던 업종이 하루아침에 사라지기도 하고 변화에 민첩하게 대응하는 새로운 업종이 떠오르기도 한다. 자가용시대, 교통체증의 심화, 레져인구의 증가, 지하철시대, 신도시건설, 수입개방, 도심의 공동화현상과 부도심권의 형성 등의 사회적 변화요인들은 점포사업을 하는 사람들에게 기회와 위협을 동시에 주고 있는 것이다. 평소에 사회적 변화요인들과 자신의 사업을 연관시켜 그러한 변화에 대처하려는 노력을 게을리하지 말아야 한다.

또 한 가지 점포를 구하러 다니다 보면 마음에 드는 입지는 권리금이나 임차비용이 매우 높고, 자신의 자본규모에 맞는 점포는 매출이 시원찮을 것 같아 썩 내키지 않은 경우가 많이 있다. 물론 우수한 입지의 점포를 구하는 것이 매출 면에서 좋은 것은 사실이지만 자금 면에서 큰 부담이 된다. 이 때 입지조건에 대한 욕심으로 무리해서 자금계획을 세우거나 주변지역보다 과도한 권리금을 지불하는 등 큰 부담을 안고 창업을 하게 되면 자금압박에 시달리게 되어 영업에 전력투구하기가 어려워진다.

따라서 이럴 경우에는 자신의 예산에 맞는 점포를 구하는 것이 좋으며, 그 점포의 입지가 최상이 아니더라도 그러한 입지의 불리함을 극복할 수 있는 영업 전략을 수립하여 운영해 나가는 것이 좋다. 자신의 자본규모에 맞고 또 이익을 낼 수 있는 점포를 구하기 위하여 후보지 점포의 점포비용과 수익율을 조사하여야 하는데 아무리 매출이 많이 오르는 곳이더라도 점포비용이 과

★ 인수하고자 하는 점포의 장래 시장성은 있는가?
★ 임대료와 권리금이 주변 점포와 비교해 적당한 가격인가?
★ 주위에 너무 많은 경쟁 점포가 있는 것은 아닌가?
★ 기존 점포의 서비스와 소비자들의 선호도는 어떠한가?
★ 대형 점포가 들어설 가망성이 있는가?
★ 기존 점포의 매출액과 이익은 어느 정도인가?
★ 주변 지역의 토지 이용 용도와 지리적 발전 가능성은 어떠한가?
★ 상권의 변화 가능성은 없는가?
★ 투자 규모와 수익성의 관계는 적당한가?
★ 앞으로 고객수가 증가할 가망이 있는가?
★ 시설에 하자는 없는가?
★ 주변 점포와의 경쟁이 치열해 운영에 어려움은 없겠는가?

도하게 든다면 실제 수익율은 낮을 수 밖에 없다. 따라서 눈에 보이는 매출액에 현혹되어 점포입지를 선정하지 않기 위해서는 점포비용과 수익율과의 상관관계를 면밀히 조사할 필요가 있는 것이다. 따라서 예상후보지별로 총 개점비용과 예상매출액, 예상수익, 수익율 등을 따져 보아서 될 수 있는 한 개점비용이 적게 들면서 수익율이 높은 곳을 선정하여야 한다. 결론적으로 점포사업에 초보자일수록 매출을 우선시하지 말고 수익율을 우선시하는 자세를 철저히 하여야 실패하지 않을 수 있다.

이렇게 생각할 경우 두 가지를 주의해야 하는데, 첫째는 미래를 보는 안목이 있어야 한다. 상권이 잘 발달되지도 않았고 점포비용도 싸서 금액에 맞추어 입점을 했는데, 한 쪽은 갈수록 손님들이 모여 번성하고 있으며 다른 한 쪽은 하루 종일 손님 한 명 없는 경우가 있다. 차이는 무엇인가? 계속 번성하는 점포는 현재 미발달이지만 여가활용 경향이 늘어나면서 자가용을 이용하여 주차 여건이 좋은 이점을 보고 출점한 것이지만, 안되는 쪽은 단순히 자기가 가진 돈에 맞는 싼 점포만 보고 출점한 것이었다. 입지를 선정할 때 예비창업자의 미래를 보는 눈은 최소의 비용으로 최대의 효과를 낼 수 있는 가장 훌륭한 성공 포인트가 된다. 둘째는 싼 게 비지떡일 수 있다는 것이다. 싸다고 좋은 것이 아니다. 권리금의 정도가 영업을 보장해 준다는 말이 있을 정도이기 때문이다. 다른 점포에 비해 가격이 싸서 얼른 계약을 했는데, 영업기간 내내 시설문제, 법적분쟁, 다시 내놓아도 나가지 않는 등 애를 먹는 경우가 많다. 주변의 시세와 비교해서 가격이 특히 싸다면 무언가 문제를 가지고 있는 것으로 보아야 한다.

실전 창업의 神

# 목을 잘 잡기 위해 유의해야 할 5가지

　사실 '어디 어디 상권이 좋다', '어디는 나쁘다' 라는 말은 창업을 준비하는 사람에게 별로 큰 도움이 되지 않는다. 어디 상권이 좋다는 것은 일반적인 현황이고 그 사실은 세상 누구나 다 알고 있는 사실인 것이다. 문제는 내 자금대에 맞고 사업 콘셉트에 맞으면서 영업 대상층의 세력이 적정한 그런 장소가 어디냐 하는 것일 것이다. 상권이 좋은 곳에서는 자금력이 풍부한 사람끼리 또 치열한 경쟁을 벌이고 있으며, 고만고만한 상권에서는 또 고만고만한 업종끼리 경쟁을 하고 있는 것이 현실이다. 최근의 경쟁이 극심한 상황에서는 용 꼬리보다는 뱀 머리가 낫다고, 큰 시장에서 경쟁에 밀리는 것보다는 한정된 시장에서 경쟁력을 갖추는 것이 바람직하다는 평가를 많이 한다. 정답은 없는 것이지만 나름대로 최고의 입지를 선정하기 위하여 유의할 점 몇 가지를 알아보자.

　첫째, 주차시설이 있으면 유리하다. 요즘은 자가용 이용이 보편화된 시대이다. 시장에 장을 보러 갈 때도 자가용을 이용한다고 한다. 이런 상황인 터라 도시인들의 의식 속에는 항상 교통문제에 대한 생각이 잠재되어 있다. 주변에서 무슨 모임을 할 때 연락을 해보면 첫마디가 '거기 주차장 있어?' 이다. 그래서 주차시설이 없는 곳보다는 주차시설이 있고 교통이 편한 곳으로 약속

장소를 정하는 일이 대부분이다. 따라서 아무리 작은 사업을 하더라도 점포 앞이나 주변에 주차시설이 있으면 없는 곳보다 훨씬 유리하고, 주차가 불가능한 경우라도 최소한 잠시 정차 정도는 할 수 있어야 한다.

둘째, 출근길보다 퇴근길 방향에 있는 입지가 유리하다. 점포사업의 경우 대부분 매출은 오후에 이루어지는 것이 보통이다. 즉, 점심시간 전후부터 상권이 생기가 돌고 퇴근시간을 전후로 절정기에 오르는 것이다. 따라서 점포의 위치는 출근하는 방향보다는 퇴근하는 방향에 있는 것이 유리하다고 할 수 있다. 퇴근하는 방향이라는 것은 단순히 위치적인 면만을 보고 결정할 것이 아니라 배후지의 고객들이 퇴근시간대 주로 이용하는 도로가 어디이고 주동선이 어떻게 흐르고 있는가를 종합적으로 판단해서 결정해야 한다.

셋째, 권리금이 있는 점포가 영업을 보장할 수 있다. 점포를 구하러 다니다 보면 웬만한 점포에는 모두 다 권리금이 붙어 있다. 목이 좋은 점포는 이 권리금이 천문학적 숫자라서 장사를 하려는 사람들에게는 무엇보다 부담이 되는 존재이다. 그러나 권리금이 있고, 또한 높다는 것은 그만큼 장사를 보증한

| 점포 입지선정시의 유의사항 |
|---|
| 주차시설이 있으면 유리하다. |
| 출근길보다 퇴근길 방향에 있는 입지가 유리하다. |
| 권리금이 있는 점포가 영업을 보장할 수 있다. |
| 이면도로가 유리한 업종이 있다. |
| 고객 유인 시설을 목적지로 해서 사람들이 움직이는 길 쪽에 위치해야 유리하다. |

실전창업의 神

다는 역설적인 얘기가 될 수 있음을 알아야 한다. 권리금이 있다고 불안해하면서 포기하기 보다는 오히려 권리금을 투자규모에 포함시켜 이익율을 산정하고 이익이 난다고 판단되면, 주변상권의 시세를 파악하고 건물주의 인적사항 등을 체크하여 권리금액의 타당성과 회수가능성을 파악하는 것이 좋을 것이다.

넷째, 고객유인시설을 목적지로 해서 사람들이 움직이는 길 쪽에 위치해야 유리하다. 우리는 생활을 하면서 구청이나 동사무소에 자주 가야 하고, 은행도 다니며, 영화도 보러 가는데 이 때 누가 시킨 것도 아닌데 꼭 가는 길로만 다니는 경향이 있다. 구청, 동사무소, 은행, 영화관, 문화센터, 체육관 등 사람들을 불러 모으는 시설들을 고객유인시설이라고 하는데, 자세히 보면 사람들이 이러한 시설로 모일 때 주로 이용하는 길이 있다는 것을 발견할 수 있다. 따라서 점포의 입지를 구할 때 사람들이 고객유인시설로 향하는 길 쪽에 점포를 내는 것이 반대편보다 훨씬 유리하다.

다섯째, 이면도로가 유리한 업종이 있다. 일반적인 입지의 조건을 말할 때 대로변, 1층 점포, 코너 면에 위치하면 우수하다는 평가를 한다. 틀림없이 대부분의 사업에서는 맞는 말이다. 그렇다면 음식점이나 레스토랑, 카페, 술집 등의 무드사업에도 이러한 것이 적용될까? 그렇지 않다. 음식점이나 무드사업은 사람들이 주로 가정처럼 편안함을 느끼고 싶거나 잠시 즐기기 위한 업종이다. 이러한 업종이 복잡하고 시끄러운 대로변에 있다면 사람들은 이용하고 싶지 않을 것이다. 오히려 음식점이나 무드사업은 큰 길가보다는 골목길이나 뒷골목에 위치하고 주차시설을 갖춰 놓은 것이 업종의 특성상 입지조건에 적합하다고 할 수 있다.

# 상권분석이 성공의
# 첫 관문이다

# 상권분석을 잘해야 창업에 성공한다

창업을 준비하는 사람들이 가장 어려워하는 부분이 바로 상권분석에 관한 부분일 것이다. 점포의 입지가 창업성공의 중요한 부분을 차지하는 것은 알고 있지만, 실제로 어떻게 상권분석을 하는지, 상권분석의 구체적인 요인은 무엇인지, 또한 요인별 실행방법은 무엇인지 정확히 모르고 있는 상황이다.

오랫동안 장사의 경험을 가지고 있는 사람들도 자신의 경험을 기초로 입지를 판단하는 것이 보통이고, 가맹점을 모집하면서 철저한 상권분석을 자랑하는 체인회사들도 사실은 점포개발 직원들의 경험에 의존하는 경우가 대부분인 것이 사실이다.

상권분석이라는 것은 사실 업종의 특성에 따라 여러 가지 변수들이 있어서 전 업종에 적용되는 기준은 없다고 할 수 있으며, 또한 매우 복잡하기 때문에 전문가의 영역이라고도 할 수 있다. 하지만 초보자라고 해서 전혀 길이 없는 것은 아니다. 상권 및 입지분석은 해당 부분에 많은 지식을 가지고 있는 것보다는 오히려 많은 현장조사와 직접 발로 뛰고 조사하는 곰같이 우직한 방법이 더 바람직하다고 생각한다. 따라서 기본적인 원칙을 이해하고 이것을 실천해 나갈 수 있다면 초보자라도 충분히 직접 실행할 수 있을 것이라고 판단이 된다.

사업을 하려는 사람들이 창업을 준비하는 단계에서 가장 먼저 시작해야 할 일은 바로 점포를 구하는 일이다. 물론 기존에 장사를 하고 있다가 다른 업종으로 전환하려는 사람이나 점포를 이미 소유하고 있는 사람이라면 곧바로 업종선정에 들어가도 되지만, 그렇지 못한 대부분의 사람들은 일반적으로 점포를 구하는 일부터 시작하는 것이 일반적이다.

점포를 구할 때에는 먼저 어디서 장사를 할지 입지부터 선정해야 하는데, 사실 '입지선정이 먼저다', '업종선정이 먼저다' 라고 단정지어 말하기는 어렵다. 왜냐하면 대부분 업종선정과 동시에 그 업종이 성공할 만한 입지를 함께 고르기 때문이다. "소점포 사업은 입지산업이다.", "목을 잘 잡아야 성공한다.", "시작이 반이다.", "점포의 입지는 성공의 80% 이상을 좌우한다."라고 우리는 흔히 말한다. 이 말들에서 알 수 있듯이 입지선정은 점포 창업에 있어서 무엇보다도 중요한 부분이다. 하지만 그 중요성만큼이나 실제로 목이 좋은 점포를 구하는 일이 쉽지만은 않다. 업종선정이야 상황에 따라 바뀔 수도 있지만 입지선정은 조사기간을 포함하여 결정하기까지 기간도 매우 길뿐만 아니라 계약서에 도장을 찍고 나면 큰 손해를 감수하지 않고서는 바꿀 수 없기 때문이다. 그렇다면 어떻게 해야 성공적으로 상권 및 입지선정을 할 수 있을까? 아니면 최소한 어떻게 해야 실패하지 않을까?

먼저, 점포의 상권 및 입지선정에 있어서 상권 및 입지의 의의를 알아보도록 하자.

상권을 해석하는 방법에는 거리로 정하려는 생각, 시간으로 정하려는 생각, 인구 혹은 세대수로 상권을 정하려는 생각이 있다고 할 수 있는데, 거리로 정하려는 생각은 점포를 중심으로 하여 상권의 범위를 거리로 표현하는 것이며, 시간으로 정하려는 생각은 고객이 점포까지 오는데 걸리는 시간으로 상권으로 표현한다. 마지막으로 인구 혹은 세대수로 상권을 정하려는 생각은

## 상권의 종류

### 도심 상권

- 도시의 핵심을 이루는 중심 상권
- 역·터미널 등 교통 시설 중심이 보편적이며, 재래시장과 대형 도매상가 등이 집중 분포됨
- 입지 특성보다는 점주의 마케팅 능력, 홍보, 소매업체 및 제조 업체와의 관계 등이 중요함.

### 부도심 상권

- 도시 집중화 현상에 따른 부작용(교통·주택난 등)을 완화하기 위해 정책적으로 육성하는 지역의 상권
- 주로 교통 시설 집결지 위주로 형성되며, 자치단체에 의한 장기적 개발 계획으로 광역시 이상 규모의 지역에 주로 형성됨.
- 서울의 경우 잠실·영등포·신촌·강남역·청량리 등이 해당됨.

### 지구 중심 상권

- 1~2개의 교통시설이나 인구 집중요인(관공서·병원·학교 등)이 포함된 상권
- 행정구역상으로는 자치구의 중심 상권

### 지역 상권

- 지구 중심 상권과 동일한 기능을 가지지만 그 규모가 작은 상권

### 근린 주거 상권

- 행정구역상 중심지 상권
- 재래시장, 아파트단지 상가 등 집적상가 포함

점포가 수용할 수 있는 인구 혹은 세대수에 의해서 상권의 범위를 표현하는 방법이다. 거리 및 시간으로 파악하는 것은 지도로 표현이 되며, 사람 수로 파악되는 실질적인 상권은 숫자로 표현이 이루어진다. 상권을 파악할 때에 어느 한 가지의 방법만이 사용되는 것은 아니며, 거리와 시간의 형식적인 면에서 먼저 파악한 후에 그 기반 위에 세대수 및 인구수라는 실질적인 요소로 파악하는 것이 바람직하다.

지금과 같은 치열한 경쟁상황에서 창업을 준비하는 사람들은 상권을 과거와 같이 단순히 거리나 시간이나 인구수 측면만을 보고 파악할 것이 아니라고 생각한다. 보다 적극적인 자세로 고객들을 개척하려고 하는 자세가 배어 있어야 한다는 것이다. 따라서 상권의 대한 정의와 의의를 이렇게 정의하고 싶다. "상권이란 내 점포, 내 사업의 영업 영역이다." 즉, 상권은 고정적이고

소극적이며 획일적인 것이 절대 아니며, 사업을 운영하는 사업자의 의지와 노력 여하에 따라서는 보다 더 대상지역을 넓혀 나갈 수 있는, 고객들을 더 늘려 나갈 수 있는 그런 능동적이고 적극적인 의미에서의 상권 개념을 정의하고 창업에 임하는 것이 성공을 위한 바람직한 방법이다.

실전창업의 神

# 32

# 상권분석도 과학적으로
# 해야 한다

    여기에서는 일반적으로 정립되어 있는 상권의 설정방법과 상권조사의 항목을 설명하기로 한다.

    먼저 상권을 설정할 때에는 일반적으로 1차 상권, 2차 상권, 3차 상권으로 구분하여 설정을 하는데, 1차 상권은 점포 고객의 60-70%가 거주하는 지역이라고 보며, 고객들이 점포에 가장 근접해 있으며 고객 수나 고객 이용 빈도가 가장 높은 지역이라고 할 수 있다. 2차 상권은 점포 고객의 20-25%가 거주하는 지역으로서 1차 상권의 외곽에 위치하며 고객의 분산도가 아주 높다. 3차 상권은 1, 2차 상권에 포함되는 고객 이외에 나머지 고객들이 거주하는 지역으로서 고객들의 거주 지역은 매우 분산되어 있다. 이외에도 호텔 내의 식당, 쇼핑센터 내의 스넥 바와 같은 점포는 독자적인 고객 흡인력이 없기 때문에 독자적인 상권을 가지지 못한다. 이러한 점포들의 상권은 호텔이나 쇼핑센터 상권의 절대적인 영향을 받는다. 그리고 업종에 따라 동일한 입지에 있는 점포라고 하더라도 고객 흡인력은 달라지게 된다.

    상권조사는 포괄적인 주위 환경 및 시장의 배경. 특성을 조사하는 시장조사와 상권 내 인구의 동태 분석·조사 및 자기점포의 상권세력 강약도를 작성하고 이를 판단, 평가함에 따라 고객 개척의 기본방향을 결정하는 상권의

제5장 상권분석이 성공의 첫 관문이다

149

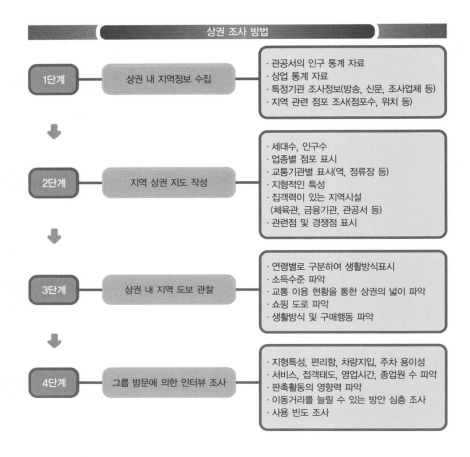

상권 조사 방법

| 단계 | | 내용 |
|---|---|---|
| 1단계 | 상권 내 지역정보 수집 | · 관공서의 인구 통계 자료<br>· 상업 통계 자료<br>· 특정기관 조사정보(방송, 신문, 조사업체 등)<br>· 지역 관련 점포 조사(점포수, 위치 등) |
| 2단계 | 지역 상권 지도 작성 | · 세대수, 인구수<br>· 업종별 점포 표시<br>· 교통기관별 표시(역, 정류장 등)<br>· 지형적인 특성<br>· 집객력이 있는 지역시설<br>  (체육관, 금융기관, 관공서 등)<br>· 관련점 및 경쟁점 표시 |
| 3단계 | 상권 내 지역 도보 관찰 | · 연령별로 구분하여 생활방식표시<br>· 소득수준 파악<br>· 교통 이용 현황을 통한 상권의 넓이 파악<br>· 쇼핑 도로 파악<br>· 생활방식 및 구매행동 파악 |
| 4단계 | 그룹 방문에 의한 인터뷰 조사 | · 지형특성, 편리함, 차량지입, 주차 용이성<br>· 서비스, 접객태도, 영업시간, 종업원 수 파악<br>· 판촉활동의 영향력 파악<br>· 이동거리를 늘릴 수 있는 방안 심층 조사<br>· 사용 빈도 조사 |

보유범위를 조사하는 것이라고 할 수 있다. 이것을 조사 단계별로 정리하면 다음과 같다.

제 1단계는 상권 내 지역정보를 수집하는 단계이다. 우선 해당 지역의 관 공서를 방문하여 상권 내의 인구 통계자료를 열람하고, 상업관련 통계자료도 조사를 실시한다. 또한 요즘은 무수히 많은 정보들이 인터넷을 통해 공개되 고 있기 때문에 방송사, 신문사, 조사업체 자료 중에서 해당 상권에 관련된 자료들이 있는지 검색하여 조사한다. 그리고 직접 상권을 순회하면서 상권의

실전창업의 神

영역을 짐작해 보고 지역 내에 점포 수가 얼마나 되며, 정확한 위치가 어디에 있는지를 파악한다.

제 2단계는 세밀한 지역상권의 지도를 작성하는 단계이다. 주변 지역의 현황을 종이를 들고 나가서 직접 일일이 그리면서 조사를 하는 과정은 말처럼 그리 쉽지 않은 일이다. 받침판을 준비하고 나가서 종이 뒤편에 대고 먼저 도로 구조부터 선을 긋고 나서 도로변으로 네모 칸을 그려 건물을 표시하는 것이 작업에 효율적이다. 그런 다음 건물 표시 네모 칸 안에 업종들을 천천히 기재해 나가면서 지도를 작성해야 한다. 지도의 윤곽이 거의 그려지면 구역별로 세대수, 인구수를 구분해서 파악해 보도록 하고, 업종별 점포 표시, 역이나 정류장 등의 교통기관 위치를 표시하여야 하며, 버스의 경우에는 노선 수 등도 같이 기재해 두는 것이 좋다. 추가적으로 지형적인 특성을 파악하고, 관공서, 금융기관, 영화관 등 집객력이 있는 지역시설과 경쟁점에 대해서는 별도로 표시를 해두고 파악하는 것이 좋다.

제 3단계는 상권 내 지역을 도보로 관찰하면서 세밀한 항목들을 분석해 보는 단계이다. 주요 조사 항목으로는 연령별로 구분하여 생활방식 표시, 거주지, 주거형태, 거주년수, 차량 소유 등으로 소득수준 파악, 교통이용 현황을 통한 상권의 넓이 파악, 혼잡한 점포, 인기 있는 점포 파악, 쇼핑도로 파악, 고객들의 생활 방식 및 구매행동을 파악하는 것이다.

제 4단계는 직접 방문에 의한 인터뷰 조사를 실시하는 단계로, 지형특성, 거리, 편리함, 차량 진입, 주차의 용이성 등을 점검해 보고, 인근 업종들의 서비스 수준, 접객 태도, 영업 시간, 종업원 수 파악, 판촉을 전개한다면 영향력이 어느 정도일 것인지에 대한 파악, 주변 고객들의 인근 업종 이용빈도 등을 세밀하게 파악해 보는 단계이다.

이제까지 상권에 대한 정의와 특성, 상권분석의 단계별 조사 대상들에 대해서 설명했는데, 초보자들이 보기에는 다소 이론적이고 어려운 면이 있을 수도 있다. 하지만, 실패하는 대부분의 경우 업종에만 너무 신경을 쓰고 정밀한 상권분석을 생략한 채 창업을 추진한 이유라는 것을 보면 상권분석의 중요성과 실행을 계속 강조하는 것은 전혀 무리가 아니라고 할 수 있다. 경험이나 전문적인 지식이 없어 직접 철저한 상권분석을 실행하기 어렵다면 다소의 비용이 들더라도 관련 전문가에게 컨설팅을 받아 보고 최종적으로 상권의 적정성과 사업타당성을 분석해서 창업을 진행하는 것이 바람직하다.

실전창업의 神

# 상권분석,
# 이렇게 하는 것이 답이다

**33**

여기서는 기초적인 상권분석 필수요인들을 항목화하여 구체적인 분석방법을 설명함으로써 점포창업을 하려고 하는 사람들에게 상권분석의 기초적인 지식을 전달하도록 하겠다. 분석항목과 예시하는 내용의 상권분석 기준은 나름대로 검증된 것이지만 앞에서도 얘기했듯이 상권분석의 항목과 기준은 각 업종마다 차이가 나기 때문에 상권분석을 하려고 하는 사람들은 여기에서 소개된 분석항목과 기준을 근거로 하고 뒤에서 언급하게 될 응용방법을 참고로 하여 자신이 하고자 하는 업종에 대한 상권분석을 실시하면 도움이 될 것이라고 판단된다.

어느 한 지역에서 예정점포를 두고 본격적으로 상권분석을 실시할 때 다음의 항목들을 대상으로 하나 하나씩 분석해 나가는 것이 도움이 될 것이다.

첫째는 점포 현황에 관한 사항이다. 구체적으로 파악해야 할 내용은 점포의 위치 및 주변상권 특성 파악, 상권설정과 배후인구수 확인, 점포를 얻는데 들어가는 보증금, 임차료, 관리비, 권리금 등의 비용이다.

둘째는 입지수준에 관한 사항을 파악하여야 하는데, 먼저 지역 내 거주민들의 소득 및 소비수준 파악, 점포 주변 도로 상황 파악, 구체적으로는 차선여부, 주차 가능 여부, 도로의 경사여부를 확인한다. 다음으로 점포 형태를 파악하는데, 전면 길이, 평수 크기, 계단, 층수 여부를 확인한다.

셋째로 창업을 했을 때 매출에 기여하는 요인에 관한 사항이다. 먼저, 주거지역인지, 상업. 유흥지역인지, 사무지역인지, 학원지역인지, 복합적으로 구성된 지역인지에 대한 입지 형태를 파악한다. 다음으로 버스정류장, 지하철역, 건널목 등의 교통형태에 대해 파악한다. 이어서 교육기관 등의 존재 여부를 확인하고, 개점했을 경우 유동인구 중에서 과연 얼마 정도가 점포를 이용할 것인지에 대한 유동인구수 및 이용율을 파악하여야 한다.

넷째로는 경쟁요인에 관한 사항으로, 상권 내에 동일 업종의 경쟁점이 몇 개가 어느 위치에 있는지, 유사 경쟁점포 및 기타 경쟁점포가 몇 개가 어느 위치에 있는지를 파악하고 그 영향력을 검토하여야 한다.

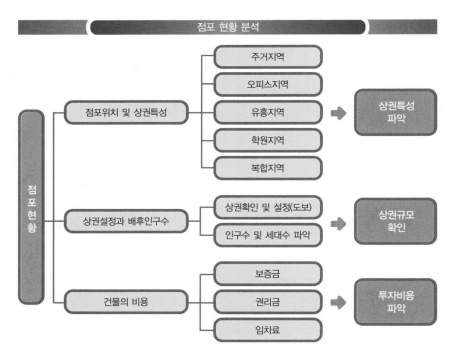

실전 창업의 神

이상과 같은 상권분석 요인에 대해서는 무엇이 더 중요하고 덜 중요한지에 관한 정답은 결코 없다. 취급 상품마다, 점포의 규모마다, 가격대마다 나름의 중요한 요인이 있다.

하지만 여기서 일반적인 기준으로서의 요인을 이야기 하는 것은 큰 틀에 모두 해당되는 것이다. 점포의 영업에 영향을 미치는 중요 요인들에 대해 반드시 알고 상권분석에 임해야만 실수없이 정확하게 분석할 수 있기 때문이다.

오랜 경험을 가진 점포개발자들은 흔히 "상권분석은 경험이 중요하지, 시스템으로 되는게 아니다."라고 말한다.그리고 실제로 풍부한 경험을 가진 점포개발자들은 매출예측을 정확히 하는 것으로 인정받고 있다.

하지만 문제는 경험을 통한 상권분석이 성공을 100% 보장하기 어렵다는 점이다. 단 한 번의 실패가 운명을 좌우할 수 있는 상황에서 단기간의 경험에 의존한 상권분석은 매우 위험한 일임을 인지하고, 모든 요인들에 대해 하나하나 꼼꼼히 분석하는 것만이 성공 창업을 보장할 수 있다는 것을 알아야 한다.

# 34

# 항목별로 구체적인
# 상권분석을 실행하라

이제 구체적으로 조사 항목별, 자세한 분석방법을 살펴보도록 한다.

첫째로 점포 현황에 관한 것이다. 점포의 위치 및 주변상권 특성을 파악하는 것은 상권분석의 대상이 되는 후보 점포의 지번 등 정확한 위치를 확인하고 주변상권의 특성이 주거지역인가, 오피스지역인가, 유흥지역인가, 학원지역인가 또는 복합적인 상권인가를 표시한다. 상권설정과 배후인구수를 확인하는 방법은 점포의 위치를 확인한 후 일단 지도에 반경 500m의 원을 그린 후 직접 도보로 상권을 확인하여야 한다. 이 경우 점포의 상권은 건널목, 도로, 시설물, 산 등으로 인하여 제한을 받아 올록볼록하게 찌그러진 원형이 된다.

이렇게 상권설정을 할 경우에는 역시 경험이 필요한데 항상 어느 지점까지 점포의 영향력이 있을 것인가를 생각하며 판단하여야 한다. 상권을 파악한 후에는 점포의 상권이 왼쪽으로 100m, 오른쪽으로 300m, 배후로 500m, 건너편으로 50m 의 범위를 가진다는 식으로 영향력의 범위를 파악하여야 한다. 그리고 그 범위 안에서의 거주민들의 인구수와 세대수를 관할 관청으로부터 파악하여 배후지의 세력을 확인한다. 점포의 비용 확인은 차후의 투자수익율을 분석하기 위하여 해당 점포의 권리금, 보증금, 임차료 등의 비용을 확인한다.

실전 창업의 神

둘째로 입지수준에 관한 사항을 파악하는 것은, 소득 및 소비수준을 파악하여 주변지역 거주민들의 질을 파악하는 단계인데, 간단하게 이 동네는 부자동네이다, 중산층 밀집지역이다, 저소득층 지역이다라는 판단을 하는 것이다. 보다 전문적으로 알아보기 위해서는 시, 구청 등에서 지역소득 및 소비지출에 관한 통계자료를 구하여 시의 평균수준과 비교하여 결정할 수가 있다.

주변 도로 상황 중에서 차선 여부를 파악하는 것은, 주로 점포 건너편에서의 고객유입 가능성을 고려하기 위한 것이다. 아무래도 차선이 넓고 교통이 번잡한 곳이면 차선이 좁은 경우보다 자유로운 왕래가 불가능하게 되어 상권이 좁아지게 된다. 도로가 편도 2차선 정도면 사람들이 도로를 건너기가 쉬워져서 점포 길 건너 유동인구도 내 점포의 고객이 될 수도 있다는 것이다. 그만큼 상권의 영향력이 넓어지게 되는 것이라고 할 수 있다.

주차 여부를 확인하는 것은 현대는 자가용시대이기 때문에 그 중요성이 계속 커지고 있다. 음식점의 경우는 소매/판매업종보다 주차여부에 관한 요인이 보다 더 큰 비중을 차지할 것이다. 점포 앞 및 주변의 주차 가능 여부를 파악하는 단계이다.

도로의 경사여부를 확인하는 것은 점포 배후 및 주변도로의 경사여부를 파악하는 것인데 사람들은 하향 지향적 동물이기 때문에 점포가 오르막길에 있으면 영업에 마이너스가 된다.

점포 형태 파악 중에서는 전면 길이를 확인하는 것은 점포가 영업에 들어갔을 때를 가정하여 점포의 간판 및 외관의 길이를 예측하여 파악한다. 이것은 시계성을 고려하는 것으로 고객들이 점포를 쉽게 알아볼 수 있느냐 하는 것과 또는 점포의 1차적인 광고판으로서 간판이나 사인물의 크기와 넓이를 고려하여 시각적 효과를 파악하는 것이다. 좁은 것 보다는 넓은 것이 짧은 것

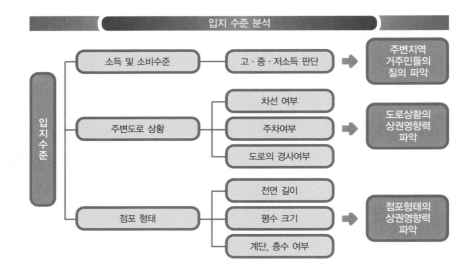

입지 수준 분석

입지 수준
- 소득 및 소비수준 → 고·중·저소득 판단 ⇒ 주변지역 거주민들의 질의 파악
- 주변도로 상황 → 차선 여부 / 주차여부 / 도로의 경사여부 ⇒ 도로상황의 상권영향력 파악
- 점포 형태 → 전면 길이 / 평수 크기 / 계단, 층수 여부 ⇒ 점포형태의 상권영향력 파악

보다는 긴 것이 좋겠고 1면 보다는 2, 3면으로 간판을 두를 수 있는 것이 좋다. 전면이 2면, 3면이라는 것은 도로의 코너에 점포가 있다는 것이므로 시계성이나 고객유인 범위가 보다 넓다.

평수 크기를 확인하는 것은 평수 크기에 따라 점포의 최대 가능 매출이 달라지게 되기 때문에 그 영향력을 검토하는 것이다. 물론 넓다고 매출이 정비례하여 늘어나는 것은 아니지만 일정 수준까지는 음식점에서의 좌석 수처럼 매출에 영향을 주고 있다.

계단, 층수 여부를 파악하는 것은 고객들은 조그마한 불편함에도 접근을 꺼리는 경향이 있기 때문이다. 아무래도 점포가 2층에 있는 것보다는 1층에 있는 것이 고객이 이용하기 쉽다. 계단이나 층수를 파악하는 것은 고객의 점포 접근성을 파악하는 것인데 유의해야 할 점은 업종에 따라서는 별로 상관이 없는 경우도 있고, 또 1층 보다는 2, 3층이 유리한 업종이 있으므로 구체적인 업종에 따라 적용을 해야 한다.

# 35 매출요인 및 경쟁요인 파악은 필수이다

　다음은 매출 요인에 관한 사항을 분석한다. 입지 형태를 파악하는 것은 점포 현황을 파악할 때 설정한 상권범위를 기본으로 해서 실시하며 도로에 의해서 상권이 제한을 받을 때 점포 주위에 건널목이 50m 이내에 있으면 도로 건너편 지역도 상권을 확대하여 파악하여야 한다. 대부분 상권의 특성은 주거지역, 오피스지역, 상업.유흥지역, 학원지역 중에서 몇 가지씩은 중복되어 형성되어 있으므로 각 부분에 대해서 다음 사항을 확인하여야 한다. 주거지역은 상권 범위 내에 아파트 단지 및 주택 등의 주거지역이 있으면 그 영향력을 파악한다. 구체적으로 세대수를 조사하고 시간대별로 거주민들의 유동상황을 파악하여 주로 이용하는 도로가 어디이며 점포 앞 도로는 주통행로인지, 부통행로인지 또는 외곽으로 치우쳐 한가한지 등을 조사하고 주로 이용하는 도로가 점포의 출입구와 얼마나 떨어져 있는지를 파악하여야 한다. 상업·유흥지역 파악은 상권 범위 내에 음식점, 주점, 숙박시설, 극장, 기타 유흥 위락시설 등을 조사하여 그 영향력을 파악한다. 설정한 상권 범위 내에 존재하는 상업·유흥시설들을 업종별 숫자와 대형인지 소규모인지, 그리고 고급인지 보통수준인지를 파악하여야 한다. 오피스지역 파악은 상권 범위 내에 존재하는 고객유인시설들, 즉 오피스빌딩, 금융기관, 병원, 관청 등을 조사하여 그 영향력을 파악한다. 숫자와 함께 규모를 파악하고 오피스빌딩의 경우에는 층수도 파악한다.

다음으로 교통 형태를 파악하는 것은 교통형태의 이용 파악은 시간대별로 하여야 하는데 보통 출근시간대(오전 7-9시), 점심시간대(오후 12-2시), 주부들의 쇼핑시간대(오후 4-6시), 퇴근 및 저녁시간대(오후 6-8시), 야간시간대(오후 9-11시) 등으로 나누어 각각 업종에 따라 신축성 있게 조사하여야 한다. 24시간 영업을 하는 업종의 경우에는 각 시간대를 다 조사하여야 하며, 일반적인 음식점의 경우에는 출근시간대가 필요 없겠지만, 아침 장사를 한다고 하면 조사를 해야 한다. 교통형태의 파악 사항은 기본적으로 점포와의 거리, 조사시간대별 이용인구수, 이용인구들이 점포 방향으로 이동하는 접근율을 파악하여 교통시설이 점포에 어떠한 영향을 미치는지 파악하는 것이다. 세부적으로는 버스정류장이 점포 반경 약 100m 이내에 있을 경우에 점포와의 거리, 시간당 이용인원수, 점포로의 접근율을 시간대별로 조사한다. 지하철역이 점포 반경 약 300m 이내에 있을 경우에 점포와의 거리, 시간당 이용인원수, 점포로의 접근율을 시간대별로 조사한다. 건널목이 점포 반경 약 100m 이내에 있을 경우에 점포와의 거리, 시간당 이용인원수, 점포로의 접근율을 시간대별로 조사한다.

또한, 점포 상권 범위 내에 있는 교육기관, 즉 대학교, 중·고교, 초등학교, 각종 학원 등의 시설을 조사한다. 만약 청소년층을 대상으로 하는 업종이라면 교육기관의 조사가 다른 요인보다 더 큰 비중을 차지할 것이다. 구체적인 조사내용으로는 시설물과 점포와의 거리, 교육기관의 총인원수, 점포 앞의 도로가 교육기관으로 오고 가는 주통행로인지, 아니면 부통행로인지 또는 외곽으로 치우쳐 졌는지 등을 파악하여야 한다.

이용 가능 여부를 파악하는 것은 무엇보다 중요한데, 점포 앞 유동인구를

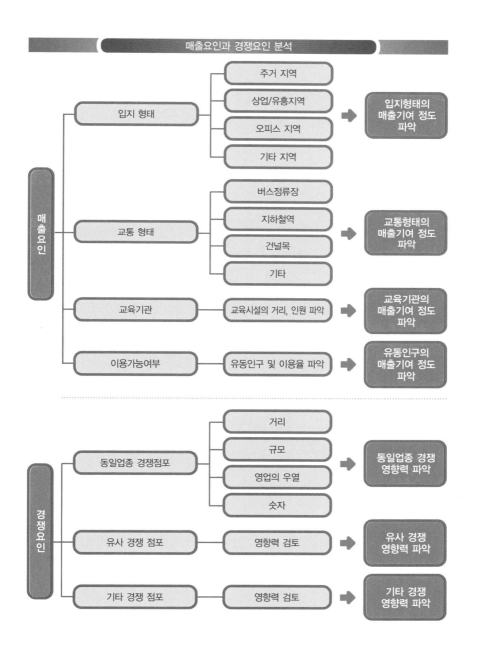

매출요인과 경쟁요인 분석

**매출요인**

입지 형태
- 주거 지역
- 상업/유흥지역
- 오피스 지역
- 기타 지역
→ 입지형태의 매출기여 정도 파악

교통 형태
- 버스정류장
- 지하철역
- 건널목
- 기타
→ 교통형태의 매출기여 정도 파악

교육기관
- 교육시설의 거리, 인원 파악
→ 교육기관의 매출기여 정도 파악

이용가능여부
- 유동인구 및 이용율 파악
→ 유동인구의 매출기여 정도 파악

**경쟁요인**

동일업종 경쟁점포
- 거리
- 규모
- 영업의 우열
- 숫자
→ 동일업종 경쟁 영향력 파악

유사 경쟁 점포
- 영향력 검토
→ 유사 경쟁 영향력 파악

기타 경쟁 점포
- 영향력 검토
→ 기타 경쟁 영향력 파악

시간대별로 파악하고 점포를 이용하는 이용율을 예측하는 것이기 때문이다. 당연히 점포 앞 유동인구가 많으면 많을수록 좋고, 이용율은 사실상 기존의 다른 자료가 없이는 파악하기 어려운데 가장 손쉽게 파악할 수 있는 방법은 상권내의 자신이 하고자 하는 업종과 유사한 점포를 대상으로 시간대별로 유동인구를 체크하면서 그 점포를 이용하는 사람들의 숫자를 일일이 세어서 유동인구 대비 이용율을 파악하여 자신의 점포에 활용하는 것이라고 할 수 있다.

셋째로, 경쟁요인에 대한 사항을 파악한다. 경쟁요인에 대한 사항은 상권 범위 내에서 자신의 점포가 취급하는 종류의 메뉴를 취급하는 경쟁점포의 숫자를 조사하여 매출에의 영향력을 파악하기 위함이다. 구체적으로는 동일업종의 경쟁점포 조사, 유사경쟁점포의 조사 등으로 이루어진다. 편의점의 경우 동일 편의점은 동일경쟁점포이며, 슈퍼는 유사경쟁점포로 파악할 수 있을 것이다. 삼겹살전문점의 경우 동일 삼겹살전문점은 동일경쟁점포이며, 뼈다귀 감자탕집은 유사경쟁점포로 볼 수가 있다. 그러나 주의할 것은 음식점의 경우 같은 업종이 모여 있어 장사가 오히려 잘되는 업종의 경우는 결코 매출에 마이너스 영향을 가져오지는 않는다. 경쟁점에 대해 조사할 사항은 자신의 점포와의 거리, 규모의 대소, 영업력의 우열, 경쟁점의 전체 숫자 등이라고 할 수 있다.

실전 창업의 神

# 초보자도 할 수 있는 상권분석 5단계

# 36

체인점을 모집하고 있는 체인본부에서는 현재 자신들의 가맹점을 대상으로 직접 자료를 조사하는 단계를 거쳐서 자사에 적합한 상권분석 시스템을 구축할 수도 있겠지만 이것도 쉬운 일은 아니다. 보통 한 회사의 상권분석 시스템을 구축하려면 약 2개월여 정도가 소요되고 금액도 만만치가 않은 상황이다. 그만큼 전문적인 지식과 노력이 필요하다는 말이다. 그렇다면 사업을 처음 시작하는 사람들이 이것을 어떻게 활용할 수 있을까? 구체적인 방법을 단계별로 알아보도록 하자.

제 1단계는 상권분석의 항목을 설정하는 단계이다. 앞에서 설명한 상권분석 항목의 분석기준을 보면 사실 복잡하고 세분화되어서 일반인이 하기에는 어렵고 체인본부에서 구축하여야 하는 정도의 수준이다. 그러나 약식화하여 만든 음식업종의 기준을 보면 일반인도 이 책의 상권분석 부분을 읽어 보고 조금 공부를 한다면 충분히 만들 수 있는 정도인 것을 알 수가 있다. 따라서 초보자들이 상권분석 항목을 만들 때에는 음식업종의 예와 같이 단순화하여 설정하는 것이 좋고 자신의 업종 특성에 맞추어서 약간의 가감은 필요하겠지만 위에서 설명한 항목을 크게 벗어나지 않는다.

제 2단계는 구성비를 설정하는 단계이다. 항목의 점수 기준을 파악하는 데

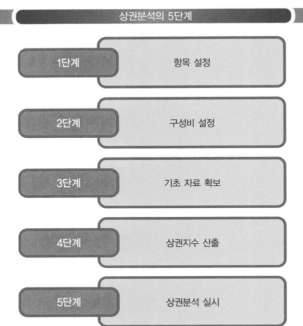

| 1단계 | 항목 설정 |
|---|---|
| 2단계 | 구성비 설정 |
| 3단계 | 기초 자료 확보 |
| 4단계 | 상권지수 산출 |
| 5단계 | 상권분석 실시 |

중요한 항목별 구성비의 비율은 일반적인 업종 우선순위 기준을 처음에는 그대로 사용해도 좋다. 추후 경쟁점의 조사를 통해서 나타난 결과를 토대로 자신의 업종 특성에 맞도록 수정하여 사용하면 된다.

　제 3단계는 기초 자료를 확보하는 방법이다. 상권분석을 정확하게 하기 위해서는 제반 자료들을 구하는 것이 대단히 중요한데 체인본부에서야 자신의 가맹점들을 중심으로 자료를 뽑을 수 있겠지만 일반인들은 직접 객단가라든가 매출액을 산출해야 한다. 일반인들이 이러한 자료를 구하기 위해서는 약간의 어려움은 있겠지만 상권분석을 할 동일업종의 점포를 2-3군데 정도 선정한 다음 직접 주인에게 협조를 얻어 알아내거나 주위 점포들, 공인중개업소 등을 통해서 알아보아야 한다. 이렇게 알아낸 자료들을 토대로 자신의 후

실전창업의 神

보점포와 비슷한 유형에서 장사를 하고 있는 동일업종의 점포를 2-3군데 선정해서 실제로 상권분석을 해 본다. 점포의 이용율은 상권분석을 하는 단계에서 유동인구를 파악할 때 점포로 들어가는 손님들의 숫자를 세면 산출해 낼 수가 있다. 이러한 방법은 약간은 시간이 걸리는 일이겠지만 초보자들은 이런 조사를 통해서 입지선정, 업종선정, 업종의 세부적인 운영요령, 매출의 자료 등을 객관적으로 파악할 수가 있고 본격적인 점포 운영 전에 철저한 시장조사를 하게 되는 결과를 가져와서 성공적인 점포 창업이 이루어질 수 있게 한다.

제 4단계는 상권지수를 산출하는 단계이다. 상권분석이 모두 끝나면 검증이 필요한데 미리 조사한 매출액과 상권분석의 점수를 비교해서 상권지수를 산출하는 것이다. 즉, 상권분석 점수에다가 상권지수를 곱하면 매출액이 나오게 되는 것이니까 매출액을 상권점수로 나누면 상권지수가 산출되게 된다. 이 때 상권분석한 점포별로 상권지수의 차가 클 경우에는 상권조사항목의 구성비를 조정해서 재산출하는 방법으로 상권지수를 비슷하게 맞추어야 한다.

제 5단계는 점포에 대해 직접 상권분석을 실시하는 단계이다. 샘플링한 점포들을 대상으로 상권분석을 실시해서 매출액, 상권점수, 이용율 등의 세부 데이타를 얻은 후 상권조사항목의 조정을 확정짓고 자신의 후보점포를 대상으로 직접 상권분석을 실시하여 입지의 적합성 및 매출액을 예측하도록 하고 이를 근거로 총투자비용에 대한 투자타당성을 검토하는 단계를 거쳐 최종적으로 결정을 하게 된다.

# 입지선정 8원칙을
# 파악하라

37

대부분의 창업자들은 상권과 입지선정의 중요성은 잘 알면서도 실제로 실행하는 경우는 극히 드물다. 그만큼 진행 과정이 힘이 들고 또 체계적으로 분석하는 것이 전문적이기 땜문이다. 그리고 역시나 최종 순간에는 사실상 돈을 마련하는데 신경을 쓰고 장사가 잘 되는 업종이 무엇인가에 신경을 더 쓰는 것이다. 물론 그런 사항들도 중요한 사항이지만 가장 중요한 것은 역시 점포의 목이다.

상권분석을 잘 한다면 비용을 최소로 투자해서 최대의 이익을 낼 수 있는 점포를 구할 수 있다. 또한 업종은 흥하기도 망하기도 하는 부침이 심하지만 점포는 목만 잘 잡으면 웬만한 업종은 그 자리에서 장사를 잘 할 수가 있다. 다른 사람에게 입지선정에 대한 일을 의뢰하거나 또는 시간이 없다는 핑계로 대충 상권을 보고 판단을 하는 것은 극히 위험천만한 일이다. 또한 주변에서의 경험적인 얘기에만 의존할 것도 아니다. 따라서 이 책에서는 상권분석에 대한 부분을 상당부분 할애했고 또 이론적인 내용을 간간이 소개하였는데 최소한 이 정도는 알아야 점포 사업에 성공할 수 있다고 믿기 때문이다.

한 가지 말하고 싶은 것은 창업의 준비기간인데 최소한 3개월에서 6개월은 철저하게 준비를 해야 한다고 생각한다. 이 기간 동안 입지와 업종, 장사

*실전창업의 神*

### 1 현재 상권 잠재력의 타당성
한 지역을 설정해 자신의 점포가 취급하려는 상품의 상권 내 소비지출 총액과 다른 점포가 점하는 비율을 검토한다.

### 2 상권에의 접근 가능성
상권 내의 잠재력을 자기점포에 어느 정도 흡인할 수 있느냐 하는 문제는 점포 주변을 통과하는 가능성에 의존하게 되는데, 그에 따라 소매업의 업태를 3가지로 나눌 수 있다.
- 고객 창출형 : 광고, 상품의 독자성 평가, 판매촉진 수단에 의해 독자적인 고객을 흡인하는 형태로 백화점과 대형 슈퍼마켓 및 특수한 전문점 등
- 근린 고객 의존형 : 가까운 점포에 의해 흡인된 고객이 주변의 점포로 구매하러 가는 경우
- 통행량 의존형 : 쇼핑을 목적으로 하지 않는 통근자나 교통기관 이용자 등이 구매하는 경우 대부분 소매 점포의 매출액은 이러한 3가지 성격의 고객이 혼재돼 있으므로 전체를 고려해야 한다.

### 3 성장 가능성
인구 증가와 소득 수준의 상승이 기대될 수 있는 상권이냐를 살펴봐야 한다.

### 4 중간 저지성
주거지 또는 근무지와 기존부터 있던 경쟁점·상점가의 중간에 입지해 고객을 중간에서 저지할 수 있는 입지다.

### 5 누적적 흡인성
같은 종류의 상품을 취급하는 점포는 흩어져 있는 것보다 모여 있는 것이 좋다. 따라서 중간 저지성의 입지를 선택할 것인가, 누적적인 흡인력을 선택할 것인가를 판단해야 한다.

### 6 양립성
보완 관계에 있는 상품을 취급하는 2개의 점포가 근접해 있는 경우 점포를 이용하는 고객수도 늘고 판매액도 늘어난다.

### 7 경쟁 회피성
경쟁점의 성격·규모·형태를 감안해 입지를 선택하고 매출액을 예측한다. 또한 장래 경쟁점이 들어설 여지도 검토해봐야 한다. 경쟁을 피하기 위해서는 다른 조건이 같다면 될 수 있는 한 경쟁점이 작다. 또한 경쟁점의 중간 저지성이 낮은 입지를 선택해야 한다.

### 8 경제성
입지의 비용을 생산성과 관련해 분석한다.

의 요령 등을 공부하고 자신에게 적합한 사업의 형태를 정하며, 시장조사를 해야 한다. 시장조사라는 것이 별다른 것이 아니고 바로 이 상권분석이라고 생각하면 좋다. 그래서 더욱 상권분석이 중요하다. 앞서 내용을 보고 시간이 없는데 샘플점포를 설정해서 일일이 상권분석을 하고, 거기에서 자료를 구한 다음 자신의 후보점포를 상권분석해서 결정을 내리느냐고 할지도 모른다. 그러나 창업의 준비기간을 3개월에서 6개월 정도 예상한다면 시간이 결코 없는 것이 아니다. 다양한 업종의 상권분석을 실시할 수가 있고 또 이런 과정에서 점포사업의 여러 가지 면을 배우게 되며 사업의 감을 잡을 수 있는 것이다. 결론적으로 조언을 하고 싶은 것은 충분한 기간을 가지고 점포사업을 준비할 것이며, 이 준비기간의 대부분은 바로 입지선정에 대한 지식의 습득과 상권 분석에 할애하라는 것이다. 물론 최종적인 순간에 전문 컨설팅회사에 의뢰를 할 수도 있겠지만 이것은 어디까지나 자신의 상권분석에 대한 결과를 확인받는 단계이지, 자신이 할 사업의 타당성을 남에게 의뢰하는 것은 아니라는 점이다. 컨설팅회사도 자신의 사업을 보장해 주지는 않기 때문이다.

다음은 이론적으로 정립된 일반적인 입지선정의 8원칙 이론을 근거로 본인의 회사에서 음식업종에 맞게 수정하여 활용하고 있는 분석 내용이다.

첫째, 상권 잠재력을 평가한다. 주거지역, 사무업무지역, 상업지역, 유흥.위락지역, 기타(학원지역) 등의 배후세력의 형성 정도를 평가하는 것이다.

둘째, 접근성을 평가한다. 버스, 지하철, 건널목 등의 교통 환경요인을 파악하여 접근성을 파악하고, 주차여부, 전면의 가시성 등을 파악하여 편의성을 고려하는 것이다.

셋째, 성장 잠재력을 평가한다. 주변 시설 개발의 추세와 개발 진행상태 등을 평가하여 향후의 잠재력을 평가하고, 향후의 발전계획을 고려하는 것이다.

넷째, 사업차단력을 평가한다. 입지 우위적인 측면에서 대상지역 내에서

실전창업의 神

경쟁을 배제하고 차단할 수 있는 힘을 평가하는 것으로 핵심지역인가의 여부, 주동선상의 입지 우위성을 파악하는 것이다.

다섯째, 고객유인 잠재력을 평가한다. 대상지역에서 유동인구의 숫자와 주요 유동인구의 층을 파악하여 고객유인 잠재력을 평가하는 것이다.

여섯째, 양립성을 평가한다. 주변에 형성되어 있는 접객시설들을 조사하여 향후 개점의 호혜, 경합 여부를 검토하는 것이다.

일곱째, 개점 및 인지 용이성을 평가한다. 주변의 점포형성 상태를 파악하여 개점 용이성 여부와 영업전 개시 홍보, 인지 용이성 여부를 파악하는 것이다.

여덟째, 입지 경제성을 평가한다. 주변의 점포시세를 파악하여 투자효율과 입지효율을 파악하는 것이다.

## 투자타당성을 분석하는
## 방법은 따로 있다

**38**

우리가 흔히 어느 체인점을 가맹하거나 혹은 독립점으로 창업을 하려고 할 때는 최종적으로 반드시 투자타당성 분석을 하여야 한다. 하지만 일반인들 입장에서는 자기 자신이 직접 투자타당성 분석을 하기에는 결코 쉽지 않은 일이다. 여기에서는 다소 복잡하고 전문적인 투자타당성 분석방법을 일반인 들도 쉽게 할 수 있도록 간이로 만들었다. 자기 자신의 입장에 맞추어서 각 항목별로 수치를 대입하여 계산하면 점포창업에 투자하기 전에 개략적인 투 자효율성을 알 수 있다.

❧ 투자내역 설명

❶ 점포투자비 – 점포를 얻는데 소요된 권리금 및 점포 임차보증금을 기록 한다.

❷ 본사계약비 – 체인점에 가맹을 하는 경우 가맹비와 상품 보증금을 기록 한다. (독립점 창업의 경우에는 해당 사항이 없음.)

❸ 점포공사비 – 흔히 인테리어 공사비라고 하는 점내외 인테리어 비용을 기록한다.

하지만 아래의 투자내역 항목과 중복되지 않게 하여야 한다.

*실전 창업의 神*

❹ 간판 – 전면간판, 돌출간판 등의 간판비용을 기록한다. 메뉴보드 등의 비용은 이 항목에 넣어도 되고, 편의에 따라 공사비나 비품구입비 등에 넣어도 되지만 비용이 중복되지 않게 하여야 한다.

❺ 판매장비 – 각종 기계장비 등을 기록한다.

❻ 비품구입비 – 냉동. 냉장고, 냉. 난방기, 전화기, 팩스, 금전등록기 등의 각종 비품류를 기록한다.

❼ 개점비용 – 개점 특별행사 비용, 전단지 비용 등 개점비용을 기록한다.

❽ 기타 – 중개수수료, 인허가취득비용, 보험료 등의 기타 비용을 기록한다.

❾ 합계 – 위의 투자비용을 모두 합한 금액을 기록한다.

❿ 현금투자액금리/월 – 투자타당성 분석표에서는 연예금이자율을 15%로 산정하여 이를 12로 나누어 월금리를 계산한 후 총투자금액에 곱하여 월투자액금리를 계산한 것이다. 연예금이자율은 그 당시의 금융상황에 맞추어 조정하면 되고, 이 금액은 창업에 투자하지 않고 은행에 예금을 하였더라면 얻을 수 있는 이자금액을 산출함으로써 추후 영업외 비용으로 수익에서 빼주기 위한 것이다.


❖ 예상 손익현황 설명

ⓐ 예상 월매출 – 예상 월매출은 예상 일매출에 영업일수 28일을 곱한 것이다. 예상 일매출을 산출하는 방법은 본서의 상권분석 부분을 다시 참조하기 바라며 체인본사에서 제공하는 예상 일매출 보다는 낮은 수준으로 계산을 해보아야 할 것이다. 무엇보다 중요한 것은 자기 자신이 직접 상권분석을 통해서 예상 일매출을 산출할 수 있어야 보다 정확한 투자타당성이 이루어질 수 있다.

ⓑ 매출원가 – 정확한 매출원가율을 파악하여 이것을 예상 월매출에 곱한

**투자 내역**  단위 : 천 원(부가세 별도)

| 항목 | 내용 | 금액 |
|---|---|---|
| 점포투자비 | 권리금 | 25,000 |
|  | 임차보증금 | 20,000 |
| 본사계약비 | 가맹비 | 4,000 |
|  | 보증금 | 5,000 |
| 점포공사비 | 점포 내외 인테리어 공사비 | 15,000 |
| 간판비 | 전면 간판, 매뉴보드, 시트 작업 등 | 3,500 |
| 판매장비비 | 기계설비류 등 (쇼케이스, 기계장비 등) | 16,250 |
| 비품구입비 | 냉동·냉장고, 냉방·난방기, 전화기·팩스 등 | 6,500 |
| 개점 비용 | 개점 행사 비용 | 0 |
| 기타 | 중개수수료, 인허가 비용, 보험료 등 | 0 |
| 합계 |  | 95,250 |
| 월현금투자액 | 투자금액 합계×1.25% | 1,191 |

**예상 손익 현황**  단위 : 천 원

| 항목 | | 1개월 | 2개월 | 3개월 | 4개월 |
|---|---|---|---|---|---|
| 예상 일매출액 | | 200 | 300 | 400 | 500 |
| 예상 월매출액 | | 5,600 | 8,400 | 11,200 | 14,000 |
| 매출원가 | | 3,360 | 5,040 | 6,720 | 8,400 |
| 매출총이익 | | 2,240 | 3,360 | 4,480 | 5,600 |
| 직원인건비 | | 0 | 0 | 0 | 0 |
| 판매관리비 | 파트타이머 인건비 | 280 | 280 | 420 | 420 |
|  | 수도광열비 | 300 | 300 | 400 | 400 |
|  | 통신비 | 30 | 30 | 30 | 30 |
|  | 잡비 | 0 | 0 | 0 | 0 |
|  | 재고로스 | 0 | 0 | 0 | 0 |
|  | 건물관리비 | 100 | 100 | 100 | 100 |
|  | 점포임차료 | 600 | 600 | 600 | 600 |
| 소계 | | 1,310 | 1,310 | 1,550 | 1,550 |
| 월영업이익 | | 930 | 2,050 | 2,830 | 4,040 |
| 1일 영업이익 기준 손익분기매출액 | | 117 | 117 | 138 | 138 |
| 영업외비용 | | 1,919 | 1,919 | 1,919 | 1,919 |
| 월순이익 | | −261 | 859 | 1,739 | 2,849 |
| 1일 순이익 기준 손익분기매출액 | | 223 | 223 | 245 | 245 |

다. 매출원가율은 매출 총이익, 즉 마진율의 반대개념인데 여기서는 마진율이 40%, 매출원가율이 60%로 산정하여 계산하였다.

ⓒ 매출총이익 – 마진율 40%를 예상 월매출에 곱한 것이다.

ⓓ 직원인건비 – 향후 영업 시 정식직원을 채용한다면 월 인건비를 기록한다.

ⓔ 파트타이머 비용 – 파트타이머를 채용하여 운영한다면 그 인건비를 기록한다. 여기는 시간당 2,500원의 파트타이머를 1명 내지 2명을 하루에 4시간, 한 달 28일 고용한 것으로 계산하였다.

ⓕ 수도광열비 – 수도비, 전기세 등의 비용을 기록한다.

ⓖ 통신비 – 전화비, 팩스비 등의 모든 통신비용을 기록한다.

ⓗ 잡비 – 기타 점포 운영에서 발생하는 기타 비용을 기록한다.

ⓘ 재고로스 – 점포영업을 하다보면, 일반적으로 발생하는 로스율이 있

실전 창업의 神

다. 로스는 자연적으로 발생하거나, 관리 부실로 폐기처분시키거나 어느 누가 계산하지 않고 먹어치우거나 등의 이유로 발생한다. 자신의 하고자 하는 업종의 기본적인 로스율을 파악하여 예상 월매출에 곱하여 기록한다.

ⓙ 건물관리비 – 점포의 관리비를 기록한다.

ⓚ 점포임차료 – 점포의 월임차료를 기록한다.

ⓛ 소계 – 직원 인건비에서 점포임차료까지의 일반관리비를 더하여 기록한다.

ⓜ 월간영업이익 – 매출총이익에서 판매관리비 소계 금액을 뺀 것이 월간영업이익이다. 일반적으로 금리 등을 고려하기 전의 이익금액이므로 점포에서 현금을 만지는 액수라고 볼 수 있다.

ⓝ 영업이익기준 손익분기매출(1일) – 정확한 손익분기점을 산출하는 공식은 본 서의 해당 부분을 참조하도록 하고, 여기서는 간단하게 계산할 수 있도록 하였는데, 공식은 다음과 같다.

(판매관리비 소계금액) ÷ 마진율 40% (마진율에 따라 변동) ÷ 28일 (영업일수에 따라 변동)

ⓞ 영업외비용 – 영업외비용은 투자내역에서 계산했던 월 현금투자액금리를 기록한다. 이 비용은 실질적으로는 발생하지 않는 금액이지만 투자이익금리를 계산해서 비교함으로써 창업의 이익을 과연 은행금리 이상으로 확보할 수 있을 것인가를 판단하는 데 사용한다.

ⓟ 월간순이익 – 월간영업이익에서 영업외 비용을 뺀 금액을 기록한다.

ⓠ 순이익기준 손익분기매출(1일) – 마찬가지로 공식을 사용한다.

(판매관리비 소계금액 + 영업외비용)÷마진율 40% (마진율에 따라 변동)÷28일(영업일수에 따라 변동)

# 39

# 점포, 이렇게 알아보는 것이
# 효과적이다

창업하기 위해서 이제까지 조사해 온 입지를 중심으로 자기가 선택하려는 업종, 업태에 가장 알맞은 규모의 점포를 임차하기 위하여는 나름대로 건물에 대한 정보수집이 필요하다. 대부분의 경우에는 부동산중개업소를 방문해서 자신의 상황을 얘기하고 적합한 점포 매물을 추천받거나, 일간신문, 부동산전문지, 월간지 또는 주간지, 지역신문, 인터넷 등을 활용하여 상가 임대에 관한 정보를 수집하게 된다.

그런데 대부분의 경우 각종 매체에 나오는 얘기는 광고성이 크기 때문에 현장에 가보면 설명과는 전혀 다른 입지조건인 경우가 태반이다. 부동산중개업소의 경우에도 아직 조사과정 중에 있는 사람에게는, 특히 소자본 창업아이템인 경우에는 큰 관심 없이 1-2군데만 알려주거나 아예 위치는 말을 해주지 않는 경우도 많다.

초보자의 경우 부동산중개업소를 이용할 수 밖에 없는 경우가 대부분이므로, 부동산업소를 방문할 때에는 본인이 원하는 업종, 투자가능금액, 연락처 등을 기재한 내역서를 배포하거나 명함에 연락처를 기재하고 잘 연결이 되면 후사하겠노라는 문구를 적어 제공한다면 추후 적정한 점포를 소개받는 데 유리하게 작용할 수 있다.

*실전 창업의 神*

매체를 통해 점포 정보를 확보하던지, 부동산을 통해 확보하던지 현장 확인을 할 경우에는 반드시 소개받은 점포만을 보지 말고 그 지역 상권을 한 바퀴 전체적으로 둘러보는 것이 필요하다. 이러한 것은 소개받은 점포의 사업가능성을 확인하기 위해 상권분석을 하는 의미도 있지만, 별로 좋지 않은 점포였다고 하더라도 현장에 간 김에 그 지역상권의 특성을 파악할 수 있고, 업종들의 영업상황도 시장조사를 할 수 있는 기회가 되며, 또한 우연히 신축건물 현장이나 주인이 직접 매물로 내놓은 빈 점포들을 살펴 볼 수 있기 때문이다.

결국, 뭐니 뭐니 해도 점포확보를 위해서는 본인이 스스로 현장을 발로 뛰면서 그야말로 이 잡듯이 해당지역을 찾아보는 방법이 가장 좋은 방법인 것이다. 때로는 공사가 진행 중인 건물 중에서 우수한 점포를 발견할 수도 있고 자기의 판단으로 보아 입지가 우수한데도 영업이 부진하여 어려운 상태에 있는 점포도 찾을 수 있다. 또 점포주와의 이야기 가운데 특별한 사유 때문에 점포를 넘겨야 하는 사정도 이야기를 들을 수 있다.

또 한 가지 주의할 점은, 기존 점포를 인수하려고 하는 경우의 고려사항이다. 기존 점포를 인수하고자 할 때에는 몇 가지 짚어봐야 할 점들이 있는데, 인수하고자 하는 점포가 장래 시장성이 있는가?, 임대료와 권리금이 주변 점포와 비교해서 적당한 가격인가?, 주위에 너무 많은 경쟁 점포가 있는 것은 아닌가?, 기존 점포의 서비스와 소비자들의 선호도는 어떠한가?, 대형 점포가 들어설 가능성은 없는가?, 기존 점포의 매출액과 이익은 어느 정도인가?, 주변지역의 토지 이용 용도와 지리적 발전 가능성은 어떠한가?, 상권의 변화 가능성은 없는가?, 투자규모와 수익성의 관계는 적당한가?, 앞으로 고객수가 증가할 가망성이 있는가?, 시설에 하자는 없는가?, 주변 점포와의 경쟁이 치열해서 운영에 어려움은 없겠는가? 등이 그것이다.

하지만 가장 중요하다고 말하고 싶은 점은 바로 매출액 확인에 대한 문제이다. 통상적으로 기존 점포를 인수할 때에는 상당한 권리금이 붙어 있는 것이 일반적이다. 내가 그동안 이 상권에서 터를 잘 닦아 놓았으니 권리금을 내놓으라는 얘기이다. 또한 현재 일매출액이 얼마라면서 장사가 잘 되고 있는데, 집안 사정이 있어서 할 수 없이 점포를 내놓는 것이라는 식으로 얘기가 오고 가는 것이 일반적이다. 물론 틀린 말은 아닐 수 있지만 기존 점포를 인수하여 창업하고자 하는 사람들에게 하고 싶은 말은 '그 말을 직접 확인하라'는 얘기이다. 어떻게 직접 확인하는가? 방법은 단 한가지이다. 그 동안의 매출장부 등을 가지고 확인하는 방법도 있겠지만 제일 정확한 것은 2-3일 정도 기간을 잡아 그 점포의 영업시간 내내 이용고객을 확인하는 방법일 것이다. 다소 힘이 들긴 하겠지만 전 재산을 투자하는 일일 수도 있는 상황에서 그 정도의 노력으로 위험을 감소시키려면 제일 확실한 방법이다. 기존 점포는 하루 종일, 아니면 이틀, 삼일, 시간이 허락되는 대로 고객 수를 직접 확인하는 것이 최선의 조사방법이다.

실전 창업의 神

# 점포계약, 합리적으로 잘하는 방법을 알자

40

창업을 결심하고, 구체적인 시장조사와 함께 각종 자료수집을 하고, 업종 선정, 입지조사 등을 한 끝에 본격적으로 창업계획을 실행하는 첫 단계가 바로 사업장에 대한 임대차 계약일 것이다. 이 단계에서 비로소 자금투입이 시작되는 것이 일반적이고, 그렇다 보니 창업자들이 본인의 창업에 대해서 많이 흔들리는 단계이기도 하다.

다시 말해서 그동안에 본인이 세운 계획이 제대로 된 것인지, 업종을 제대로 잡은 것인지, 입지는 적정한지, 투자비용은 적정한지, 권리금은 적정한 것인지, 예상매출은 계획 잡은 대로 나와 줄 것인지에 대해서 많은 갈등을 하게 되는 시점이다. 그만큼 점포 임대차 계약 단계는 창업 전 과정에 있어서 중요한 단계라고 할 수가 있다. 사업을 할 것인가, 말 것인가를 결정짓게 되는 사업 실행 판단(go 아니면 stop)의 단계이다.

이 단계에서는 일단 시작을 하고 난 후에는 상당한 손해를 감수하지 않고서는 절차를 중단하기가 현실적으로 힘들게 된다. 임대차 계약이라는 것을 통해서 비용이 발생하기 때문이다. 따라서 사업 실행의 첫 단추인 점포 임대차계약은 관련사항 등을 철저하게 이해하고 꼼꼼하게 검토하여 계약에 임해야 한다.

점포 임대차는 점포 주인인 임대인이 임차인에게 점포를 사용·수익하게 할 것을 약정하고 임차인이 이에 대하여 차임, 즉 임대료를 지급할 것을 약정함으로써 그 효력이 생긴다. 따라서 점포 임대차계약을 함으로써 임대인인 점포주인은 임차인에게 점포를 사용·수익하게 할 의무를 부담하게 되고, 임차인은 임대인에게 차임(임차료)을 지급할 의무를 부담하게 된다.

점포를 조사해서 사업장으로 정할 점포를 결정하는 단계에서는 주변의 모든 정보 즉 신문, 잡지, 방송매체, 주위의 경험자 등으로부터 가능한 모든 정보를 수집하여 점포를 구하고 자신이 직접 꼼꼼하게 권리금 문제, 점포의 하자여부, 임대차계약의 조건, 점포의 소유권 등 법률적 문제, 임차인의 의무사항 등을 살펴보고 실수 없이 계약을 하여야 한다.

또한, 점포의 입지는 반드시 직접 현장 확인을 하여야 한다. 점포의 입지지역과 형태 등을 직접 확인하고, 점포 주변의 전반적인 환경과 노후 상태, 점포 앞 통행인구 등을 자세히 조사하여 주인이 제시하는 임대료, 권리금 등의 임대차 조건과의 적합성 여부를 판단해야 한다.

다음으로는 해당 점포의 법률관계를 확인해야 하는데, 이것은 등기부등본과 도시계획 확인원을 떼어 봄으로써 확인할 수 있다. 우리 주변에서는 부동산 사기가 심심찮게 발생하고 있는데, 이것은 모두 계약자가 계약 시에 점포의 법률관계 확인을 소홀히 한 까닭이 대부분이라고 할 수 있다. 차후의 말썽의 소지를 없애고 여러 사태에 대비하기 위하여 다소 귀찮더라도 반드시 법률관계의 확인을 거쳐야만 한다.

등기부등본은 표제부, 갑구, 을구의 3부분으로 구성되어 있는데, 표제부는 점포 건물에 대한 표시를 나타내고, 갑구는 점포의 소유주, 주소, 이전 연월일, 이전 원인 등의 소유권에 대한 사항을 표시한다. 을구는 소유권 이외의 권리에 대한 사항 즉, 저당권, 임차권, 지상권 등의 사항이 표시되어 소유권자 이외의 또 다른 권리관계를 알 수 있다. 이 같은 등기부등본은 건물, 토지의 소재지인 관할 구역 법원 구내 등기소 또는 독립 등기소에서 계약금 지불 후, 중도금 지불 후, 잔금 지불 후에 각각 떼어 봄으로써 그 후의 권리관계의 변동이 있었는지에 대해 확인할 필요가 있다.

등기부등본을 떼어본 후에는 토지, 가옥의 위치, 크기, 실소유자 등이 등기부등본과 일치하는가를 확인하기 위하여 관할 구청이나 시청에서 토지, 가옥대장을 확인해 보아야 한다.

다음으로는 자신이 얻으려는 점포가 향후에 공공 용지 등으로 수용이 될지, 재개발 지역이 아닌지, 업종이 제한되어 있는 지역인지 등을 파악하기 위하여 관할 시, 군, 구청에서 도시계획 확인원을 확인하여 도시 계획을 알아보아야 한다.

이상과 같이 현장 확인, 등기부등본 확인, 토지 및 가옥대장 확인, 도시계획 확인 절차를 거친 후에 비로서 점포 임대차계약을 체결하여야 한다. 계약은 임차인과 임대하려는 본인 당사자가 직접 체결하는 것이 원칙이고, 만일 대리인과 계약을 할 경우에는 진정한 대리인인지 확인할 수 있는 인감도장이 찍혀 있는 위임장을 받아 두어야 한다.

계약서에는 일반적으로 임대인, 임차인, 중개인의 이름, 주소, 연락처와 중도금, 잔금의 금액, 지급방법, 지급일이 기재되고, 해당 물건의 명도 시기 및 권리금, 하자 보수 문제, 시설 설비, 중개료, 중개료 지급일 등 계약 당사자들이 확정지어야 한다고 판단되는 모든 문제를 기재하도록 한다.

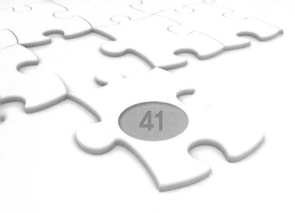

# 41

# 권리금을 바로 알면
# 손해보는 일 없다

　기존 점포가 매물로 나와서 사업의 적정성을 판단한 후에 인수를 할 경우
에 임대인과 임대차계약을 하기 전에 통상 전 임차인과 권리금 계약이라는
것을 하게 된다. 물론 권리금이 형성되지 않았다면 이런 절차가 필요 없겠지
만 웬만한 점포들에는 거의 조금씩이라도 붙어 있는 게 바로 권리금이다. 보
증금, 임차료와 달리 권리금은 법적으로 인정되는 금액이 아니다. 관행적으
로 거래되는 금액인 것이다. 따라서 기존 점포를 인수할 경우에는 권리금에
대한 문제를 잘 파악하고 계약에 임하여야 한다.

　통상적으로 권리금에는 시설권리금, 영업권리금, 바닥권리금이라는 것이
있다. 권리금이란 전 사업주가 그동안 영업을 잘 해놔서 또는 시설을 투자
하였으니 새로 들어오는 사람은 그만큼 이득을 얻거나 투자를 하지 않아도
좋은 상황이니까 지불하는 금액이라고 생각하면 된다. 시설이 이미 되어 있
기 때문에 투자를 하지 않아도 되면 시설 권리금을 주면 되고, 단골손님들이
확보되어 있기 때문에 영업이 수월할 것으로 판단되면 영업 권리금을 주면
된다.

　바닥권리금이라는 것도 있다. 이 바닥권리금은 약간은 문제인데, 대부분
상권이 좋아서 형성되는 것으로 상권의 우수성에 대해서 기본적으로 호가되

실전창업의 神

고 있는 권리금이라고 할 수 있다. 경기가 침체되고 영업이 여의치 않다고 하더라도 통상적으로 바닥권리금의 수준은 떨어지지 않는다. 인근 지역의 부동산중개업소 등을 방문해서 점포 매물들을 알아보다 보면 지역의 평균적인 바닥권리금 수준을 파악할 수 있다. 그런데 아직 신축건물에, 또는 전 임차인은 점포를 빼서 나갔고 현재 비어 있는 점포인데, 이 바닥권리금이 붙어 있는 점포들도 꽤 있다. 이럴 경우에는 신중히 잘 파악하여야 한다. 건물주의 위임을 받은 관리인의 위치라고 하면서 특별한 사유도 없는 권리금을 요구하는 경우가 있기 때문이다. 이런 경우에는 현실적으로 점포의 계약조건을 협의하는 방법 외에는 특별한 방법이 없다. 결국은 권리금도 총투자금액으로 파악하고 매출 예측과 수익성이 타당한지를 파악해서 최종 결정을 지을 수 밖에 없다.

다음은 영업 권리금의 문제이다. 점포 매물을 알아보다가 보면 여러 경로를 통해 매물로 나온 점포들의 얘기를 듣는데, 영업이 잘 안 되서 급하게 내놓는다는 말은 거의 듣기가 어렵다. 다 저마다 사정이 있는 것이다. 급하게 이민을 가게 됐다, 가족 중에 누가 아파서 운영이 어렵다, 돈을 벌어 다른 곳으로 이전을 한다는 등의 사정이 붙어 있다. 그런데 대부분의 경우에는 영업이 부진하기 때문에 점포 매물로 나온 것이라고 판단하고 접근하면 된다. 그렇다 보니 고객을 확보한 대가로 요구되는 프리미엄 성격의 영업 권리금이라는 것은 큰 의미가 갖기가 힘들어졌다. 영업 권리금이 타당한지 아닌지를 확인하기 위해서는 결국 현 점포의 매출액 수준을 확실하게 따져 보면 되는데, 장부확인을 하거나 2, 3일 동안 점포의 영업상태를 꼼꼼히 살펴서 고객들의 이용현황을 직접 눈으로 확인하는 것이 최선의 방법일 것이다.

시설 권리금은 그야말로 이미 시설이 투자되어 있으니 그 만큼의 금액을 내라는 얘기이다. 내가 직접 투자할 필요가 없으니 어찌 보면 타당한 말인데, 금액을 결정할 경우에는 세밀하게 잘 따져 볼 필요가 있다. 기존에 되어 있는

설비가 어느 정도 나한테 사용될 것인가를 먼저 따져 봐야 한다. 전체 시설에 대한 금액으로는 이해가 가지만 몇 가지 장비를 제외하고는 나중에 다시 버려야 하는 쓸모없는 집기, 설비라면 의미가 없는 것이다. 또한, 설비 등을 인수해서 얼마의 기간 동안 내가 사용할 수 있을 것인가를 따져 봐야 한다. 이미 사용할 만큼 사용해서 가치가 별로 없다거나, 인수해서 이용하다가 얼마 안 되어 시설에 재투자를 하게 되는 상황이 아닌지를 알아보고 금액결정을 해야 한다. 마지막으로 내가 다시 점포를 내놓을 때 투자한 금액을 권리금으로 회수할 수 있겠는지도 파악해야 한다. 내가 똑같은 방법으로 평가를 했으니, 다른 사람들도 나중에 내 점포에 대한 권리금 문제에 대해서 평가를 할 것이다. 결국 시설 권리금이란 사용할 수 있는 가치가 얼마정도이냐를 기준으로 평가를 해야 한다.

권리금 계약에서 주의할 점은 우선 임차권자가 사업자등록증의 실제 명의자인지, 영업권 및 허가권의 실질적인 권한자인지 파악하여야 한다. 만일 임차권자, 허가권자, 사업자가 각각 다르다면 관계가 어떻게 되는지 반드시 확인하고 계약한다. 또한, 합의가 이루어지면 특정일에 점포 내부의 각종 집기, 비품, 설비에 대해서 리스트를 꼼꼼히 기재하여 잔금일에 최종 확인을 하는 것이 바람직하다.

실전 창업의 神

# 사업계획서를 수립하고
# 자금조달을 고려하라

실전 창업의 神

# 사업계획의 의의와 필요성을 이해하라

창업자가 본격적으로 사업을 시작하기 전에 가장 먼저 해야 할 일은 사업계획서를 만드는 일이다. 창업을 준비하면서 틈틈히 모아 놓은 각종 자료들과 메모들, 그리고 그동안의 생각을 총정리 해 본다. 즉, 사업계획서는 사업을 검토하는 데 타당성이 인정되는 경우에 한하여 작성하는 것으로 사업의 내용, 경영방침, 기술문제, 시장성 및 판매전망, 수익성, 소요자금 조달 및 운영계획, 인력 충원계획 등을 일목요연하게 정리한 일체의 서류이다.

사업계획서는 창업자 자신을 위해서는 사업성공의 가능성을 높여 주는 동시에 계획적인 창업을 가능케 하여 창업기간을 단축하여 주고, 계획사업의 성취에도 긍정적인 영향을 미친다. 또한 창업에 도움을 줄 제3자, 즉 동업자, 출자자, 금융기관, 매입처, 매출처, 더 나아가 일반 고객에 이르기까지 투자의 관심 유도와 설득 자료로 활용도가 매우 높다. 이런 이유로 사업계획서 작성은 정확하고 객관성이 유지되어야 하며, 전문성과 독창성을 갖춘 보편타당한 사업계획서가 되어야 한다.

창업을 준비하면서 사업계획서를 작성해 보는 것은 반드시 필요한 사항이다. 대부분의 창업의 경우 머릿속으로만 생각하고 구체적으로 문서화하지 않는 경우가 많은 것이 사실인데, 이럴 경우 계획한 대로 일이 풀리지 않게 되거나 진행에 변경이 있을 경우, 어디서 어떻게 풀어나가야 할지, 또 어떤 부분을 수정하는 것이 효과적인지에 대해서 명확하게 알기 어려워 애를 먹기 일쑤이다. 따라서 효과적인 창업진행을 위해서는 본인의 구상을 문서로 사업계획화 함으로써 성공 창업의 도구로 활용할 수 있어야 한다.

일반적으로 사업계획 수립의 목적에는 다음과 같은 것들이 있다.

첫째, 사업의 지침 역할을 한다. 거의 모든 창업 준비를 혼자 하다 보면 처음의 창업 구상은 온데간데없고, 눈앞의 일을 해내기에도 정신이 없는 경우가 많다. 이 때 잘 정리된 사업계획은 사업의 기본방향과 목적을 명쾌하게 알려 주는 지침서의 역할을 할 수 있다.

둘째, 창업 진행 상의 결점 파악과 대처방안을 마련할 수 있게 한다. 사업계획서를 작성하다 보면 처음의 사업 구상과는 다른 어려운 점들이나 결점들을 발견할 수 있게 된다. 하나하나 생각했던 부분들을 전체적인 사업계획으로 묶다보면 창업 계획의 장단점을 알게 되고 또 이를 보완하기 위한 대처방안을 수립할 수 있게 해 준다.

셋째, 투자 유치나 대출을 받을 때 유용한 도구가 된다. 사업을 시작하려는 사람들이 겪는 가장 어려운 문제가 바로 자금조달 문제이다. 부족한 자금을 조달하기 위한 방법으로는 투자를 유치하던지 아니면 금융기관에서 대출을 받아야 하는데, 바로 잘 만들어진 사업계획서가 훌륭한 도구로 사용될 수 있다. 누구나 본인의 사업계획이 훌륭하며 시작만 하면 쉽게 큰 돈을 벌 수 있다고 설명하지만 말로서는 절대 안 된다. 논리정연하고 설득력이 있으며, 사업의 달성 가능성을 충분히 반영하는 사업계획서는 이들 투자가나 금융기관을 설득할 수 있는 유용한 도구로써 역할을 한다.

넷째, 사업계획서는 사업과 관련된 모든 사람들에게 활용된다. 사업계획서는 창업자, 투자가, 금융기관, 인허가 기관, 창업멤버 뿐만 아니라 창업자

실전 창업의 神

**대내적 용도**

창업자 자신을 위해
- 사업의 추진을 통해 달성해야 할 목표와 수행해야 할 업무를 미리 파악
- 불확실하고 위험한 요소에 대한 준비
- 사업 시작 여부를 결정해 주는 지침성의 역할
- 추구하고자 하는 사업의 장기 비전으로 활용

가족의 동의를 얻기 위해
- 사업을 새로 시작함에 있어 가족의 동의는 필수적
- 상세한 사업계획서를 만들어 동의를 구하는 것이 바람직
- 특히 소상공업의 경우 인건비의 절감이 중요한 문제이므로 가족의 동의는 사업의 성공과 직결
- 자녀교육에 많은 신경을 쓸 수 없으므로 자녀에게 창업계획을 설명하고 이해를 구할 때 필요

**대외적 용도**

자금을 조달하기 위해
- 창업의 3대 요소인 창업 멤버, 아이템, 자금 중에서 자금이 부족하면 창업 불가능
- 각종 자금지원제도를 이용하기 위해서 정부기관, 금융기관 등에 자금신청 시 필요
- 개인이나 투자자들에게 투자를 받기 위해 필요

수요자나 공급자로부터의 신용확보를 위해
- 동업자나 상품 공급자들로부터 협력을 얻기 위해
- 매입처나 매출처 등 거래 관계업체들에게 사전 신용을 얻기 위해

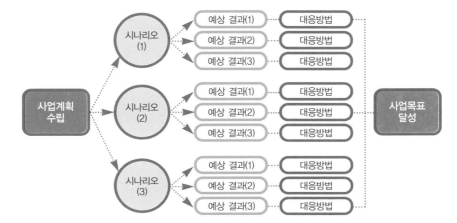

의 사업에 도움을 줄 수 있는 모든 이해관계인, 즉 매입처, 매출처 더 나아가 일반 고객, 제 3자에 이르기까지 사업에 대한 관심 유도와 설득 자료로 그 활용도가 매우 높다.

사업계획서는 추진하고자 하는 사업의 형태, 사용하고자 하는 목적 등에 따라 여러 가지 용도와 종류로 구분이 된다. 사업계획서를 작성할 때에는 어떠한 용도로 사용이 되는지를 분명히 알고 작성하여야 한다. 사업계획서의 용도에는 크게 내부용과 외부용으로 나누어 볼 수 있는데, 내부용은 사업자가 창업을 추진하는 데 있어 하나의 지침서 역할을 하기 위하여 작성되는 것이며, 외부용은 사업의 인허가, 자금조달을 목적으로 이해관계인에게 제출하는 용도라고 할 수 있다. 대부분의 경우에 자금조달이나 인허가를 위한 외부용으로 사업계획서를 활용할 목적으로 작성하는 경우가 많은데, 거의 해당기관에서 요구하는 소정양식에 사업내용을 기재하는 식으로 이루어지고 있기 때문에, 본인의 사업구상을 정리한 내부용 사업계획이 작성되어 있다면 그리 어려운 문제가 아니다. 따라서 창업자의 입장에서는 대외용의 활용 목적보다는 사업에 내재된 위험을 관리하고 사업을 진행하면서 의사결정에 도움을 줄 수 있는 기본 지침서로 활용하기 위해서는 실질적인 내부용 사업계획서를 먼저 작성해 볼 필요가 있을 것이다.

스스로 직접 사업구상을 정리해 보고, 필요하다면 이를 외부 전문가에게 검증 받아 보는 것이 바람직한 방법이라고 할 수 있다.

실전 창업의 神

# 43
# 사업계획 수립의 절차를 파악하라

    자신의 사업을 창업하기 위해서 또는 자신의 독창적인 아이디어를 실현하기 위하여 투자를 받기 위해서는 먼저 사업계획을 작성해야 한다. 사업계획서는 자신의 의도나 계획에 대한 완전한 청사진을 제시할 수 있도록 완벽하게 준비하여야 한다. 또한, 사업계획 작성은 자신의 아이디어와 사업의 콘셉트를 이해시키고 설득시킬 수 있는 기회이다. 훌륭한 사업계획은 생동감 있고 매력적이어야 함은 물론이다.

    사업계획서의 개별적인 구성요소들은 상호 관련되어 있으며, 이 모든 사항들은 전체적인 맥락에서 언급되어야 한다는 것을 명심해야 한다. 또한, 자신의 아이디어, 테마, 스타일 그리고 경영철학은, 계획서 전체에 일관성 있게 표현되어야 한다. 사업계획서를 작성할 때 몇 차례에 걸쳐서 세밀하게 다듬어야 하며, 절대로 서두르지 말아야 한다. 사업계획은 자신의 창업계획 전체에서 매우 중요한 기본이 될 것이며, 부실한 사업계획은 사업의 실패로 직결된다는 점을 명심해야 한다.

    사업계획서의 형식과 명칭 등은 다양할 수 있으나, 소자본 창업을 위한 사업계획에 있어서 필수적인 구성요소들은 거의 비슷하다고 할 수 있다. 다음의 7가지 구성요소라고 할 수 있는데, 점포 콘셉트, 취급 상품 또는 메뉴,

### 사업의 목적이 분명해야 한다
- 무엇을 성취하려는가 등 대의명분이 먼저 앞서야 한다.
- 사업을 수행하여 달성하려는 목적이 분명해야 한다.
- 이를 추진함으로써 얻는 것과 잃는 것은 무엇인지 살펴보아야 한다.

### 현황 파악을 정확히 해야 한다
- 누구와 같이 창업을 할 것인가를 정해야 한다.
- 설비, 원재료, 상품, 소요자금, 조달방법, 자신의 능력 등에 대한 정확한 현황 파악이 이루어져야 한다.

### 사실을 정확하게 분석해야 한다
- 사실의 정리, 평가를 게을리해서는 안 된다.
- 사실을 해석, 추리하고 새로운 사실을 발견할 수 있어야 한다.

### 대안을 탐색하고 계획서를 작성할 수 있어야 한다
- 창조력을 가지고 작성하되 변화를 고려하여 몇 가지 안을 세우고 선택하는 것이 바람직하다.

### 사업계획 결정시 주의사항
- 목적이나 방침과 부합하는가?
- 정확성, 경제성, 신속성, 용이성, 안전성은?
- 너무 적극적이거나 소극적이 아닌가?
- 결단과 실행의 시기는 적절한가?

### 사업계획의 체크 포인트
- 무리인줄 알면서 계획을 세우지 않았는가?
- 욕심만 내세워 현실을 무시하지 않았는가?
- 기초자료는 부족하지 않았는가?
- 지나치게 낙관적이거나 비판적이지는 않았는가?

### 작성요령
- 사업계획서만 읽으면 누구나 사업의 내용을 알 수 있도록 구체적으로 작성한다.
- 실현 가능한 계획을 수립한다.
- 가급적이면 전문적인 용어를 피하고 단순하고도 보편적으로 설명한다.
- 근거가 불충분한 자료 또는 비논리적인 추정은 피한다.
- 잠재된 문제점, 발생 가능한 위험요소를 기술하고 대안을 제시하여 변화에 대한 대처능력을 표현한다.
- 창업의 목적이 개인적인 이익뿐만 아니라 공공의 이익도 추구한다는 것을 알린다.

시장상황, 경쟁상황, 입지조건 및 계획, 매출 및 손익계획, 부속자료가 그것이다.

　창업가들은 각기 서로 다른 조건에서부터 창업을 계획하게 되는데, 점포,

실전창업의 神

즉 입지를 확보한 상태에서 그 장소에 맞는 최적의 점포 콘셉트를 찾는 창업자도 있는 반면에, 반대로 점포 콘셉트를 정해 놓고 이에 적합한 점포 입지를 찾는 창업자도 있다. 그러나 어떠한 경우이든 창업을 진행시키는 과정에서는 처음의 생각에 변화가 이루어지고, 적절하게 수정이 이루어지는 것이 일반적이기 때문에 처음부터 너무 완벽하게 작성한다기 보다는 진행과정에 따라 유연하게 대처하면서 작성하는 것이 가장 바람직하다.

　사업계획서는 사업의 목적과 기본방향을 염두에 두고 사업계획서 안에 담아야 할 내용을 체계적으로 작성해 나가야 한다. 일정한 작성순서와 방법에 의하여 작성을 해 나가다 보면 짧은 시간 내에 양질의 사업계획서를 만들 수 있다. 작성 절차를 보면, ① 먼저 형태를 정한다. 정해진 양식이 있으면 소정 양식에 의해 작성하여야 하며, 만약 소정양식이 없으면 어떤 형태로 작성할 것인지 먼저 결정하여야 한다. 세로, 가로의 형태, 글씨체의 결정, 그림이나 도표의 활용, 표지 및 디자인의 결정 등이다. ② 기본 내용을 정한다. 형태가 정해지면 어떠한 내용을 사업계획서에 담아야 할지를 생각하여 기본 내용의 목차를 정리하여야 한다. ③ 시장조사를 한다. 구상하고 있는 사업과 관련하여 시장규모 및 전망, 경쟁상황, 유통경로, 매입처, 매출처 등 시장조사를 한다. 조사된 내용 중에서 사업계획서 구성상 반영이 필요한 사항은 별도로 표시를 해 두고 계획서에 반영하도록 한다. ④ 본문 내용을 작성한다. 수집된 정보나 자료를 토대로 하여 사업계획서 본문 내용을 작성한다. 이때 작성하는 방법은 미리 정한 사업의 기본 내용 순서를 따르고, 세부적인 구성항목들은 보유한 자료나 표현 가능한 사업구상의 범위 내에서 결정한다. ⑤ 첨부할 서류를 준비한다. 모든 사업계획서에는 사업계획의 내용을 증빙하는 또는 보충 설명할 수 있는 참고자료가 첨부된다. 특히 자금 또는 사업 인허가기관에서는 규정에 의하여 필요한 구비서류를 요구하고 있다. 이러한 구비서류들은

제6장 사업계획서를 수립하고 자금조달을 고려하라　　　193

신청자격 여부의 결정과 사업 심의과정에서 평가요소로 반영되기 때문에 필히 준비하여야 한다. 구비서류의 준비는 사업계획서를 작성하기 전이나 작성하면서 같이 준비하는 것이 시간이 절약된다. ⑥ 내용을 재검토한다. 작성된 사업계획서는 최소 2-3회 정도 꼼꼼히 재검토되어야 한다. 내용에 관련된 부분뿐만 아니라 오탈자 등도 세심히 살펴봐야 한다. 한 번 제출이 된 사업계획서는 수정이 어렵다. 특히, 중요한 사업인허가나 자금조달 신청용인 경우에는 치명적인 결과를 가져올 수 있기 때문이다. ⑦ 마지막으로 사업계획서를 제본한다. 사업계획서의 표지는 안에 담겨있는 내용을 한 눈에 표현해 주는 얼굴이라고 할 수 있다. 각별히 신경을 써서 보기에도 좋고 보관하기에도 용이하도록 제본을 하는 것이 마지막단계이다.

실전 창업의 神

# 44 사업계획서, 이렇게 만들면 효과적이다

　사업계획을 작성할 때 한 가지 유념해야 할 것이 있다. 훌륭한 아이디어는 첫 번째 시도에서부터 현실화되지 않는다는 것이다. 성공하는 사업자들은 그들이 원하는 결과가 달성될 때까지 끊임없이 관찰하고 사업계획의 궤도를 수정하며 그들의 생각을 다듬는다. 심지어 소규모 창업에 있어서도 예를 들어 운영실무능력, 고객관리, 마케팅, 재무 등에 능력이 뛰어난 사람일지라도 사업의 전체 중 일부만을 볼 수 있을 뿐이다.

　따라서 개인이 가지고 있는 경험과 지식은 매우 한정적이라고 생각하여야 한다. 하지만 대부분의 경우에 자신들이 사업에서 성공할 수 있는 충분한 경험과 기술을 가지고 있다고 생각한다. 다른 사업에서 성공한 사람들도 또 다른 사업에 뛰어들 때, 약간은 쉽게 생각하는 경향이 강하고 성공에 대한 지나친 확신을 가지는 것 같다. 하지만 그들이 이해하지 못하는 것이 그들이 보고 생각하는 것보다 훨씬 많다는 것을 인정해야 한다.

　물론, 사업을 계획하고 개발하는 것이 어려운 과정은 아닐 수 있다. 많은 성공적인 기업인 중에는 정규교육과정이나 훈련도 없이 사업을 성공시킨 경우가 있기 때문이다. 그러나 그들이 성공할 수 있었던 가장 큰 이유는 사업 목표를 명확히 하고, 계획하고, 실행하면서 효과적으로 인적 인프라를 활용했기 때문이라는 것을 알아야 한다.

즉, 철저한 사업계획과 지속적인 수정 계획, 실행이 중요하다는 것이다. 이를 위해 타인들의 많은 조언들을 귀담아 들을 필요가 있다. 창업의 과정은 흥미롭고 성공적인 경험이 되어야만 한다. 창업의 과정은 그 자체가 '끝' 이 아니라 '시작' 이라는 사실을 명심하는 것이 중요하다.

사업의 성공 또는 실패에 작용하는 요인은 창업의 아이디어와 콘셉트로부터 효과적인 수행 및 운영까지 다양하다. 여기서 다양한 요인들을 어떻게 다루느냐에 따라 성공 또는 실패를 좌우하게 된다. 창업의 이러한 다양한 과정, 즉 계획, 디자인, 인테리어, 운영 등이 창업을 성공적으로 수행하는 절대요소이기 때문이다. 또한 창업은 과정에 대한 지속적이고 세밀한 관찰을 통해 발전적인 방향으로 수정ㆍ보완해 나가는 것이 절대적으로 필요하다.

사업계획서는 여러 가지 사유로 인해 다양한 목적과 다양한 양식으로 작성이 된다. 사업계획서 작성 시 유의할 점으로는 다음과 같은 것들이 있을 수 있다. 첫째, 목적에 맞아야 한다. 사업계획서는 사용 용도에 따라 그 목적에 적합하도록 작성되어야 한다. 내부용이라면 모든 사항을 세부적으로 작성하여 효율적인 경영관리가 가능하도록 해야 하며, 자금신청용 또는 인허가신청용이라면 해당 기관에서 요구하는 기준이나 요구사항에 맞도록 작성해야 한다. 둘째, 일관성이 있어야 한다. 사업계획서는 시작부터 마지막까지 그 내용이나 수치에 있어서 일관성이 있어야 한다. 특히 숫자로 표시되는 근거, 목표, 결과에 관련된 금액적인 사항들은 추정재무제표나 회사 수익성 분석 등에서 일관성 있게 반영되어야 한다. 셋째, 객관적이어야 한다. 사업계획서는 확실한 근거와 함께 객관적으로 표현되어야 한다. 특히 외부기관에 제출하기 위한 사업계획서를 작성할 때 작성자의 주관적인 의견을 위주로 작성된다면 그런 사업계획서는 믿을 수 없는 종이 조각에 불과할 뿐이다. 통계적이고 객

실전 창업의 神

다음의 사업계획서 내용 목차는 개인기업이나 법인 또는 제조업이나 서비스업 등에 한
정되지 않는 내용이므로 본인의 창업업종과 규모에 맞도록 수정하여 사용하도록 한다.

**사업체개요 및 현황**
- 창업자(대표자) 프로필 및 현황
- 회사 현황
- 간단한 재무현황
- 법인의 주주현황

**사업의 목적과 효과**
- 사업의 목적 및 내용(제조, 상품판매, 서비스 등)
- 사업의 개요 및 특성
- 사업을 함으로써 얻는 효과(계수화가 바람직)

**수요예측**
- 국내 수요예측
- 국외 수요예측

**투자내용**
- 기술성 검토(입지조건, 내·외부시설 등)
- 시설 투자계획(건물, 기계장치, 비품, 인테리어, 간판 등)
- 사업추진 일정계획
- 조직 및 인원계획
- 자금운영계획(소요자금 및 조달)

**생산 (서비스)계획**
- 원·부자재 사용 및 조달계획
- 생산(서비스)에 필요한 시설 및 설비에 따른 생산(서비스)계획

**판매계획**
- 매출액 추정
- 매출원가의 추정
- 손익비용 추정
- 영업외비용(지급이자) 등 추정

**추정재무제표 작성**
- 추정대차대조표
- 추정손익계산서

**차입금 상환계획 및 능력 검토**
- 차입금 규모
- 연도별 상환계획

**이익계획**
- 손익분기점 추정
- 수익성 요인분석 등

관적인 자료를 근거로 하여 합리적인 내용으로 작성되어야 한다. 넷째, 충분하고 명료성이 있어야 한다. 사업계획서는 각 사업운영 부문별로 충분히 다루어 주면서 그 내용을 명료히 나타내어야 한다. 사업계획은 생산, 판매, 자금, 인력, 상품소개, 시장현황 등 사업과 관련된 내외적인 요소를 골고루 포함하여야 한다. 그리고 내용의 중복성을 피하여 명료하면서도 이해하기 쉽도록 표현하여야 한다. 다섯째, 강점은 주장하고 약점은 보완하는 전략을 제시하여야 한다. 창업자가 가지고 있는 사업성공을 위한 강점은 최대한 확실하게 주장하여야 한다. 특히 타 경쟁점과 대비한 차별화된 요소들에 대해서 확실하게 대비하여 주장할 필요성이 있다. 또한 계획사업의 약점이나 문제점에 대해서는 숨길려고 하지 말고 오히려 공개한 후 그 약점이나 문제점을 극복할 수 있는 전략을 가지고 있다는 점을 부각시킬 필요가 있다. 여섯째, 설득력이 있고 검증가능성이 있어야 한다. 외부용의 경우 특히 설득력이 중요하다. 투자가 또는 금융기관 등에 제출하는 사업계획서는 그 내용이나 형식이 보는 사람들로 하여금 신뢰감을 주고 동조를 얻을 수 있는 힘을 가지고 있어야 한다. 또한, 사업계획서 상에 반영되는 모든 사업내용은 추정재무제표로 작성이 되고 재무분석을 통하여 계획사업의 적정 수익성, 성장성 등이 검증되어야 한다.

실전 창업의 神

# 45

# 점포 콘셉트,
# 제일 중요한 부분이다

콘셉트(Concept)의 사전적 의미는 '개념'이다. 콘셉트이라는 것은 여러 가지 형태로 정의될 수 있지만, 마케팅에서는 '새로운 주장', '상품의 사상', '상품이나 서비스에 비전을 반영하고 의미를 부여하는 것' 등으로 정의된다. 콘셉트는 기업이나 상품이 고객에게 이야기하고자 하는 메시지이자, 고객에게 제공하는 혜택이다. 즉 기업이 소비대상으로 잡는 고객에게 전달하고자 하는 혜택이고 이미지이다. 콘셉트란 이처럼 중요하고 한번 고객에게 제대로 전달되면 고객을 반복적으로 끌어들이는 마력을 가지고 있다. 따라서, 점포형 사업에서의 점포 콘셉트를 설정하는 것은 고객들이 나의 점포를 바라보는 이미지를 만들어 내고, 그 곳에 가면 어떤 상품 또는 메뉴를, 어떤 분위기와 서비스로 즐길 수 있다는 생각을 만들어 내어 영업성과에 지대한 영향을 미치게 된다.

점포 컨셉의 형식은 서비스, 분위기, 상품 또는 메뉴, 인테리어 그리고 운영방법 등에 있어서 사업자가 중요하게 생각하는 이미지를 구체화시키고, 이들의 성격들이 상호 연결되고 고객들에게 하나로 통합되어 통합된 이미지로 나타나게 한다.

따라서 점포 콘셉트를 설정하는 것은, 점포를 창업하는 과정과 같다고 볼 수 있는 것이다.

　다음은 소자본 창업과정에서 점포의 콘셉트를 형성하는 방법에 대한 것인데, 각 요소들은 점포의 콘셉트를 구성하고 콘셉트에 영향을 미치게 된다. 먼저, 전체적인 콘셉트의 기본을 설정하여야 한다. 콘셉트를 설명할 때에 가장 중요한 점은 사업자가 의도하는 바를 명확하게 표현하는 것이 중요하다. 콘셉트는 몇 가지의 요소들이 포함되지만, 우선 하나 혹은 둘 정도의 문장으로 핵심적인 아이디어를 명확하고 직접적으로 표현하는 것이 중요하다. 왜냐하면, 초기의 이러한 내용이 사업계획서 전체의 내용에 대한 흥미를 유발하고 나 또는 반대결과를 초래하기 때문이다. 예를 들어, 점포 기본 콘셉트가 재미있는 점포, 테마가 있는 디자인, 일상적인 음주와 모임, 전문 요리성과 오락성, 활기 넘치는 분위기로 설정하고, 예상고객들의 설정과 그들의 이용동기 분석, 그에 걸맞는 가격정책 등을 설정한 후, 최종적으로 '구이음식을 주로 하는 한국형 포장마차주점을 지향한다' 라는 것이다.

　다음으로 콘셉트의 세부 항목별 체계를 설정하여야 한다.

　첫째로, 점포테마를 설정한다. 점포의 테마나 이미지 또는 다자인 스타일은 무엇이며, 이것을 어떻게 묘사할 것인가에 대한 것이다. 향기, 연기, 편안함, 다양한 연령대, 다양한 상품과 메뉴, 재미있는 점포 등등 이다.

　둘째로, 분위기를 설정한다. 이것은 점포의 전체 느낌을 가리키는 것인데, 실내 장식, 내부재료, 색깔, 조명 등이 포함된다. 세부적으로 점포 입구의 분위기, 진열공간의 분위기, 홀의 분위기, 주방의 분위기에 대해서 기본적인 구성방향을 설정한다.

　셋째로, 서비스를 설정한다. 상품이나 메뉴가 고객들에게 제공되는 방식과 고객에 대한 서비스 형태를 설명하는 것이다. 즉, 점포에 도착하는 고객이 어떻게 환대받을 것인가?, 식음료는 어떻게 서비스 되는가?, 어떤 조건의 종

실전창업의 神

업원들이 서비스하는가?, 복장은 어떻게 하는가?, 절도가 있을 것인가 친근감이 있을 것인가? 등의 이미지를 설정한다.

넷째, 좌석 및 좌석수를 설정한다. 좌석과 테이블은 음식업 사업에서 매우 중요한 자산이다. 좌석 수와 배치를 어떻게 하느냐에 따라 음식업의 향후 매출에 영향을 주는 문제이기 때문에 심사숙고하여 결정해야 한다. 테이블의 크기, 테이블의 변형성, 착석의 형태, 착석 혼합형태 등의 항목을 결정하되 목표 고객군, 분위기, 테마 등을 종합적으로 고려해서 결정해야 한다. 또한, 어린이를 위한 좌석이나 단체회식 등을 위한 수용능력 등의 특징들이 언급되어야 한다.

다섯째, 영업일수 및 시간을 설정한다. 영업일수 및 시간의 조정은 음식사업 전체에 지대한 영향을 주게 된다. 이는 목표 매출액 및 인건비 등 운영비 등을 산출하는 데 기초가 된다. 즉, 매출 및 인건비 등의 중요한 재무성과 지표에 직접적 영향을 주게 된다. 따라서 영업일수 및 시간 결정에 있어서는 주변 상권의 특성에 부합하고 점포의 운영스타일 등을 고려하여 결정하여야 한다.

여섯째, 기타 특징적 내용을 설정한다. 음식점이 일반적인 매장 매출 이외에 부가적으로 이익을 얻을 수 있는 방법 등 내용이 있으면 그 특징적 내용을 언급해야 한다. 배달 판매라든지, 가족 행사 유치라든지, 각종 연회 및 파티 시설의 가능성 , 그리고 캐릭터 상품 판매와 같은 사항이 이에 속하게 된다.

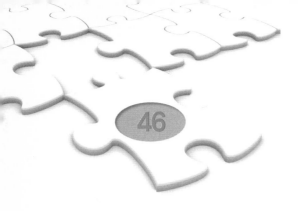

# 역시,
# 자금이 중요하다

46

　예비창업자들에게는 역시 창업자금 조달문제가 가장 큰 고민거리일 수밖에 없다. 총알이 있어야 전투에도 나갈 수 있기 때문이다. 하지만 창업 현장에 몸담고 있는 입장에서 보면 대부분의 창업희망자들이 자금조달문제에 관심은 제일 많이 있지만 현실적으로 자금신청과 대출에 관해서 사전에 준비를 하는 사람들은 그리 흔하지 않은 것 같다. 창업이 그렇게 중요하다면 자금조달이 중요한 문제일텐데 이것에 대해서 준비를 하지 않는다.

　흔히 잘못 생각하는 경우가 "돈이 없어서 창업을 못한다. 또는 저 업종 하기만 하면 돈 버는데 돈이 모자라서 못하겠다."는 것이다. 이것은 잘못된 생각이다. 현재 자금이 부족해서 계획하고 있는 창업을 하지 못하는 상황이라면 그건 안타까운 것이 아니라 창업이 안 되는 경우라고 생각해야 한다. 일반적으로 창업의 3대 요소를 사람, 아이템, 자금이라고 한다.

　그런데 그 중요한 요소인 자금조달이 어렵다면 그것은 창업을 할 수 없다는 얘기와 마찬가지이다.

　창업은 미래를 보고 단계별로 하라고 하였다. 자금조달도 마찬가지이다. 계획하고 있는 창업을 하기 위해서 필요한 자금이 현재 조달이 어렵다면 방법은 두 가지 뿐일 것이다. 필요한 자금이 준비될 때까지 다른 일을 하면서

실전 창업의 神

자금을 마련하는 방법과 창업을 반드시 해야 할 상황이면 현재 가지고 있는 자금으로 할 수 있는 업종을 선택하여 창업을 시작하고 열심히 운영해서 추후 목표를 달성할 수 있도록 단계별 창업계획을 세운다.

결론적으로 창업은 돈이 있어야만 하는 것이 아니라, 현재의 상태에서 가장 적합한 창업을 해야 하는 것이라고 할 수 있다.

자금이 전혀 없다는 경우에는 창업을 생각하기에 앞서 창업자금을 어떻게 만들 것이냐를 먼저 계획하고 준비하는 것이 바람직하다.

자금이 부족한 경우에 부족한 자금을 정부의 정책자금 및 보증지원제도를 통해서 자금을 조달한 사례를 알아보고 난 후, 구체적인 자금조달원칙에 대해서 알아보도록 하자.

사전에 알아두어야 할 것은 정부자금이라고 해도 그냥 지원되는 것이 절대 아니고 은행을 통해서 지원되는 것이며, 정부는 자금재원만을 조달하여 자격요건이 되는 사람들에게 이 자금을 은행에 대하여 추천만을 하며, 최종적으로는 은행에서 대출여부를 심사하여 대출을 실행한다는 것이다. 따라서 은행에서 요구하는 채권보전 방법을 갖추어야 대출이 가능하게 된다. 채권보전방법은 일반적으로 3가지가 있는데 부동산담보가 있거나, 본인 신용이나 연대보증인이 있거나, 아니면 신용보증기관이 발급한 신용보증서라는 것을 은행에 제시하여야 한다.

먼저 부동산담보를 이용한 창업자금 조달 사례를 보면,

잉크충전업을 창업한 L씨의 경우 창업을 준비할 때 필요한 자금이 약 5천만 원으로 예상이 되었는데 그 중 3천만 원은 준비가 되어 있었고 나머지 2천만 원에 대해서 대출이 필요한 상황이었다. L씨는 본인 소유의 아파트가 있었고 이것을 은행에 대하여 담보로 제공할 수 있는 상황이어서 대출은 그리 어렵지 않은 상황이었는데 다소 비싼 금리를 적용받는 은행자금을 이용하지 않고 중소기업청에서 지원하는 소상공인 지원자금을 신청하여 추천서를 발급받고 이것을 은행에 제출하여 부동산담보를 조건으로 하는 저리의 정부자금을 이용할 수 있었다.

부동산담보를 제공할 수 있는 사람은 은행에서 담보가능 금액을 확인받은 경우 손쉽게 자금조달이 가능한데, 정부자금과 은행일반자금을 비교하여 본인에게 가장 유리한 자금을 선택하여 이용할 수 있다.

두 번째로 본인의 신용이나 연대보증인을 통한 자금조달의 경우도 부동산담보의 경우와 비교적 유사하다고 말할 수 있는데, 김밥전문점을 창업한 G씨의 경우 소상공인 지원센터의 추천서를 발급받아 은행에서 본인의 신용 하나만으로 2천만 원의 정부자금을 지원받았는데 직장생활 20여 년 동안 오직 한 은행에서만 거래해 왔던 신용이 바탕되어 신용만으로 대출이 가능했던 경우이다. 본인의 신용을 인정받는다던가, 아니면 은행에서 자격을 인정하는 연대보증인을 내세워서 자금대출이 가능하다는 이야기인데 이 경우에도 은행에서 자격 확인 후 본인에게 유리한 자금을 신청하여 활용할 수 있다.

그렇다면 부동산담보가 없거나 특별한 개인 신용이나 보증인을 세울 수 없다면 자금대출이 불가능한 것인가? 그렇지는 않다. 각 지역의 신용보증재단에서 지원해 주는 창업보증제도라는 것을 이용하면 신용보증서를 발급받아 이것을 은행에 제시하고 담보로 하여 대출을 받을 수 있다.

의류판매점을 창업한 K씨의 경우 총창업자금 8천만 원 중에서 자기가 직접 조달할 수 있는 자금은 5천만 원이었으며 부족한 자금은 3천만 원이었는데 특별한 담보도 보증인도 없는 상황이었다. K씨가 대출을 받기 위해서는 은행에서 요구하는 채권확보 방법 중의 하나인 신용보증서를 받아야 했는데 신용보증서란 한마디로 '지역신용보증재단이라는 기관에서 은행에 대하여 이 서류를 가지고 가는 사람에게 대출을 실행하면 나중에 문제발생 시에 책임을 우리 기관에서 지겠다.' 라는 증명서라고 볼 수 있다. 정부기관에서 담보력이 없는 생계형 창업의 경우나 소상공업을 운영하는 사업자에 한하여 보증을 서는 경우이기 때문에 은행에서는 이것을 믿고 대출을 해 주는 것이다. K씨는 신용보증서 발급이 가능한지에 대해서 먼저 확인을 하는 과정을 거친 후 자금신청 절차를 거쳐 대출을 받았다.

현실적으로 창업을 준비하는 사람에게 있어서 부동산담보나 보증인이 없는 경우 이러한 창업보증서를 발급받아 이것을 담보로 자금을 지원받는 길이 유일한 방법일 수가 있다.

# 전략적인
# 자금조달 방법

정부자금이든 은행 자체자금이든 대출을 원하는 사람은 기본적으로 세 가지의 채권보전방법 (부동산담보, 본인 신용 또는 연대보증인, 보증서)을 갖추어야 한다고 하였다. 여기서 부동산담보를 가지고 있거나 보증인 요건이 가능한 사람들은 그리 어렵지 않게 자금조달을 할 수 있을 것이지만 문제는 이도 저도 없는 경우인데 현재로서는 생계형특별보증서나 일반 신용보증서를 발급받을 수 있어야 대출이 가능하다고 할 수 있다.

보증서를 발급받고자 하는 사람들은 창업을 준비하면서 어느 정도의 구체적인 계획이 세워졌을 때 반드시 사전에 심사기관에서 상담을 거치는 것이 좋은데 사전 상담시에 준비할 사항은 "어느 곳에 점포를 얻어 무슨 업종을 창업하려고 하는데 총소요비용이 얼마정도로 예상이 되며 구체적으로는 임차료가 얼마, 인테리어비가 얼마, 기계구입비가 얼마 등등 해서 전체가 얼마이다. 그런데 내가 직접 조달할 수 있는 금액은 얼마인데 얼마가 부족해서 정부지원을 받고자 한다. 내가 지원을 받을 수 있는가? 받는다면 얼마까지 지원받을 수 있겠는가? 그리고 구체적으로 준비해야 할 것은 무엇인가?" 이렇게 본인의 사업계획을 자세히 이야기할 수 있어야 사전에 지원가능성에 대해서 확인을 받을 수 있을 것이며 효과적으로 창업계획을 추진할 수 있다. 보증서를

실전 창업의 神

발급받을 수 있다는 확인을 받았으면 대출은 거의 받은 것이나 다름없다고 생각하고 본격적인 창업절차를 진행하면 된다.

또 한 가지 이미 창업을 해서 최소한 3개월 이상 운영을 하고 있는 사업자의 경우에는 각 지역신용보증재단을 통해서 생계형이라는 조건에 구애받지 않고 보증서를 발급받을 수 있는 길이 있는데 사전상담을 각 지역의 소상공인지원센터에서 받으면 된다. 구체적인 지원범위는 사업체의 매출실적과 관계가 있는데 사업체의 실제매출액을 기준으로 해서 (세무서에 신고한 매출이 아닌 실제 매출액을 기준으로 평가해준다.) 통상 1/4에서 1/6 수준에서 보증서를 각 지역신용보증재단에서 발급해 주고 있다. 이러한 보증서가 은행권에서 담보로 제공되어 대출이 이루어지는 것이 일반적이다.

신용보증기금이나 수탁은행을 통하여 생계형보증서를 발급받거나 지역신용보증재단을 통하여 일반신용보증서를 발급받을 수 있다면 창업을 할 때 은행 자체자금을 이용할 수도 있으며, 정부에서 지원하는 소상공인 지원자금을 신청할 수도 있다.

"창업자금 조달도 전략이다." 창업의 현장에서 일을 하는 입장에서 보면 대부분의 창업희망자들이 자금조달문제에 관심이 제일 많이 있지만 현실적으로 자금신청과 대출에 관해서 사전에 준비를 하는 사람들은 그리 흔하지 않은 것 같다. 창업이 그렇게 중요하다면 자금조달이 중요한 문제일텐데 이것에 대해서 준비를 하지 않는다.

창업자금을 받을 수 있을지, 없을 지에 대해서 상담을 하는 과정을 설정해보면서 창업자금 조달전략에 대해서 알아보도록 하자.

이런 경우가 있다. 의류업종을 창업하고자 하는데 현재 가지고 있는 자금이 5천만 원 선이어서 장사가 될 만한 업종이나 입지를 구하는 데 애로사항이 있는 예비창업자의 상황이다. 2~3천만 원 정도를 대출을 받을 수 있다면 사업성이 있는 업종을 창업할 수도 있겠다는 생각에 자금지원기관에 상담을 하러 문을 두드렸다.

지원기관 : 어떻게 오셨습니까?

예비창업자 : 저~. 창업자금을 대출받으려고 왔는데요.

지원기관 : 어디서 어떤 업종을 창업하려고 하십니까?

예비창업자 : 의류소매업을 창업할려고 하는데 아직 구체적인 입지는 알아보지 않았습니다. 얼마까지 지원되는지 알아보고 점포를 알아 볼려구요.

지원기관 : 창업자금을 지원하는 기관입장에서는 창업을 준비하시는 분의 정확한 사업계획을 알지 못하는 상황에서는 어떤 답변을 드리지 못합니다. 정확한 사업구상을 다시 세우셔서 오시기 바랍니다.

"땡" 예비창업자 상담 끝이다. 다음에 세부적인 사업계획을 세우고 가더라도 상담자가 같은 사람이라면 처음 상담 때 받은 이미지 때문에 결코 좋은 점수를 받기가 어렵다. 그럼 어떻게 상담을 해야 하는가?

최소한 지원기관의 담당자가 "어디서 무슨 업종을 창업하려고 하십니까?"라고 질문을 하면 본인의 사업계획에 대해서 조리있게 정리해서 말할 수 있어서 하는데 정답은 바로 이렇다.

"제가 과거에 이러저러해서 현재 창업을 해야 하는 상황인데 구체적으로 준비를 하다보니까 어떤 업종이 적합한 것으로 판단이 돼서 준비를 해왔습니다. 준비 끝에 어디에 적당한 점포가 나와서 사업성 판단을 해 보니 타당성이 있는 것 같아 창업을 할려고 하는데 총비용을 뽑아보니 얼마가 나오더라. 그런데 내가 준비할 수 있는 자금은 얼마 정도밖에 안돼서 얼마가 모자라는 상황이다. 창업자금을 지원한다고 들었는데 자금을 지원받을 수 있다면 충분히 사업성있게 창업을 할 수 있을텐데 내 상황이 창업자금을 지원받을 수 있는 상황인가? 지원받는다면 얼마를 지원받을 수 있겠나?"

실전 창업의 神

돈이 얼마가 지원되느냐에 따라 창업을 하겠다는 사람하고, 본인의 계획이 정확한 상황에서 필요한 자금을 신청하는 사람하고 당신이라면 어떤 사람에게 대출을 할 것인가? 답은 간단하다.

다음 상황이다.

지원기관 : 창업을 하신다면 수익성을 어떻게 보십니까?

예비창업자 : 돈만 많이 빌려주면 장사가 잘 되는 업종을 창업할거니까 수익이 괜찮을 겁니다. 또는,

예비창업자 : 먹고 살려고 하는건대 뭐 그리 수입이 짭짤하겠습니까? 나 같은 사람 먹고 살려면 정부에서 무조건 도와 주어야 합니다.

이 정도되면 대답은 바로 "땡"이다. 정부기관이라도 사업체에게 지원되는 자금인 만큼 가장 우선적으로 따지는 문제가 바로 사업타당성이다. 사업주 자체가 자신감이 없고 적극성이 결여되어 있다면 사업성이 의심스러운 사업체에 국민의 예산으로 운영되는 창업자금을 그냥 지원할 수 있겠는가?

정부자금이든 은행자금이든, 창업자금이든 일반 가계자금이든 우리가 자금지원기관에서 상담을 하거나 금융기관과 상담을 할 때 사전에 알아두어야 할 자금조달의 원칙이 있다.

첫째, 상담을 하기 전에 미리 예상질문을 생각해 보고 자신의 입장에서 답변을 준비해야 한다. 사전 상담준비를 하라는 말이다. 특히 창업자금의 경우 사업의 타당성이라든지, 준비과정 이라든지에 대해서 자세히 설명할 수 있어야 한다. 지원기관 입장에서는 준비 안 된 사업자보다는 준비된 사업자에게 대출해 주는 것이 일반적이다.

둘째, 사업에 자신감을 보이고 적극성을 가져라. 통상적으로 소자본 창업의 경우 심사기관에서 가장 중요시하는 요인이 바로 사업자의 능력부분이다. 자기사업에 본인이 자신감이 없으면 세상 누구도 그 사업의 성공을 믿지 못

할 것이다.

셋째, 가급적이면 장기적인 측면에서 사업의 성공전략을 말하라. 사업은 매출과 이익을 올리면서 계속 운영되는 것을 원칙으로 한다. 창업 초창기에 필요한 자금만을 이야기하기보다는 자금을 지원받았을 경우 어떻게 운영을 해서 장기적으로 내 사업체를 어떻게 발전시키겠다는 포부를 말하는 것만으로도 사업자의 의지 및 사업계획의 철저함을 인정받을 수 있다.

결론적으로 창업자금 지원을 위한 상담을 할 때에도 사전에 철저한 준비를 해야만 할 것이며 구체적이고 세부적으로 준비된 상태에서만이 자금을 지원 받을 수 있다는 것을 명심해야만 한다.

실전 창업의 神

# 48 성공적으로 자금을 조달하는 원칙들

　사업을 시작하기 전에 준비되어야 할 것은 이 사업에 대한 사업계획이다. 사업계획 내에는 영위하고자 하는 사업에 대한 목적, 전략, 동종업계에 대한 시장조사, 손익계획, 투자계획 등이 포함된다. 그러나 사업에 대한 판매전략도 중요하지만 우선시 되어야 할 것은 사업을 진행시킬 자금의 준비이다. 이러한 측면에서 정확한 자금계획을 수립하고, 사업을 진행하여야 한다.

　8천만 원이면 충분히 음식업을 창업할 수 있다고 판단해서 점포를 계약하고, 기계설비 등을 들여놓고 영업을 준비하다가 예상치 못하게 내부시설비가 과다하게 들어가는 바람에 개점도 못하고 갈팡질팡하다가 시작도 하기 전에 다시 점포를 내놓는다거나, 그리고 유통업을 창업하여 개업 자금에 자금의 전부를 지출하여 영업을 시작했는데, 처음 예상했던 매출이 오르지 않자 대출금 상환문제, 생계비 조달문제, 운전자금의 문제 등 복잡한 상황이 겹치면서 점포 운영에도 신경을 못쓰게 되고 또 이것이 결국은 점포매출에 악영향을 끼치게 되는 상황이 반복되어 할 수 없이 사업을 접는 경우를 주변에서 심심찮게 볼 수가 있다.

　성공적인 사업계획은 자금조달이 가능할 때야 비로서 구체적인 계획이 되는 것이다. 그럼 사업을 시작하거나 영업을 개시한 후에도 필요한 자금을 조달하기 위한 성공적인 자금조달 원칙에 대해서 알아보도록 하자.

사업자금은 설비자금과 운전자금으로 나눌 수 있다. 설비자금은 점포를 개점하기 위해 투자되는 임차보증금, 권리금, 인테리어 공사비, 판매장비 구입비, 시설비 등을 포함한다. 이 자금은 점포의 개점 초기에 소요되는 자금으로 거의 대부분이 현금으로 지출되는 자금이다.

운전자금은 점포의 개점과 동시에 사용되는 자금으로 상품 구입대 및 점포의 각종 운영경비를 포함한다. 이 자금은 개점 초기에 필요한 자금으로 판매가 시작되면 상품 대금이 회수되어 운전자금으로 사용된다. 모든 필요자금이 산출되면 이 자금계획에 맞추어 자금 소요계획을 세분화하여 월 계획을 수립하여야 하고, 이 계획은 매월 말에 계속적으로 수정·보완되어야 한다. 그리고 필요한 자금에 대해서 계획을 잡을 때에는 반드시 발생될 수 있는 모든 비용에 대해서 모두 계산에 넣어야 하고, 정확한 금액을 잡아 놔야 차후에 여유 있는 자금운용이 가능하다.

**둘째,** 자금조달 방법을 강구하라

자금소요계획을 세웠으면 다음 단계로 자금의 조달 방법을 강구해야 한다. 현재 사업주 자신이 소유하고 있는 현금을 기본으로 하여, 부족한 자금은 사채 및 금융기관을 통하여 융통하고 필요자금과 집행자금의 오차가 발생되지 않도록 해야 한다. 여기서 사업주 자신의 현금은 자기자본이며 그 이외의 것은 차입금이 된다. 차입금은 주변의 친지나 개인으로부터 빌린 것과 각종

*실전창업의 神*

금융기관으로부터 융자를 받은 것으로 구분될 수 있다. 이 중 자기자본은 자신의 저축 및 부동산의 처분을 통하여 확보될 수 있는 자금으로 보통 개업 자금의 많은 비중을 차지한다. 이 외의 타인자본인 차입금은 친지나 은행을 통하여 융통할 수 있으나 실제적으로 개인사업자가 타인자본을 빌리기란 쉽지 않은 일이다. 따라서 자기자본만으로 사업자금 조달이 부족한 경우에는 차입금 조달에 대하여 사전에 치밀한 조사 – 대출조건, 상환방법, 대출처리기간 –를 통하여 향후 영업에 지장을 초래하지 않도록 해야 한다.

**셋째,** 중요한 건 운전자금이다

사업은 내 돈으로 하는 것이 아니라고 혹자는 말한다. 그러나 내 자본이 많이 투입될수록 사업에 안정성이 있으며, 자금관리에 신경을 덜 쓰게 되어 점포경영에 매진할 수 있는 것이다. 자기자본과 타인자본과의 비중을 고려하여, 만약 내 자본이 50% 미만이 된다면 사업추진에 대하여 다시 한번 고려하는 것이 좋을 듯싶다. 자신의 여력에 맞는 사업을 찾는 것은 사업을 시작하는데 매우 중요하다. 따라서 창업자금은 가능하다면 2배 이상을 확보하는 것이 좋다. 아니면 투자규모를 반으로 줄여야 한다.

사업을 하다 보면 초기에 들어가는 자금은 어차피 창업을 하기 위해서 필요한 자금이니 만큼 나름대로 정확하게 조사해서 준비를 하지만, 영업활동 중에 필요한 운전자금은 소요기간을 짧게 잡거나 아니면 대충 얼마 정도 필요할 거라는 주먹구구식 자금계획을 잡는 경우가 많다. 운전자금에 문제가 생긴다면 사업자들은 당황할 수 밖에 없고 자금조달에 신경을 쓰느라 영업에 전념을 하지 못 하는 경우가 대단히 많은 것이다. 그러므로 창업자금은 넉넉하게 준비해야 한다. 반드시 현금이 아니더라도 필요한 시기에 현금화할 수 있는 2배 정도의 자금규모를 확보하여야 한다. 만일 그것이 어렵다면 투자규모를 조정하는 것이 효율적인 자금 운용 방법일 것이다.

**넷째,** 은행을 적절하게 이용하자

　개인사업자가 금융기관을 통하여 자금을 조달하기란 쉬운 방법이 아니다. 즉 객관적인 신용이 미흡하기 때문이다. 개인이 소유한 부동산 등을 담보로 자금을 융통할 수 밖에 없는 것이다. 따라서 가급적이면 한 곳의 은행을 선택하여 꾸준한 거래를 하는 것이 대출에서부터 자금관리까지 여러 가지의 혜택을 받을 수 있다. 입출금이나 단순한 적금의 가입뿐만 아니라, 은행의 입장에서 필요한 세금이나 각종 경비의 자동납부 및 종업원 인건비의 자동이체를 통하여 경영주의 신용도를 쌓아 두는 것이 장래에 매우 유리할 것이다.

　또한, 은행과의 신용관리에 신경을 써야 한다. 은행 돈은 빌리기 힘들다고 하지만 신용도를 인정받은 사람이나 기업은 은행에서 일부러 찾아와서 돈을 쓰라는 것이 또 은행 돈이기도 하다. 자기 돈만으로 자기사업을 하는 경우는 거의 없다고 할 수 있다. 어치피 거래를 터야 하는 곳이 은행이다. 창업을 준비하는 사람이나 현재 사업을 운영하는 사람이나 은행을 잘 이용할 수 있도록 평소부터 신용관리에 만전을 기해야 한다.

실전창업의 神

# 제7장

# 매장설계와 인테리어 노하우를 살려야 한다.

# 인테리어로 분위기를 살려야 한다

창업을 진행할 때 소요되는 자금 중에서 점포 임대차 비용과 함께 많은 비중을 차지하는 것이 바로 인테리어 비용이라고 할 수 있다. 하지만 가장 큰 비용이 소요되는 분야이기는 하지만 대부분의 경우 전문적인 지식이 없는 관계로 아직까지 주먹구구식으로 진행되고 있는 분야가 또한 이 인테리어 분야이다.

우리가 점포 구조설계와 인테리어를 얘기할 때 생각해 볼 문제가 세 가지가 있다.

첫째는 점포 이미지를 누가 정하느냐 하는 문제이고, 둘째는 믿을 수 있는 인테리어 업체를 선택하는 문제, 셋째는 프랜차이즈 체인에서는 통상 회사가 지정하는 인테리어 업체에서만 시공을 해야 한다고 주장하는 경우가 많은데 과연 이렇게 하는 것이 좋은가의 문제이다.

우선 첫째로, 점포 이미지를 누가 정하느냐의 문제에서는 아무리 전문지식이 없다고 하더라도 결국은 점포경영주가 자신이 하고자 하는 업종 및 판매 상품의 이미지를 잘 나타낼 수 있는 점포 이미지를 구상하여 이것을 시공업자들에게 설명함으로써 반영될 수 있도록 해야 한다.

사업을 운영하는 경영주 입장에서는 많은 자금을 점포의 이미지 확립 작업에 투입할 수가 없다. 즉 점포경영주 자신이 어느 정도까지는 점포의 이미지를 결정해야 투자 자금을 절약할 수 있다. 물론 인테리어 회사에서 어느 정도 윤곽은 잡아 주겠지만 결국은 점포경영주가 파는 상품에 맞추어 점포의 이미지를 구축하여야 한다.

전문지식이 없는 상태에서 어떻게 본인이 직접 점포 이미지를 구축하는가? 이것에 대한 해답은 바로 시장조사에 있다. 그동안 창업을 준비하기 위하여 다양한 상권과 점포들을 둘러보았을 것이다. 그 중에는 독특한 시설과 인테리어로 점포의 분위기를 내고 있는 점포들이 있었을 것이고 자신이 하고자 하는 업종과 유사한 분야에서, 아니 전혀 다른 분야의 업종에서도 자신이 필요하다고 생각하는 인테리어 콘셉트를 내 점포에 적용할 수 있도록 조사를 한다.

각 점포의 장점 및 단점을 분석하여 독창적인 나만의 점포 이미지를 구축하는 것이 좋다는 말이다. 그러면 조사를 할 때 체크 포인트는 어디에 두어야 할까?

일반적인 조사 포인트는 다음과 같다.

– 간판의 색상, 모양, 크기, 출입구의 위치
– 내부 벽면의 재질, 색상, 메뉴판의 형태, 테이블 및 의자
– 계산대의 위치, 판매 소모품의 질 (냅킨, 나무젓가락 등)
– 기타 냉온방기의 위치
– 시공 인테리어 업체의 연락처 등

또한, 인테리어를 할 때에는 판매하는 상품의 이미지에 맞는 인테리어를 구상하여야 한다. 학생층을 대상으로 하여 문구나 팬시상품을 파는 점포의 인테리어를 무거운 분위기의 컬러를 사용하여 시공한다면 과연 어떠할까? 이러한 점포는 아무리 상품이 우수하다 하더라도 고객이 찾아오지 않을 것이

다. 판매되고 있는 상품의 특성 및 가격대를 고려하여 점포의 분위기를 이끌어내야 한다. 고급 음식점이라면 깨끗하고 밝은 이미지를, 청소년층을 대상으로 하는 점포라면 경쾌하고 흥미를 유발시킬 수 있는 이미지를 추구해야 한다.

둘째로 믿을 수 있는 인테리어 업체를 선택하는 문제이다.

주위를 보면 수많은 인테리어 업체들이 영업을 하고 있고, 또한 우리 나라 사람치고 한 다리만 건너면 모두 잘 알고 있는 업체가 있다고 한다. 그리고 자기는 다른 사람보다 훨씬 저렴하게 공사를 할 수 있다고 얘기한다. 도움을 받는다는 것이다. 그런데 문제가 왜 발생할까?

그것은 바로 자재비용에 있다고 생각한다. 어느 인테리어 업체가 말하길 '말만 해! 그 가격에 다 맞춰 줄게!' 그냥 보기에는 똑같아도 질이나 가격에 있어서는 천차만별인 것이 바로 건설자재이다.

따라서 인테리어 업체를 고를 때에는 가격을 기준으로 할 것이 아니라, 점포 이미지를 만드는 기획력을 중시하여야 한다. 그리고, 인테리어 시공을 위한 업체를 선정할 때 반드시 견적을 받는 업체는 복수로 하는 것이 좋다. 시공업체를 선정할 때 고려해야 될 사항은 무턱대고 싼 값을 제시하는 업체와 계약하지 말아야 하는데, 무엇이든지 간에 정상적인 가격은 있게 마련이다. 싼 게 비지떡이라는 말처럼 이러한 업체는 어디엔가 하자가 있고, 사후에 보수 작업을 하다 보면 추가로 드는 비용이 엄청날 경우가 많다. 또한 A/S가 원활하게 이루어져야 한다. 점포을 운영하다 보면 처음에 시공한 것을 변경할 경우도 있으며 보수를 할 경우도 발생된다. 영세업체인 경우에는 인원 부족 등의 이유로 이러한 경우 신속히 응할 수 없는 일이 많다. 시공 회사 선정시에는 필히 복수 업체를 선정하여 견적을 받으며, 상호간의 차이점을 비교하여 가격의 적정성 여부를 검토하여야 하며, 향후 A/S 문제도 점검하여야 한다.

셋째로 프랜차이즈 체인에서는 통상 회사가 지정하는 인테리어 업체에서만 시공을 해야 한다고 되어 있는데 과연 이렇게 하는 것이 좋은가의 문제이다.

만약 체인점을 시작할 경우에는 독자적으로 내부시설을 공사해도 된다는 계약조건 일지라도 특별한 업체가 따로 있지 않은 이상은 인테리어를 가급적이면 체인 본부에서 소개하는 업체를 이용하는 것이 좋다. 또한 체인점 가입 시 본부가 정해 놓은 인테리어 업체에 시공을 반드시 해야 될 경우도 많은데 이것 때문에 우려할 필요는 없다. 비록 평당 공사비가 다소 비싸지만 체인본부에서 지정한 업체는 사전에 체인본부와의 충분한 검토를 통하여 점포 이미지 구축 작업 등을 잘 이해하고 선정이 되었기 때문에 믿을 만하다고 볼 수 있다. 그런데 일부 소규모 체인점에서는 인테리어에서 이익을 남기려고 시공회사와 사전에 합의하여 매우 높은 경비를 요구하는 경우도 있으니 이런 경우에는 체인본사와의 분쟁보다는 다소 높은 인테리어비용을 지불하더라도 다른 이익이 얼마정도로 더 큰 것인가를 따져 보고 결정하는 것이 필요하다.

실전 창업의 神

# 50

# 점포의 기능과 환경을
# 이해하고 반영하라

점포 사업에 있어서 고객에 대한 영업은 손님이 문을 열고 들어오면 그 때부터 시작이라고 생각하는 사람들이 의외로 매우 많다. 이렇다 보니 자신의 점포 앞이 지저분한지 깨끗한지, 간판의 청결 상태는 어떤지, 날이 어두워지면서 조명을 켰는지 안 켰는지 도무지 신경을 쓰지 않는 경우를 흔히 보게 된다. 이런 사업자들은 고객들이 점포를 생각할 때 점포의 상품이나 서비스에만 신경을 쓸 것이라고 오해를 하는 경우이거나 아니면 사업자의 자질이 부족한 경우라고 밖에 볼 수가 없다.

사실 고객들은 점포의 상품이나 서비스 뿐만 아니라 상호, 외관, 색상, 인테리어 등 점포 자체의 집합으로써 그 점포를 평가하게 되며, 또 무의식적으로 점포에 대한 친밀감을 가지고 있게 된다. 따라서 점포 사업자는 점포 내부 뿐만 아니라 점포의 기능 및 환경 등 외관요소들에 신경을 써서 고객들이 들어가고 싶고, 이용하기 편리한 점포를 꾸며 나가도록 해야 한다.

오늘날의 점포는 상품이나 서비스를 준비하고 적당한 광고를 해서 그냥 손님을 기다려서는 절대 성공하기가 어렵다. 이것은 너무 소극적인 자세인 것이다. 보다 적극적으로 수요를 개발하고 주도면밀한 판매촉진 전략을 펼쳐서 고객들을 끌어 들여야 하는 것이다.

점포가 갖는 기능적인 요소들을 요약하면 다음과 같다.


### (1) 수요충족의 기능

고객이 점포를 찾아올 경우 무엇을 몇 개 사야겠다고 미리 결정하고 오는 경우는 드물다. 점포나 진열에 대한 충동으로 점포로 들어오는 경우가 대부분이고, 이 점포에 들어가면 수요의 충족을 기대할 수 있다는 확신 아래 들어오는 것이다. 따라서 이러한 고객들의 수요에 적응하기 위해서는 점포의 취급상품, 선전활동, 영업방침 등이 일치되어야 한다.

### (2) 적시성의 기능

점포는 유행이나 계절에 맞는 상품을 준비할 필요가 있다. 고객들의 요구와 희망에 따라서 상품의 구입을 적시에 할 수 있는 능력을 갖추어야 한다.

### (3) 매력의 기능

점포는 상품의 매력이 마음껏 발휘될 수 있도록 연구해야 한다. 오늘날은 이성에 호소하는 것보다는 감각에 호소하는 것이 바람직하다.

### (4) 친숙성의 기능

점포는 이용고객들의 생활수준, 쇼핑의 습관에 적응할 필요가 있다. 고객들은 친숙한 점포를 이용하게 된다.

### (5) 선택의 기능

점포에 진열된 상품은 고객이 자유로이 선택할 수 있도록 방침을 세워야 한다.

### (6) 흡수의 기능

고객을 가능한 점포의 내부에 적극적으로 흡수하는 방법이 필요하다. 따라서 일용품이나 필수품은 점포의 앞 부분에 배열하고, 유행품이나 신제품은

실전 창업의 神

점내 깊숙히 배열하여 적극적으로 고객을 유도하는 기능을 갖춰야 한다.

(7) 능률의 기능

점포는 고객의 욕망에 따라 재고의 관리, 할인판매, 염가판매 등을 통하여 능률향상에 앞장서야 한다.

(8) 안전의 기능

점포는 상품의 보존, 고객의 신변 보호, 종업원의 신변 보호 등에 신경을 써야 한다.

(9) 경제성의 기능

점포는 비용보다 수익이 많아야 한다. 또한 고객이 최소의 비용으로 최대의 욕망을 충족할 수 있도록 노력해야 한다.

(10) 조화의 기능

점포는 외부장식에 신경을 써야 하는데, 이것은 항상 내부의 상황과 조화를 이루어야 한다. 즉 점포의 외관에 적합한 점포의 상품과 서비스의 제공이 이루어져야 한다는 것이다.

# 상호와 간판은
# 점포의 얼굴이다

고객의 입장에서는 점포에서 판매하는 상품, 가격, 서비스에 대해 밖에서 보아 한눈에 알 수 없으면 선뜻 그 점포에 들어가려 하지 않는다. 따라서 점포의 상호는 그 특징이 한눈에 띨 정도로 인상적이어야 할 필요가 있다. 또한 가급적 상호도 판매하는 상품을 직접적으로 연결시킬 수 있는 것으로 정하는 것이 좋다. 과거에는 상호 자체가 좀 모호한 면이 많았으나 오늘날과 같이 유사 점포들이 산재되어 있는 상황, 특히 그 업종이 전문화되고 세분화되는 상황에서는 고객이 한 번에 상호만 보고도 그 점포가 어떤 업종의 점포인지, 주로 취급하는 상품이 무엇인지를 알 수가 있어야 한다.

예를 들면 음식점에서 '미원정'이라는 상호는 누구나 여러 음식을 취급하는 음식점이라는 것은 알겠지만 이 점포가 잘 하는 음식이 무엇이고 또 내가 먹고 싶은 음식이 과연 이 점포에서 판매하는가 하고 고객은 주저하게 된다. '날으는 통닭, 헤엄치는 골뱅이', '치킨 투고' 등과 같이 자신이 취급하는 상품을 상호에 포함시킨 이러한 상호들은 매우 인상적이며 고객에게 이 점포에서 무엇을 먹을 수 있다는 것을 쉽게 판단할 수 있게 한다. 이렇듯 상호의 선정에서부터 고객에게 쉽게 다가갈 수 있도록 무엇을 파는 점포인지 명확히 하여야 한다.

*실전 창업의 神*

상호를 짓는 데는 다음과 같은 내용들을 잘 따져 보고 정하는 것이 필요하다. 첫째, 발음이 잘 되어야 하며 기억하기 좋아야 한다. 둘째, 주고객층을 파악해 그들의 취향에 맞게 짓는다. 셋째, 상호를 들으면 어떤 업태인지 알 수 있어야 한다. 넷째, 지나치게 직설적이거나 선정적인 상호는 피한다. 다섯째, 채팅 용어, 은어, 속어의 남발은 위험하다. 여섯째, 입지적 특성을 고려하여 짓는다. 일곱째, 유명 업체의 상호와 유사성을 갖지 않도록 한다. 여덟째, 너무 긴 상호나 장난스러운 상호는 좋지 않다. 아홉째, 간판이나 유니폼 등에 적용했을 때 어울릴 수 있어야 한다. 열 번째, 부정적 이미지를 떠올리게 하거나 거부감이 드는 상호는 피한다.

또 한 가지 중요한 점은 간판이다. 점포 명과 업종을 전달하는 것이 간판의 가장 큰 역할이다. 즉, 간판은 음식점의 얼굴인 것이다. 점포의 얼굴이 벗겨지거나 낡아서 더러워진 간판은 점포의 외관은 물론 이미지를 해치게 된다. 간판은 한 번도 점포를 이용하지 않은 고객에게는 점포에 들어가느냐 말아야 하는냐를 결정하는 중요한 판단요소임을 명심해야 한다. 따라서 간판을 시공할 때에는 글자체, 색, 형태를 고객의 눈길을 주목시킬 만하게 하여 고객이 한 번 들어가고 싶어 할 정도로 시공해야 하며 가급적 다른 부문에서 비용을 절약하고 간판만은 신경을 써서 시공하는 것이 좋을 것이다. 이 때의 간판형태는 간단, 명확, 눈에 잘 띄며, 쾌감을 주는 간판이 되어야 보다 효과적이다.

점포입지의 형태에 따라 간판의 형태를 조정하는 것도 효과적인 방법이다. 예를 들면 도로 폭이 10m 이하일 경우에는 간판을 낮게 달아 주며, 도로 폭이 좁을 때는 돌출 간판을 사용하고, 도로 폭이 넓을 경우에는 횡간판으로 강조하는 방법이다.

그러나 간판을 시공할 경우에는 경영주 자신이 업계조사를 통하여 우수한 간판을 조사함으로써 간판제조회사에 구체적인 방향을 제시하는 것이 가장 좋다. 그렇지 않고 간판업자에게 일임하면 획일화된 보통의 간판이 제작되기 마련이어서 다른 점포들과 차별화되기 어려워진다. 간판 제작에서부터 점포 경영주의 노력과 사업의 의지가 들어가야 한다. 또한 간판의 사이즈 및 색상은 관할 구청에서 정해 놓은 일정기준이 있는데 이러한 점을 사전에 파악하여 다 만들어 놓은 간판을 걸지 못하는 불상사를 피해야 할 것이며 제작업체와 면밀히 상담을 통하여 결정해야 한다. 기본적인 기준은 3층까지의 건물은 가로길이가 3.5m 이상의 대형간판을 설치할 때에는 관할 동사무소에 신고해야 하며 만일 3.5m 이상의 간판을 4층 이상의 높이에 설치하려면 구청의 허가를 받아야 한다. 색에 있어서는 붉은 색은 가급적 제한을 두고 있음을 고려해야 한다.

실전 창업의 神

# 52 간판 설치, 효과적으로 하는 방법이 있다

　점포형 사업에서 간판의 중요성은 아무리 강조해도 지나치지 않을 정도이다. 일차적인 점포의 광고판이기 때문이고, 한눈에 봐서 점포가 나타낼려고 하는 모든 것을 표현해 내야 하기 때문이다. 간판에 있어 가장 중요한 것은 멀리서도 해당 점포의 존재가 인식되는 것이라고 할 수 있다. 그런데 일반적으로 대부분의 사람들은 특별한 목적이 없는 한 일부러 간판을 보려고 하지 않는다고 한다. 다시 말해서 해당 점포와 비슷한 점포는 얼마든지 있기 때문에 일부러 멈추고서 판단하지 않는다. 그 때문에 시선을 집중시키는 점포가 고객들에게 인기를 얻고 번창하는 것은 지극히 당연한 일이다.

　그렇다면 고객들의 시선을 집중시키고, 우리 점포의 존재를 확연하게 알릴 수 있는 효과적인 간판설치는 어떻게 해야 할까?

　첫째, 통행인의 시계 범위 안에 설치하여야 한다. 인간의 심리적인 측면에서 보면, 인간이 특정 점포를 인식하고 난 후 그 점포 안으로 들어가려고 하는 행동으로 이어지기까지는 약 20초에서 30초 걸린다고 한다. 그리고 통상적으로 인간이 걷는 속도는 1분에 50m 정도이다. 그렇다면 점포 앞을 지나다니는 통행인이 점포 안으로 들어와 구매행동으로 이어지도록 하기 위해서는 적어도 20m 이상 전방에서부터 해당 점포가 인식되지 않으면 안 된다는 계산이 나오는 것이다. 그에 따라 순수하게 통행인들만을 가정한다면, 간판의 크기나 칼라, 모양, 도안 등은 최소 20m 이상 전방에서 뚜렷이 확인이 가능하도록 제작, 설치하여야 한다.

둘째, 크기와 문자수를 고려하여야 한다. 간판의 크기는 점포의 구조에 따라 각기 천차만별이지만, 대부분 3-4m 정도의 크기가 일반적이다. 이 곳에 업종을 명확하게 표현할 수 있는 상호를 정하고 색상과 글씨체를 정하여 문자화하여야 하는데, 통상적으로 4-6자리의 글씨로 기재하는 것이 좋다고 한다. 통행인 기준으로 보면, 20m 정도의 거리 밖에서 상호를 뚜렷하고 명확하게 읽을 수 있도록 하여야 한다.

셋째, 장애물을 확인하여야 한다. 해당 점포의 간판이 주위에서 잘 보이고 있는지 어떠한지의 체크는 반드시 100m 전방에서 확인할 필요가 있다. 간판의 시계를 크게 가로막는 건물, 다른 점포의 간판, 도로표시, 신호동, 육교, 가로수 등은 없는지 확인하여야 한다. 이러한 구조물로 인하여 간판이나 점포가 가려 왕래하는 소비자들에게 그 존재를 알릴 수 없게 될 수 있다. 그 외에 승용차는 큰 문제가 없지만 점포 앞 도로에 버스나 트럭, 덤프와 같은 대형차가 많이 왕래하는 경우, 그 역시 해당 점포 간판의 시계성을 방해하는 요소로 작용하기 때문에 주의를 요하는 부분이다.

넷째, 색과 주위 배경을 고려하여야 한다. 자기점포 간판의 형태와 색채가 간판 주변의 형태, 색채와 유사하게 되면, 점포 간판과 배경이 융합해 버리는 현상이 일어나 간판의 노출도가 현저히 떨어지게 된다. 사람의 시각은 시야에 들어오는 여러 가지 대상을 개별 단위로서가 아니라 전체적으로 조합된 하나의 존재로서 지각한다고 한다. 이렇다 보니 주위의 간판 색이 모두 붉은색 계통으로 되어 있다면 모든 간판이 동일하게 느끼게 된다. 참고로 유행을 타지 않는 간판의 배색으로는, 백색 바탕에 짙은 청색, 백색 바탕에 적색, 청색 바탕에 백색, 검은 바탕에 백색, 노란 바탕에 흑색을 들 수 있다.

다섯째, 주위의 간판을 살펴봐야 한다. 가령 자신의 점포 바로 앞이나 뒤에 대형 간판이나, 유명 브랜드의 간판, 특이한 모양이나 색깔의 간판 등이 설치되어 있다면 통행인의 시선이 그 쪽 간판으로 집중되어 상대적으로 자신의 점포는 고객의 시선으로부터 멀어지게 되는 현상이 발생한다. 그 때문에 창업을 할 경우 자기점포의 주변에 그처럼 눈에 띄는 간판이 없는지 여부를 잘 체크하는 것도 중요하다.

여섯째, 보조간판을 활용하라. 해당 점포에 가까이 다가갈수록 멀리서는 잘 보였던 간판이 시야 밖으로 밀려나 버려, 점포 직전에서는 오히려 그 존재를 인식하기 어렵게 되는 경우가 많다. 특히, 이러한 현상은 대형 간판이 높은 건물이나 옥상 위에 설치된 경우에 많이 발생한다. 이러한 현상을 막으려면 해당 점포 가까이 접근했을 때 또다른 간판을 낮게 설치함으로써 보완하여야 한다.

# 53

# 점포 인테리어 공사,
# 제대로 하는 법이 있다

점포의 인테리어 작업은 창업자들에게는 상당히 까다롭고 신경 쓰이는 부분이다. 투자되는 금액도 금액이지만 자신이 구상한 사업의 콘셉트와 계획이 현실에서 실현되는 단계이기 때문이다. 대부분 인테리어 구상을 마치면 주변에서 적절한 업체를 알아보는 것에서 시작하게 된다. 주위의 아는 사람들로부터 소개를 받는 경우도 있을 것이요, 업종 관련 전문잡지에서 찾는다든지, 다른 점포에서 소개받거나 연락처를 확인해서 먼저 연락을 취할 수도 있고, 도움을 받고 있는 컨설팅업체를 통해 추천을 받을 수도 있다.

하지만, 어떤 경우이든 간에 복수 추천을 받아 견적을 복수로 받아보고 최종적으로 가장 적합하다고 생각되는 업체를 결정하는 것이 좋다.

인테리어나 설비에 관한 전문지식이 없어도 점포를 경영하려는 사람이라면 자기가 결정한 업종, 업태에 관한 나름대로의 점포 모양에 대한 그림은 갖고 있어야 한다. 또한, 참고로 하기 위하여 자기가 경영하려는 점포와 유사한 분위기나 규모가 비슷한 여러 점포를 방문하여 벽 모양, 전등의 형태, 창문의 모양, 바닥재나 바다의 컬러, 천정의 모양, 커텐이나 파티션의 형태, 카운터의 형태 등 다양한 인테리어 콘셉트를 알아 본다.

따라서 업체를 지정하여 시공을 한다고 해도 무작정 알아서 잘해달라는 식

실전창업의 神

의 접근은 나중에 큰 문제를 일으킬 가능성이 있다. 전체적인 분위기에 대한 협의는 물론 영업 분위기와 직결되는 사소한 부문까지도 미리 공사를 시작하기 전에 협의를 하는 것이 가장 바람직하다. 본인이 운영할 점포의 설계와 점포공사는 최종적으로 자기책임 하에 자기가 시행하는 것이며 인테리어 업체에게는 아이디어와 시공 작업을 대행시킨다는 자세가 필요하다.

또한, 인테리어 시공 일정표를 반드시 확보해야 한다. 앞에서도 설명했지만 모든 것을 업자에게 일임해 버리면 언제 공사가 완료될지 알 수 없다. 따라서 인테리어 공사에 맞추어서 주방기기 구매나 입고일자, 직원의 선발일정, 원자재 입고일정을 정해야 하는데 인테리어 일정조차 모르고 업체에 맡긴다는 것은 곧 점포개점업무가 처음부터 무계획적이었다는 것을 그대로 나타내는 것이다. 따라서 어떤 경우에도 인테리어 계약이 되면 반드시 공사진행 일정표를 작성토록 한 뒤 중간진행을 경영주 스스로 직접 확인해야 한다. 만약 인테리어 공사일정표조차 작성할 수 없거나 그 작성을 꺼리는 업체라면 기술이 없거나 무성의한 업체이며 단순한 목수작업, 도장업체 작업수준의 작품밖에 나오지 않을 것이다. 무조건 견적가격이 적은 부실업체를 선정하는 것보다는 약간 견적가가 높게 나와도 신용 있는 업체를 선정하여 공사에 임하는 것이 바람직하다.

사업 경영주는 점포설계 전에 최소한 다음의 내용을 정리, 기록하여 인테리어 업체에게 제시할 필요가 있을 것이다. 첫째, 판매하고자 하는 상품을 명확히 결정한다. 기계설비 종류와 공간규모설정에 중요한 사항이 되기 때문이다. 둘째, 앞으로 개발할 메뉴도 생각하여 주방에 대한 의견을 기록, 정리하여 어느 정도 여유 공간을 염두에 두도록 하는 것이 바람직하다. 셋째, 별도의 관리 사무실이 없을 때에는 공간 일부에라도 종업원의 탈의장이나 휴식공간을 마련토록 한다. 넷째, 창고는 최소한 원자재 3일분을 보관할 수 있는 공간을 확보토록 한다. 다섯째, 기존 건축도면에만 의존하지 말고 인테리어 업체가 직접 실측한 도면을 사용하여 레이아웃이나 도면을 작성토록 한다. 여섯째, 의자와 탁자의 배치, 룸 구성에도 최소한 자기의견을 제시토록 한다. 내용도 잘 모르면서 자기주장만을 하라는 얘기는 아니고 최소한의 투자라도 처음 시도하는 사업인 이상 전력투구해야 하므로 여러 교육기관에서 습득한 지식, 전문서적을 읽고 터득한 지식, 여러 점포의 견학을 토대로 하여 얻는 지식을 종합하여 문서화한 내용을 갖고 인테리어 업체와 합의하는 것이 좋다.

다음은 일반적인 인테리어 업체의 현장업무로, 사업자는 사전에 이러한 사항을 숙지하고 업무진행을 하는 것이 좋다. 인테리어 업체는 현장을 실측해서 현재 상태의 평면도면을 작성, 건물의 구조나 규모를 조사, 전용면적을 엄밀히 실측, 지하의 유무 확인, 방화지역 해당 여부 확인, 용도지정지역을 표시·확인, 기존시설 철거작업량 확인, 가스, 수도, 전기의 용량 체크, 급배수시설 체크, 주방위치를 개략적으로 설정 등이다.

실전 창업의 神

# 효율적인 레이아웃의 원칙을 적용하라

**54**

　점포의 인테리어가 결정되면 그 다음 단계로 상품 진열을 어떻게 할 것인가, 판매 장비의 위치는 어느 곳에 정할까, 탁자 및 테이블의 위치는 어느 곳으로 할까 등의 점포의 레이아웃을 결정해야 한다. 점포의 능률과 매출액을 올리기 위해서는 우선 매장이 넓은 것이 좋다. 이것은 큰 공간에 많은 사람이 있다는 것을 의미하는 것이며, 그만큼 판매도 많이 이루어질 수 있다. 하지만 모든 점포들이 큰 공간을 구비할 수 있는 것은 아니다. 대부분의 소규모 점포들의 경우에 가장 중요하게 생각하여야 할 부분은 바로 공간의 효율성에 대한 문제이다. 점포의 조그만 공간이라도 그것을 매장으로 이용하여야 하며, 공간의 극대이용을 위하여 점포의 상품배치나 시설 등에 전문적인 지식을 겸비해야 한다.

　먼저, 고객의 동선에 따른 레이아웃을 만들어야 한다.

　즉, 고객이 이용하기 편리하게, 고객의 동선에 맞는 레이아웃이 되어야 한다는 것이다. 동네에 있는 구멍가게를 보자. 빽빽이 상품을 진열하여 두 사람 이상이 점포를 두루 돌아볼 수가 없다. 이런 점포는 사고 싶은 상품만 사게 된다. 그러나 고객의 동선과 편리한 쇼핑을 고려한 편의점을 보자. 매장의 입구에서부터 안쪽까지 고객이 편리하게 쇼핑할 수 있도록 레이아웃이 되어 있다. 음식점도 마찬가지이다. 고객의 편리함은 생각하지 않고 **빽빽**이 테이블 수만 늘려 놓은 점포들이 더러 있다. 이런 점포는 아무리 판매하는 상품의 질이 우수하다고 하여도 외부의 환경이 변화하면, 즉 인근에 경쟁업소가 출현하면 오래가지 않아 고객의 수가 확 줄어들게 된다. 고객이 점포에 지불하는 상품 값에는 단지 상품의 가격만 들어가 있는 것이 아니라 점포가 제공하는 서비스에 대한 비용도 포함되어 있다고 고객은 생각하며, 이러한 생각 때문에 고객은 정당한 서비스를 받고자 한다. 만약 우수한 상품에 낮은 서비스가 제공된다면 고객의 입장에서는 그 점포를 이용할 타당성이 없는 것이다.

또한, 상품과 상품이 연결된 레이아웃을 만들어야 한다.

장사가 잘 되는 점포를 방문하게 되면 매장의 레이아웃이 잘 되어 있는 것을 발견하게 된다. 매장의 레이아웃이 잘 되어 있다는 것은 고객이 점포로 들어섰을 때 점포 내부의 구조를 알기 쉽게 구성하는 것이다. 우수한 레이아웃은 고객이 점포 내부를 두루 돌아보게 하며, 이에 따라 구입량이 증가되어 매출과 이익을 올릴 수 있게 된다.

그러면 효율적인 레이아웃이란 무엇일까? 이것은 각 진열 부문과의 구획과 통로가 유기적으로 연결되어 있는 레이아웃이다. 점포의 적정한 레이아웃은 상품 구성의 편성과 배열방법이 중요하다. 따라서 알맞은 상품을, 명확한 목적을 세우고 진열해야 한다.

효율적인 상품군을 배치하는 요령은 다음과 같다.
- 주력 상품 : 주통로에 상품간의 관련성을 고려하여 배치한다
- 보조 상품 : 부통로 부분에 진열한다
- 부속 상품 : 출입구에 소량으로 진열한다
- 자극 상품 : 점두, 또는 점내의 코너에 감각 진열을 한다

실전 창업의 神

점포의 레이아웃 구성의 포인트는 점포 전체가 전반적으로 잘 보이게 하는 것이다.

이 때에 체크해야 할 사항은 다음과 같다.

– 고객의 동선을 고려해 부분 영역을 계획한다.

– 주력 상품군은 주통로의 가장 좋은 위치에 가장 넓은 면적으로 배치한다.

– 주력상품 이외의 준 주력 상품이나, 관련 상품도 고객의 시선을 끌 수 있도록 만들어야 한다.

– 주통로와 연결통로가 유기적으로 연결되어야 한다.

마지막으로, 제 1주통로는 고객 유인의 지름길이다

제 1주통로는 고객이 상품을 구입하러 점포의 문을 열고 들어설 때 제일 먼저 마주치는 통로이다. 주통로는 고객이 처음 점포로 들어와 이용하는 통로이기 때문에 매출을 증가시킬 수 있는 곳이다. 따라서 주통로에는 다음과 같은 특징이 있어야 한다.

– 주통로는 점포의 개성을 나타내야 하기 때문에 주력 상품을 위주로 진열해야 한다.

– 고객을 환영한다는 의미에서 주통로는 보조통로보다 폭이 넓어야 한다. 반면에 보조통로는 왠지 은밀한 느낌을 갖게 해 고객을 유인할 수 있게 주통로보다는 폭이 좁아야 효과가 있다.

– 주통로는 독창적으로 상품을 진열해서 고객의 시선을 끌어야 한다.

– 주통로는 일반적으로 120-150cm이며, 보조통로는 90-120cm이다.

– 주통로는 점포의 형태에 따라 다르겠지만 두 곳 이상을 만드는 것이 매출증대에 효과적이다.

점포의 동선이 고객이 점포에 들어와서 움직이는 방향을 그린 선인데, 보통 동선은 고객의 심리를 파악해 점포에서 고객을 유도하게끔 계획한다. 이러한 계획을 바로 동선 계획이라고 한다. 동선계획은 상품이 지닌 매력과 진열의 효과로 만들어지는데 일반적으로 동선을 계획할 때에는 다음 단계로 실시한다.

- 1단계 : 가상 동선을 만든다. 가상 동선이란 고객이 이렇게 움직였으면 하는 흐름이다.
- 2단계 : 가상 시야를 확보한다. 고객이 점포에 들어선 후 어느 쪽으로 갈까 하는 위치를 정하고 그 위치에서 보이는 장면을 가상하는 것이다.
- 3단계 : 고객을 유도할 만한 것을 계획한다. 고객이 어디로 갈까 망설이는 위치에서 고객을 한 방향으로 유도할 수 있는 것을 배치해 고객을 유도하는 것이다.
- 4단계 : 통로 계획을 수립한다. 고객의 시야가 이동되는 방향에 따라 통로 계획을 수립해 통로를 설정하는 것이다.

# 색채와 조명을
# 효과적으로 사용하라

점포를 구성하고 인테리어를 할 때 빠뜨려서는 안 되는 사항이 바로 색채와 조명계획에 관한 것이다. 바로 이 색채와 조명이 요즘 날로 중요성을 더해가는 점포의 분위기라는 것을 만들어 주는 요소이기 때문이다.

먼저 색채계획에 대해서 알아보면, 색채는 기본적으로 점포의 환경과 분위기를 상쾌하고 능률적으로 만들어 주는 역할을 하는데, 일반적인 이점은 다음과 같다.

- 점포를 밝고 기분 좋게 하여 고객의 주의를 끌어 구매로 유도할 수 있다.
- 종업원의 심신 피로를 적게 하여 기분을 상쾌하게 하고 종업원의 업무 수행 시 업무능률을 높인다.
- 사고를 예방하고 안전을 보전하며 건물이나 설비 등의 내구력을 높여 준다.

색을 사용하는데 따라서 그 효과는 차이가 크므로 점포사업주는 색채계획에 대해서는 그 기본을 잘 이해하는 것이 바람직하다. 점포나 진열에서 색을 활용하는 것은 그 점포가 어떠한 성격의 점포인가를 색에 의해서 판별시키고 인상을 지워주는 것이 필요하다. 동시에 각 매장에서 판매하고 있는 상품에 알맞는 색의 배경이나 색의 배합을 고려해야 한다. 무엇보다도 시각은 색과 형태에 따라서 그 효과가 좌우되는 것이므로 색의 특성을 파악하고 이용해서

| | |
|---|---|
| 밝기를 충분히 유지할 것 | 인근 점포나 같은 업종의 점포와 비교해서 보다 밝게 한다. |
| 골고루 밝게 할 것 | 극단적으로 밝은 곳이나 극단적으로 어두운 곳을 만들지 않는다. |
| 눈부시게 하지 말 것 | 역광이나 반사를 피한다. |
| 적당한 음영을 만들 것 | 부드러운 음영을 만들어 상품의 진열효과를 높인다. |
| 퇴색성을 고려할 것 | 심한 열이나 빛은 상품을 퇴색시키기 때문에 주의한다. |
| 기분 좋게 조화를 이룰 것 | 빛의 심리적 효과를 이용한다. |
| 미적인 효과를 겨냥할 것 | 조명기구의 미적 감각을 살린다. |
| 설비비, 유지비를 고려할 것 | 경제적인 것을 선택한다. |

매장을 즐겁고 상쾌한 분위기로 만들어야 한다.

이미지별 바람직한 색채로는 다음과 같다.

– 고급스러운 이미지 : 백색, 금색, 검은색, 은색

– 조용한 느낌 : 엷은 청색, 청자색, 밝은 회색

– 즐거운 느낌 : 주황색, 황색, 노랑연두색

– 활기찬 느낌 : 빨강색, 주황색

– 저급한 느낌 : 고동색이 섞인 연두색, 녹색, 주황색, 황색

계절별 이미지를 나타내는 색채는 다음과 같다.

– 봄 : 연노랑, 노랑연두, 핑크, 황록색 (새싹과 병아리를 연상하는 색상)

– 여름 : 녹색, 엷은 청색, 청색 (바다를 연상시키는 색상)

실전 창업의 神

– 가을 : 베이지색, 갈색, 황색 (들판, 높은 하늘을 연상시키는 색상)

– 겨울 :적색, 백색, 회색 (크리스마스, 눈, 흐린 하늘)

점포 내부에 조명을 설치하는 목적은 우선 매장 내부를 밝게 하기 위해서이고, 또 점포 내부의 곳곳에 조명을 설치함으로써 고객을 유도할 수 있으며, 고객에게 강조하고자 하는 상품에 조명의 밝기를 높여서 차별을 이룰 수 있기 때문이다.

점포 조명의 주요 기능을 보면,

– 점포 앞을 지나가는 사람에 대해서 점포가 잘 보일 수 있도록 한다.

– 점두에 발을 멈출 수 있도록 한다.

– 점내로 유도한다.

– 상품을 보다 잘 보이도록 한다.

– 그리고 구매의욕을 일으켜 사도록 유도한다.

조명의 종류와 특징을 보면, 먼저 백열등은 따뜻한 느낌을 연출하거나, 스포트라이트의 집광성을 줄 때 효과를 얻을 수 있으나, 열 온도가 높아 하절기에는 점포의 온도가 더워질 수 있으며 전기료도 비싼 편이다. 따라서 백열등은 점포의 전체적인 조명보다는 한정된 상품을 돋보이게 할 때 사용하는 것이 바람직하다. 형광등은 백열전구에 비해서 조명 효율이 3배 이상 우수하다고 평가되며 전기요금은 저렴하지만 급소 조명이 안 되며 자연광에서 느끼는 동일한 색채를 형광 불빛 아래에서는 얻을 수 없다는 단점이 있다. 또한 겨울에는 춥고 어두워 보인다. 각각 장단점을 갖고 있기 때문에 형광등만, 또는 백열등만 사용할 수는 없다. 따라서 이 두 가지를 조화롭게 배치해야 하며, 변화가 가능한 구조로 설계하도록 한다.

# 상품 진열에도
# 원칙이 있다

상품 진열은 소비자에게 의사를 전달하는 방법의 하나로 의사 전달이 효과
적일수록 매출이 오른다. 고객이 봤을 때 사게끔 만드는 진열이 잘 된 진열이
다. 점내 진열 상태에 매출액이 달려있다고 해도 틀린 말은 아니다.

진열의 원칙은 다음과 같다.

- 보기 쉽고,
- 상품을 알기 쉽게,
- 가격을 알기 쉽게,
- 용량을 알기 쉽게,
- 구매하기 쉽고,
- 자연스럽게 고객의 손이 닿을 수 있도록,
- 상품의 진열이 안정되어 무너지지 않게,
- 고객의 마음이 편하고 불안하지 않게,
- 유도력이 있고,
- 상품의 전면을 정연하게,
- 상표를 정면에,
- 품종 경계를 명확하게,

- 동일 상품군을 한 자리에,

- 색채 대비가 조화롭게,

●마지막으로 깨끗하게 진열한다.

진열의 포인트는 상품의 전면이 잘 보이도록 하는 것이다. 고객이 진열대를 보았을 때 상품의 규격 및 가격이 한눈에 들어오게 해야 한다. 상품의 사이즈 및 중량을 고려해 무겁거나 큰 상품은 하단에 진열하도록 하고, 상품끼리 색채도 조화를 시켜 진열해야 고객의 시선을 집중시킬 수 있다. 주력 상품, 또는 특매행사가 실시중인 상품은 볼륨 있게 진열해야 한다. 대량 진열은 고객에게 상품의 신선감을 느끼게 하며 가격도 저렴하다고 느끼게 만든다. 반면에 저회전 상품, 또는 유사품이 없는 고객의 상품은 도난 또는 악성재고를 방지하기 위해 최소한의 양만 진열하도록 한다.

상품 진열의 목적은 단지 고객에게 보이게 하는 것만이 아니라 고객이 상품을 구입하도록 유도하는 것이다. 따라서 진열 방법에 따라서 매출이 증가하기도 하고 감소하기도 한다.

매출 증대를 가져오는 효과적인 진열의 원칙은 다음과 같다.

(1) 연관된 상품을 같이 진열한다

상하, 좌우로 또는 판매대에 서로 관련된 상품을 배치하는 것은 고객에게는 쇼핑을 편리하게 할 수 있게 만들고 점포 입장에서는 매출을 두 배로 증진시킬 수 있는 방법이다. 편의점을 예로 들어보면 주류 냉장고 옆 판매대에는 안주류가 있는 것을 볼 수 있다. 이것이 바로 연관된 상품의 진열 배치이다. 맥주를 사러온 고객은 계산을 하러 가다가 안주류를 발견하고 추가로 안주를 구매하게 되는 것이다.

(2) 잘 팔리는 상품은 잘 보이는 곳에 진열한다

(3) 너무 높거나 너무 낮은 곳에 상품을 진열하지 않는다.

이떤 매장은 상품을 많이 진열하기 위해서 진열대의 크기를 높여 고객이 겨우 손을 뻗어야 상품을 잡을 수 있는 곳에 상품을 진열하기도 한다. 이것은 점포에서 일하는 종업원들의 게으름 때문에 빚어진 결과이다. 진열대에 상품이 빠지면 즉시 상품을 채워 넣어야 하는데 상품을 많이 진열해 놓으면 상품을 채워 넣는 번거로움이 줄어들기 때문이다. 이런 진열상태는 고객이 쇼핑의 즐거움을 느낄 수 없기 때문에 다른 점포로 발길을 돌리게 만든다.

(4) 점포의 이동 공간을 넓게 해서 상품이 잘 보이게 한다.

동네에 있는 구멍가게에 가보면 고객이 이동할 공간도 없을 정도로 상품을 빽빽이 진열해 놓는다. 이것은 매출을 증가시키는 요인이 아니라 오히려 고객이 빨리 점포를 벗어나고 싶게 만든다. 고객이 편리하고 쾌적하게 쇼핑할 수 있는 공간을 만드는 것이 결국 매출을 올리는 길이다.

(5) 유사상품의 상품가격을 비교할 수 있도록 진열한다

고객은 상품을 선택할 때, 상품의 디자인, 브랜드, 가격 등을 신중히 살펴보고 구매를 결정한다. 물론 고객의 취향에 따라 선택 기준은 다르겠지만 그래도 상품 가격이 구매 결정을 할 때 가장 중요한 역할을 한다. 따라서 점포에서는 고객이 상품의 가격을 잘 알아볼 수 있도록 진열해야 하며, 특히 유사상품은 한 곳에 진열해서 고객이 쉽게 가격을 비교할 수 있도록 해야 한다.

진열을 할 때는 점포의 레이아웃에 맞추어 하게 된다. 이 때 점포경영주는 다음과 같은 생각을 하며 진열 작업을 시행해야 한다.

- 무엇을 진열할 것인가?

어떤 상품을 진열할 것인가와 또한 어떤 상품을 주력 상품으로 돋보이게 진열할 것인지 결정해야 한다.

- 언제 진열할 것인가?

특매 행사 때 진열할 것인가, 계절 시즌 전에 진열할 것인가, 보통 때에 진

열할 것인가를 결정해야 한다.

　－ 어느 위치에 진열할 것인가?

　점포의 어느 위치에 진열하느냐는 매우 중요한 사항이다. 점포 안쪽에 진열할 것인가, 냉장 쇼케이스 안에 진열할 것인가, 계산대에 진열할 것인가 등을 결정한다.

　－ 누구를 위해 진열할 것인가?

　상품의 주요 고객층에 맞추어 진열해야 한다.

　점포 내에서 특히 주의해서 진열해야 할 부분이 있는데 바로 계산대 주변이다. 계산대 주변은 고객이 상품 선택을 끝내고 상품 대금을 계산하기 위한 장소로, 이때 종업원의 재치있는 행동과 계산대 주변의 적절한 상품 진열로 고객의 추가구매를 유도할 수 있기 때문이다. 따라서 계산대 주변은 이익률이 높은 상품을 진열해야 하며 주로 점포의 정책적인 상품이 진열되는 장소이다.

# 효과적으로 상품을
# 진열하라

효과적인 진열이란 고객이 상품을 쉽게 찾을 수 있게 하는 것이다. 그러기 위해서는 상품을 어떻게 분류하고 묶느냐가 대단히 중요하다.

우선 용도별 진열을 들 수 있다. 용도별 진열이란 상품을 품종별, 용도별, 가격별로 분류해 고객이 쉽게 선택해서 구매할 수 있도록 유도하며, 대량구매를 유도해 고객 1인 구매액 증가를 꾀하는 진열방법이다. 용도별 진열이 가능한 상품은 주방용품, 목욕용품, 스포츠용품 등을 들 수 있다.

품종별 진열을 할 수 있는 상품은 차류(국산차, 외제차), 주류(맥주류, 소주류, 양주류, 와인류, 청주류 등)등을 들 수 있다. 가격별 진열은 특매 상품의 경우 990원대, 1,000원대, 9,900원대 등으로 나눌 수 있으며, 크기별 진열은 신발 진열에 많이 사용(240mm, 250mm, 265mm 등)되는 방법이다. 이 외에 색채별로도 진열을 할 수 있는데, 색채에 따라 상품을 잘 조화시켜 통일성 있게 분류해 진열하도록 한다.

두 번째로 관련 상품끼리 진열하는 방법이 있다. 주력 상품이란 목적 구입 상품으로 점포에서 판매에 가장 큰 역점을 두는 상품으로 양복점의 양복류, 안경점의 안경과 렌즈를 예로 들 수 있다. 관련상품은 목적 상품을 구매하러 와서 주력상품과 관련되어 충동구매를 통해 구입하는 상품류를 말한다. 양목

*실전창업의 神*

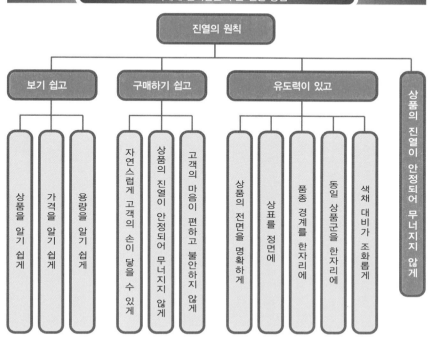

고객에게 편리함을 주는 진열 방법

진열의 원칙

보기 쉽고
- 상품을 알기 쉽게
- 가격을 알기 쉽게
- 용량을 알기 쉽게

구매하기 쉽고
- 자연스럽게 고객의 손이 닿을 수 있게
- 상품의 진열이 안정되어 무너지지 않게
- 고객의 마음이 편하고 불안하지 않게

유도력이 있고
- 상품의 전면을 명확하게
- 상표를 정면에
- 품종 경계를 한자리에
- 동일 상품군을 한자리에
- 색채 대비가 조화롭게

상품의 진열이 안정되어 무너지지 않게

점의 넥타이, 양말류, 안경점의 렌즈용 크리너, 식품점에서 주류를 구입할 때 안주류를 구매하도록 진열하는 방법이다. 그러면 주력 상품과 관련상품은 어떻게 진열하는 것이 효과적인 것일까? 가급적이면 서로 가깝게 진열해서 주력상품을 구매하고 곧바로 관련 상품을 구매할 수 있도록 진열해야 한다.

세 번째로 엔드(End)진열이라는 방법도 있다. 진열선상의 곤도라에 상품을 대량 진열하는 방법으로 상품의 대량 진열, 특매 상품이나 계절 상품을 진열해서 고객의 이목을 집중시켜 구매 충동을 유발시키는 진열로서 고객의 점내 체류시간을 늘이는 효과도 있다. 이 때에 보다 효과적으로 진열하기 위해서 P.O.P를 적절히 부착하면 진열의 효과를 배가시킬 수 있다.

종합해 보면 이러한 엔드진열은 다음과 같은 효과를 보기 위해 사용된다.

- 충동구매를 유발해 매출 증진을 유도
- 특매 상품을 진열해 점포의 쇼핑 분위기를 활기차고 재미있게 유도
- 신상품의 인지도를 제고
- 흥미를 자극하는 상품의 진열로 고객의 점내 체류 시간을 높여 상품의 구매량을 증가시키며, 고정 진열 판매대로 유도가 가능하다. 또한 엔드 진열은 가격, 대량진열, 품목수 세 가지의 조건이 만족되어야 효과적인 진열이 될 수 있다.
- 품목수는 한정지어 진열한다. 품목수는 가급적 제한을 두어 1-2개의 품목을 선정해서 진열해야 고객이 신속하게 구매 결정을 할 수 있다.
- 가급적 염가상품을 진열한다. 동질의 2류 브랜드 또는 점포 자체에서 기획한 브랜드를 진열하면 효과적이다.
- 상품은 대량으로 진열해 시선을 집중시킨다.

네 번째로 이벤트 진열을 들 수 있다. 이벤트 진열이란 계절에 관련된 상품을 진열해 매출을 올리는 방법으로 적기의 상품 준비와 효과적인 진열을 위한 색다른 연출이 필요하다. 이 때는 행사와 관련된 소품류를 준비하고 이에 따른 음향도 곁들이면 효과가 배가될 수 있다. 또한 다른 코너보다 돌출될 수 있게 P.O.P 등을 부착해 들뜬 분위기를 연출한다. 크리스마스 시즌에 산타클로스 복장의 종업원이 각 코너에서 특별 판매 활동을 벌이는 것은 이벤트 진열의 고전적인 방법이다.

다섯 째로 윈도우 진열이 있다. 윈도우 진열은 고객을 점포 안으로 이끄는 자석과 같은 역할을 한다. 따라서 윈도우 진열의 포인트는 점포 앞을 지나가는 고객의 시선을 붙잡아 점포 안으로 유도하는 것이다. 윈도우 진열을 효과적으로 하기 위해서는 다음과 같은 진열원칙을 고려해야 한다.

실전 창업의 神

- 단순하지만 파격적인 진열을 유지한다.
- 윈도우 진열은 매일 고객이 지나면서 보기 때문에 한 번에 메시지를 전달할 수 있도록 단순해야 하며 고객의 흥미를 끌 수 있으면서 깨끗한 진열 상태를 유지해야 한다. 따라서 상품 이외에 고객의 눈길을 끌 수 있는 작은 소품을 진열하면 더욱 효과적이다.
- 점포에서 판매하는 시즌에 맞는 주력상품과 베스트 상품을 진열한다.
- 계절 또는 저기 행사 때는 변화에 민감한 진열을 한다.
- 정기적인 이벤트 계획과 연관되어 진열 상품 및 진열 상태를 바꿔야 한다. 1년 내내 변화가 없는 진열은 고객의 이목을 집중시킬 수 없으며 고객들이 점포에 흥미를 잃게 만든다.
- 주위의 환경 조건과 부합된 진열이 이루어져야 한다.
- 조명을 적절히 활용해야 한다. 윈도우는 상점의 최고의 광고 수단이다. 따라서 진열될 상품이나 디스플레이도 중요하지만, 이에 걸맞는 적절한 조명은 윈도우 진열을 더욱 돋보이게 한다. 주력상품에는 강렬한 스포트라이트를 비추는 것도 한 방법이다. 낮에는 태양광선 때문에 윈도우 진열 내부가 약해지기도 하는데 이럴땐 윈도우 진열대 위에 차양막을 설치해 태양광선을 차단시켜 윈도우 내부 진열을 효과적으로 살릴 수 있다.
- 윈도우는 매일 청소하라. 더러워진 윈도우 진열은 이미 영업 끝이라고 할 수 있다. 특히 유리창은 매일 깨끗이 세제로 청소해서 상큼하고 청결한 인상을 주어야 한다.

# 58

# 개업하면서 준비해야 할
# 기타 사항

　음식업의 예를 들어 개업하면서 준비해야 하는 내용을 정리해 본다. 다른 업종도 유사한 내용으로 참고가 가능하다. 음식점을 찾은 사람들이 가장 먼저 보거나 찾게 되는 것이 메뉴판이다. 그런데 많은 음식점 사업주들이 놓치는 사항이 바로 메뉴판의 기능으로, 메뉴판에 써 넣는 것이 메뉴명과 가격뿐이라고 생각하면 큰 오산이다. 메뉴판은 음식의 종류와 가격을 나열하는 단순한 기능을 넘어 고객에게 상품을 설명하는 제안서 역할을 한다.

　일반적으로 메뉴판의 형식에는 제한이 없으나, 많이 사용하는 방법들은 주방의 앞, 윗부분에는 대표적인 몇 가지 요리가 담긴 사진 메뉴판을 걸고, 매장 벽면에는 음식의 종류와 가격이 쓰인 주 메뉴판을 벽걸이로 설치를 하며, 고객들이 넘기면서 볼 수 있는 카탈로그형 메뉴판은 음식사진을 종류별로 일일이 찍고 간단한 설명도 곁들여 선택의 폭을 넓힐 수 있게 한다. 이들을 복합적으로 사용하거나 한 가지만을 사용하기도 하며, 업종에 따라서는 단일메뉴를 적은 종이를 벽에 붙여서 사용하기도 하고, 아주 특별한 경우에는 아예 메뉴판이라는 것이 없는 점포들도 있다.

　어쨌던 메뉴판에는 점포에서 팔고자 하는 메뉴가 무엇인지 드러나고 업소의 색깔과 특성이 담겨야 한다. 따라서 메뉴판에 넣는 문구의 내용과 서체, 사

실전 창업의 神

진의 질과 배치 구조 등 모든 것이 일관되게 운영되어야 하는 것이 중요하다.

또한 가급적이면 메뉴판에 실릴 사진은 비용이 들어가더라도 점포에서 실제 판매할 메뉴를 만들어 그대로 찍은 사진을 사용하는 것이 바람직하다. 최근의 고객들은 메뉴사진과 다른 모양, 그릇에 나오는 음식을 봤을 때 대단히 실망하게 되고, 적극적인 항의도 하게 된다. 가급적 메뉴사진 전문가를 통해서 사진을 찍어 두는 것이 좋으며, 이것은 향후에도 각종 판촉물, 명함, 현수막 등 마케팅 활동을 할 경우에 유효하게 활용되기 때문이다.

기타 음식점 오픈과 관련해서 인테리어 시설의 진행 과정에 따라 정리할 필요가 있다.

먼저, 인테리어 시설과 동시에 진행해야 하는 일이다. 첫째, 전화 신청이다. 간판이나 판촉물, 인쇄물 제작에 유용하게 쓰이는 것이므로 시설에 들어가기 전에 곧바로 신청을 하는 것이 좋다. 이왕이면 점포 이미지를 살릴 수 있고, 고객들이 쉽게 기억할 수 있는 번호를 받을 수 있으면 금상첨화일 것이다. 둘째, 사업자등록증을 만들어야 한다. 영업허가가 나오면 즉시 신청을 하는 것이 좋다. 카드 조회기나 창업지원자금 신청 등을 위해 일찍 만들어 두면 편하다. 셋째, 직원 채용 및 교육을 실시한다. 인건비를 아낀다고 오픈에 임박해서 사람을 뽑으면 문제가 발생할 가능성이 크다. 인건비를 투자비용이라고 생각하고 일찌감치 오픈 준비에 동참시켜 소속감도 심어 주고 여유를 두고 교육도 시켜 동반자로서 만드는 것이 중요하다. 넷째, 현수막을 설치한다. 시설에 들어가자마자 바로 설치를 한다. 광고효과가 좋으므로 매장 전면과 근처에 있는 게시대에 설치하는 등 적극적인 방법을 모색하는 것이 좋다.

다음으로, 인테리어 시설 중간에 진행해야 하는 일이다. 첫째, 냉난방기 구입이다. 전체적인 균형이나 라인 빼기 등 깔끔한 마무리를 위해 시설 중간에 구입해서 자리를 잡는 것이 좋다. 둘째, 판촉물 및 인쇄물 발주이다. 제 날짜를 맞출려다가 늦어져 낭패를 보는 경우가 비일비재하다. 오픈 1주일 전쯤에 납품받을 수 있게 미리 발주해 둔다. 셋째, 신용카드 조회기 신청이다. 별다른 비용이 들지 않는다. 신청만 하면 조회기 유통회사에서 은행권 승인까지 다 알아서 해주므로 신청하는 일 이외에는 크게 걱정할 필요가 없다. 넷째, 주거래 통장 개설이다. 사업자등록증이 나오자마자 만드는 것이 낫다. 미리 만들어 두면 나중에 혹시 필요할지도 모를 자금대출에 큰 도움이 된다. 가까운 은행을 이용해야 하는 것은 상식이다. 다섯째, 간판 불 켜두기이다. 시설 도중에 간판이 설치되는데 간판 설치를 마치자마자 바로 그날부터 켜두는 것이 좋다. 전기세보다 광고효과가 훨씬 더 뛰어나다.

마지막으로, 오픈 직전에 해야 하는 일이다. 첫째, 시설의 하자 체크하기이

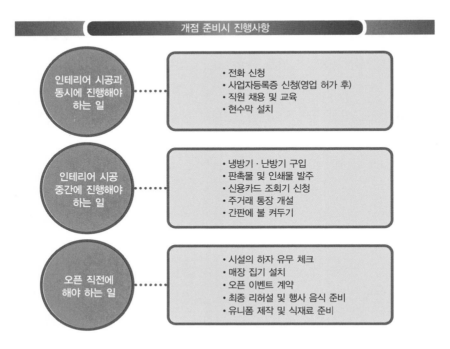

**개점 준비시 진행사항**

**인테리어 시공과 동시에 진행해야 하는 일**
- 전화 신청
- 사업자등록증 신청(영업 허가 후)
- 직원 채용 및 교육
- 현수막 설치

**인테리어 시공 중간에 진행해야 하는 일**
- 냉방기·난방기 구입
- 판촉물 및 인쇄물 발주
- 신용카드 조회기 신청
- 주거래 통장 개설
- 간판에 불 켜두기

**오픈 직전에 해야 하는 일**
- 시설의 하자 유무 체크
- 매장 집기 설치
- 오픈 이벤트 계약
- 최종 리허설 및 행사 음식 준비
- 유니폼 제작 및 식재료 준비

*실전 창업의 神*

다. 조명, 전기, 주방, 방수 등을 꼼꼼하게 살펴본다. 집기들이 들어오기 전에 보수공사를 마무리하는 것이 여러모로 편리하다. 둘째, 매장 집기 설치이다. 시설이 끝날 무렵에 주방용품과 함께 비치한다. 셋째, 오픈 이벤트 계약이다. 미리 계약해야 원하는 사람을 불러, 원하는 내용대로 실행할 수 있다. 늦어도 1주일 전에는 계약이 되어 있어야 한다. 넷째, 유니폼 제작이다. 유니폼을 입는 것이 일체감을 주고 깔끔해 보인다. 깨끗한 느낌을 줄 수 있는 색상과 디자인을 선택해서, 오픈 1주일 전까지는 완제품을 받을 수 있게 서두르는 것이 좋다. 다섯째, 판매 제품이나 식재료 비치이다. 웬만한 것은 2-3일 전에 모두 준비해 두어야 오픈 당일에 당황하는 일이 없다. 여섯째, 최종 리허설이다. 오픈 직전에 하루나 이틀쯤 아는 사람들을 불러 실전 태세를 갖춰 보는 것이 실수를 예방하는 지름길이 될 것이다. 일곱째, 행사 음식 준비이다. 돼지머리나 떡 등의 개업 날 쓸 음식은 오픈 당일 아침에 일찍 올 수 있도록 한다.

# 고객서비스와 직원관리,
# 요령을 파악하라

# 59

# 고객서비스가 최고의 영업전략이다

우리가 고생 고생해서 창업을 구상하고, 사업계획을 잡고, 발이 닳도록 뛰어다녀서 입지와 업종을 고르고, 이제 본격적으로 창업을 해서 점포를 운영하는 단계이다. 통상 점포사업은 입지에서 승부가 갈라진다고 하였다. 초기 매출의 가장 큰 영향을 주는 요인이 바로 점포의 목이다. 그런데 이 점포 입지의 중요성은 사실 점포 운영의 초기에만 영향을 미친다고 생각하여야 한다. 물론 입지가 좋아서 계속적으로 고객들의 호응을 받으면서 영업을 계속해 나가는 곳도 있겠지만 어디 그 점포의 영업이 입지에만 영향을 받을 것인가? 절대 아니다. 초기의 입지가 좋아서 성공적으로 영업을 시작하고 난 후, 어느 정도의 기간이 지난 후에는 점포의 마케팅능력 요소에 의해 영업이 이루어지게 되는 것이 일반적이다.

어느 프랜차이즈 회사의 예를 들어 보자. 점포개발부에서 점포를 선정하고 상권을 분석해서 예상매출액을 산출한다. 그리고 5개년 동안의 수익률을 따져 본 후 투자타당성을 분석하여 타당하다고 판단이 되면 결제를 올리게된다. 회사 입장에서는 점포 한 곳을 개점하는데 많은 투자금이 들어가는 관계로 면밀히 수익성을 따져 본 후 결정을 내리게 된다. 그리고 이제 오픈을하게 되고, 매출이 발생한다. 처음 예상대로의 매출이 나와 주면 좋겠지만 그

예측이 틀리면 누구의 책임인가? 점포개발부의 책임인가, 점포를 운영하며 관리하는 영업부의 책임인가? 그 회사는 처음 1주일의 매출액을 제외하고 (왜냐하면 개점 초기에는 대대적인 판촉, 아는 사람들의 구매 등으로 평균 이상의 매출이 오르게 되기 때문이다) 3개월 동안의 매출액 평균을 보고 입지선정의 책임 여부를 따지게 된다. 즉 3개월 동안의 평균매출 실적으로 점포개발부의 실적을 평가한다. 그리고 3개월 이후의 운영실적에 대한 평가는 영업부의 소관으로 넘어가게 된다.

따라서 약 3개월 정도 기간의 창업 초기가 지난 이후에는 점포사업의 성공과 실패는 점포 마케팅력에 있다고 해도 과언이 아니다.

그 중에서도 여기에서 얘기하고자 하는 고객서비스가 최고의 영업전략이라고 말하고 싶다.

우리 사회에서 이제는 아무리 작은 사업을 운영하는 사업체라도 '고객 만족', '고객 서비스'라는 말을 모르는 사람은 없다. 또 그 중요성을 말하지 않는 사람도 없다. 그런데 문제는 그 실천이다.

얼마 전에 삼겹살 음식점을 간 적이 있다. 매장에는 손님들이 상당히 많이 있었고, 1층에는 자리가 없어서 2층으로 올라가서 자리를 잡았다. 가격도 저렴하고 맛도 좋은 것으로 소문이 난 집이라 '장사가 참 잘 되는구나' 하고 생각하고 있는데, 20대 초반의 종업원으로 보이는 아가씨가 주문을 받으러 왔다. 삼겹살과 소주를 시키자 종업원은 그 내용을 주문전표에 기록하면서 "삼겹살 2인분, 소주 한 병 주문하셨습니다. 감사합니다."라고 하면서 주문내용을 다시 확인하였다. 여기까지는 분위기가 좋았는데, 그 다음이 문제였다. 가스를 열기 위해서는 테이블 밑에 있는 가스밸브를 젖혀야 하는데 이 종업원이 갑자기 선 채로 발을 가지고 테이블 밑을 툭 치면서 가스밸브를 여는 것이 아닌가. 순간 느낌은 황당하기도 하고 굉장히 기분이 나빠졌다. 그 이후로는 같이 간 사람과 종업원의 무례한 태도에 대해서 많은 이야기를 한 것은 물론이고, 기분이 좋지 않은 상태에서 고기 맛은 물론이고 그 음식점에 대한 이미지가 나빠진 것은 물론이다. 생각해보니 그 일 이후로는 그 삼겹살 음식점을 간 일이 없는 것 같다.

## 고객심리에 따른 판매 접근방법

* 1단계 : 주목 • 구매 심리상태
  - 사고 싶은 상품이 있다.
  - 좀 더 자세히 알고 있다.
  • 판매 접근방법
  - 성급히 접근하지 않는다.
  - 고객에게 시선을 두지 않는다.

* 2단계 : 흥미 • 구매 심리상태
  - 디자인이 특이하다.
  - 가격은 얼마일까?
  • 판매 접근방법
  - 고객에게 자연스럽게 접근하여 유행에 대한 조언을 한다.
  - 구매 부담을 주지 않는다.

* 3단계 : 욕망 • 구매 심리상태
  - 가격은 비싸지만 구매하고 싶다.
  • 판매 접근방법
  - 고객의 구매 결정을 도울 만한 접근을 시도한다.
  - 가격에 대한 충분한 가치 또는 장기적인 유용성을 강조한다.

* 4단계 : 확신 • 구매 심리상태
  - 바로 이것이다.
  - 사기로 결정한다.
  • 판매 접근방법
  - 구매 결정에 대한 칭찬과 격려를 한다.

* 5단계 : 행동 • 구매 심리상태
  - 상품대금을 지불하고 상품을 구매한다.
  • 판매 접근방법
  - 정확한 상품대금 수수 및 감사의 인사로 유쾌하게 거래를 끝낸다.

위의 사례에서 보는 바와 같이 점포 내에서의 잘못된 서비스 하나가 어떻게 고객을 잃어버리는가를 알 수가 있다. 이처럼 고객서비스는 사업을 하는 주인만의 노력만으로는 안 되며, 오히려 고객들과 제일 밀접하게 만나고 접촉하게 되는 종업원의 서비스가 더욱 중요하다고 할 수 있다.

예전부터 장사를 하는 사람들은 '고객은 왕이다' 라고 표현하여 고객의 중요성을 강조하였다. 그러나 이 표현이 너무 추상적이어서 그런지 고객에 대한 중요성은 말하면서 실천을 하지 못하는 사업자가 많은 것도 현실인 것이다. 물론 예전에는 없어서 못 팔던 시대였기 때문에 판매자가 더 상위에 있을 수 있었다. 그러나 오늘날 상황은 어떠한가? 총체적인 고객 관리를 못하여 문을 닫는 점포들이 주변에 매우 많다. 또한 급속하게 상륙하는 선진 유통 시스템, 즉 체계적인 판매관리 및 고객관리를 시행하는 외국계 체인점들에 눌려 문을 닫는 독립 점포들도 많은 것이 현실이다. 고객들은 그 행동이 매우 정직하고 또한 냉정하다. 점포에서 고객들에게 판매하는 상품이나 서비스는 큰 차이가 없을 수 있다. 그렇다면 승부는 고객을 어떻게 내 점포로 계속 끌어들이느냐에 달린 것이다. 이런 고객을 어떻게 소홀히 응대할 수 있겠는가? 점포 경영자 및 종업원의 마음 속에는 항상 고객에 대한 중요성 및 감사의 마음을 갖고, 고객서비스에 최선을 다하는 것이 최고의 점포운영 전략이라고 할 수 있다.

먼저, 고객서비스라는 말의 의미를 생각해 보자. 서비스라는 말은 여러 가지로 풀이할 수 있겠지만 '남을 위하여 노력하는 것' 또는 '남에게 이익을 주는 것' 이라고 말할 수 있다.

그렇다면 고객서비스라는 것은 무엇일까? 고객들을 위하여 노력하고 그들에게 만족을 주고자 행동하는 모든 것이라고 정의할 수 있다. 즉, 점포 내에 비치할 상품을 주문하고, 상품을 비치하고, 이것을 고객에게 판매하고, 또한 고객의 불만에 대처하는 등 점포사업에 있어서 일반적으로 이루어지는 모든 것이라고 생각하는 것이 바람직하다. 가장 넓은 의미로 고객서비스라는 것은 고객의 만족을 극대화하는 일이라면 무엇이든 고객서비스가 된다.

따라서, 서비스라는 것이 단순히 '친절하다', '잘 대해준다' 라고 생각하는 것 이외에도 다양한 방법의 서비스가 존재하는데, 상품의 가격을 싸게 파는 것도 서비스이며, 인테리어를 잘 해서 분위기를 제공하는 것도 서비스이며, 음식 맛이 좋은 것도 서비스이며, 점포가 청결하고 종업원들의 친절도 서비스이다.

결국은 점포에서 고객들에게 제공할 수 있는 모든 것이 바로 서비스라는 얘기이다. 다시 말해 고객서비스란 따로 있는 말이 아니라, 성공적인 점포사업 운영을 위한 점포마케팅 그 자체라고 생각해야 한다.

# 고객 응대
# 원칙

점포 내에 고객이 들어오는 순간 시작되는 것이 바로 고객 응대 활동이다. 사실 고객이 점포로 들어오기 전에도 매장 내에서 손님을 기다리는 자세도 고객 응대의 자세라고 할 수 있을 것이다. 그런데 이러한 고객 응대 방법이 왜 중요한 것일까? 그것은 고객서비스 차원에서 값을 할인해 주거나 아니면 경품을 주는 등의 유형적인 서비스가 아닌 '저 점포는 친절하다' 식의 무형적인 서비스를 결정짓게 되는 중요한 요인 중의 하나이기 때문이다.

## 접객용어 6단계

★ 1단계 : 어서 오십시오.
★ 2단계 : 눈을 마주본다.
★ 3단계 : 미소를 짓는다.
★ 4단계 : 신속한 안내와 포장,
　　　　　계산을 한다.
★ 5단계 : 더 필요한 것은 없습니까?
　　　　　(추가/연계 판매)
★ 6단계 : 감사합니다.
　　　　　안녕히 가십시오.

고객들은 점포에서 품질 좋은 상품만을 기대하고 점포를 이용하는 것이 절대 아니다. 점포의 시설, 분위기, 종업원의 서비스 등을 복합적으로 기대하면서 그 점포를 이용하게 되는 것이다. 그 중에서도 사람에 의한 서비스가 이루어지는 모든 것이 바로 고객 응대라고 할 수 있는 것이다.

이러한 고객 응대 원칙은 사업주

실전 창업의 神

를 포함하여 종업원 모두가 원칙을 세워 놓고 철저하게 준수할 수 있도록 해야 한다. 왜냐하면 점포사업자의 입장에서는 고객서비스 뿐만 아니라 고객 응대의 방법도 또한 단순한 친절, 예절의 의미만을 가진 것이 아니고, 고객만족의 일환으로서 장기적으로 점포의 매출을 유지하고, 수익을 얻게 하는 영업전략의 절차이기 때문이다.

고객 응대 원칙은 고객의 중요함을 마음속 깊이 가지면서 고객이 원하는 상품을 원하는 시기에 신속히 고객의 수준에 맞추어 제공하는 것이라고 할 수 있는데, 다음의 고객 응대의 7원칙을 잘 이해하고 지켜 나가야 한다.

(1) 제 1원칙 : 고객이 상점의 문을 열고 들어오는 시점에는 일체의 행동을 중지하고 고객을 응대할 준비를 하라.

고객이 점포에 들어오는 순간에는 절대로 종업원간의 사적인 대화 및 전화 통화를 자제하여 고객을 즉시 응대할 수 있는 자세를 가져야 한다.

(2) 제 2원칙 : 고객 접객의 순서는 먼저 온 고객부터 진행하라.

고객은 언제나 똑같은 수준의 서비스를 받고자 한다. 고객 접객에 있어서는 언제나 공평하도록 노력해야 한다.

(3) 제 3원칙 : 상품 지식 및 생활 정보에 대하여 정통하라.

판매 중인 상품에 대해서는 가급적이면 실제로 사용 또는 먹어 봄으로써 용도 및 기능에 대해서 숙지하여 고객이 질문을 해 올 시에는 명쾌하게 응대를 하여야 한다. 또한 상품에 대한 폭넓은 지식은 연계 판매를 할 수 있어서 추가적인 매출을 발생시킬 수 있음을 명심해야 한다.

(4) 제 4원칙 : 말씨와 인사는 예의 바르게 하라

접객 예절의 대원칙은 무엇보다도 우선 밝고 공손한 인사이며 또 올바른 말씨로 대답하는 것이라고 할 수 있다. 이러한 접객 용어는 점포의 매출을 일으키는 기본요소라는 점을 명심하도록 하고, 자신의 점포 특성에 맞게 수정하여 사업주부터 종업원에 이르기까지 습관화하는 자세가 필요할 것이다.

(5) 제 5원칙 : 옷차림은 단정하게 하라.

점포에는 그 점포의 분위기에 맞는 복장이 있다. 복장은 고객이 점포를 방문했을 때 점포에 대한 이미지를 느낄 수 있다. 이러한 복장이 단정치 못하다면 고객에게 혐오감을 주어 상품 구입에 대한 욕구를 저하시킬 수 있다. 또한 복장 못지 않게 종업원의 두발 및 신발의 상태도 중요하다. 그리고 복장은 점포에서 판매되고 있는 상품 또는 점포의 분위기에 맞도록 하는 것이 좋다.

(6) 제 6원칙 : 행동은 정중하며 경쾌하게 하라.

점포에 근무하는 종업원은 의식할 수 없을지 모르지만 고객은 종업원의 표정 및 행동에 세심한 주의를 기울이고 있다. 어딘지 모르게 종업원의 행동이나 표정이 경쾌하지 못한 점포는 매장 내의 고객 수도 적은 것을 볼 수 있다. 상품 진열 및 청소를 활발하게 하는 종업원의 모습은 고객에게 점포의 활기찬 모습을 전할 수가 있다.

(7) 제 7원칙 : 약속은 반드시 지켜라

고객과의 관계에 있어서 약속은 반드시 지켜야 한다. 할 수 없는 것을 할 수 있다고 하여 고객을 실망시키는 것은 점포에 대한 신뢰도를 떨어뜨려 고객이 점포를 외면하는 결과를 초래한다. 시행 가능한 약속은 최대한 노력하여 지키며, 할 수 없다고 판단 된다면 과감히 고객을 설득시켜야 한다.

실전 창업의 神

# 좋은 이미지를
# 유지하라

61

 

 

 

점포의 이미지는 곧 사업의 성공과 직결된다 할 수 있다. 불결하고 불친절한 이미지의 점포는 아무리 상품의 질이 우수하더라도 고객이 외면을 하게 된다. 언제나 친절하게, 빠른 서비스의 제공과 질 높은 상품이 어우러질 때 사업은 성공의 길을 걸을 수 있다.

고객이 점포를 생각할 때 떠오르는 모습이 최고가 될 수 있도록 항상 점검하고 개선하려는 자세가 필요하다. 가끔 유명하다하여 소개된 맛집, 특히 한식전문메뉴를 취급하는 점포를 가 보면 맛은 어느 정도 인정할 수 있으나, 점포의 환경이라든가 청소상태가 영 엉망인 경우가 많다. 이런 음식점에서는 음식을 먹다가도 그 많은 돈 벌어 어디에 썼을까 하는 생각이 들곤 한다. 이러한 점포는 이용하는 세대가 바뀌면 도태되어 없어질 것이 자명하다.

최근에는 맛 자체에 대해서는 많은 사람이 연구하고 노력하여 레시피가 공개되어 점점 그 격차가 줄어들고 있는 추세이다. 몇 년 전 의정부 소재의 유명한 부대찌개 원조집이라는 곳을 방문했다. 저녁식사 시간이어서 그랬는지 줄을 서서 기다리다 음식을 먹게 되었는데, 음식을 먹던 중 머리카락이 발견되었다. 종업원에게 보여 줬더니 반응이 시큰둥하다. 그럴 수도 있지 않느냐는 표정이었다. 점포에 대한 신뢰감도 떨어지고 음식 맛도 소문으로 들던 것보다는 떨어진다고 판단이 들어서 그 이후에는 한 번도 그 집을 가지 않고 있다.

반면에 보쌈으로 유명한 서울의 한 전문점은 지금은 큰 건물을 지어 한식 점이지만 운영시스템을 패밀리 레스토랑 정도로 격상시켰으며, 또한 서구화 된 인테리어 분위기로 변화하여 재오픈을 하였다. 과거 운영하던 점포에 방문했을 때에도 규모는 초라했으나 기억이 나는 것은 주방이던 서빙을 하는 종업원이던 머리 수건을 쓰고 근무를 하는 점이었다. 그만큼 음식점의 이미지 관리를 잘 함으로써 하나의 점포가 기업으로 성장을 하게 된 사례라고 볼 수 있을 것이다.

훌륭한 점포 이미지 관리를 위해서는 원칙을 가지고 점포운영에 임해야 한다.

고객의 입장에서 점포를 결정할 때는 상품력, 가격, 서비스 등을 최우선으로 고려하지만 어쨌든 한 번은 점포를 이용한 후에라야 이러한 요소가 결정 요인이 된다.

그러면 처음 점포를 선택하는 입장에서 고객은 무엇을 고려할까?

첫째, 친밀감 있는 상호와 무엇을 파는 점포인지에 대한 정확한 정보를 주는 점포이다. 이 점포가 피자를 파는 점포인지 돈까스를 파는 점포인지, 설렁탕을 파는 점포인지 고객 입장에서 빠르게 인지하지 못한다면 점포의 상호, 간판의 디자인 및 위치가 효과적이지 못하다.

둘째, 판매하고자 하는 상품의 수준과 점포의 외관이 어울려야 한다. 주가 격대가 대중적인 전문점이 외관은 최고급품점으로 꾸며졌다면 매장을 이용하려는 고객은 왠지 그 점포로 들어가기를 꺼려한다. 고객의 입장에서는 고객자신이 지출하고자 하는 예산에 맞추어 상품 및 점포를 찾는다. 그러나 상품은 찾았지만 점포의 외관이 자신이 생각한 수준보다 높거나 낮으면 고객의

실전 창업의 神

입장에서 점포 문을 열고 들어서기가 꺼려진다. 이만큼 점포의 외관은 고객의 입장에서 점포를 선택하는데 중요한 요소가 된다.

셋째, 깨끗하고 청결한 점포상태이다. 이를 유지하기 위해서 점포에서는 각종 체크리스트를 만들어 매일 또는 정기적으로 점검하여 이미지 개선을 위해 노력해야 한다. 일부 전문점의 화장실에 가 보면 매 시간별 화장실의 청결상태를 점검하는 체크리스트가 있다. 서비스업종이기 때문에 그만큼 화장실의 청결상태가 중요하다. 그 외에 볼 수는 없지만 주방시설 내 등, 이곳저곳에 각종 점검표가 준비되어 있어야 한다.

따라서 사업 경영자는 해당 업종에 맞는 점검표를 만들어 주기적인 점검을 시행해야 한다. 점검의 항목은 단순히 점포의 청소상태에 머물러서는 안 되며, 고객 접객상태, 상품의 진열, 메뉴의 세팅상태, 근무자 자신의 청결상태 등 다각적으로 점검이 이루어져야 한다.

# 62 점포운영원칙과 철학을 구체화하라

사업을 경영하는데 점포의 규모가 크던 적던 간에 있어서 나름대로 운영에 대한 원칙과 철학이 필요하다.

어느 전문점의 운영원칙을 살펴보자.

"우리는 최고의 점포만을 만드는 사업의 동반자입니다. 우리는 고객의 이익을 최우선으로 추구할 때 비로서 점포도 더불어 성장할 수 있다는 확고한 신념 아래 고객과의 실질적인 동반자 관계로 새롭게 정립하였습니다. 우리 점포의 이미지는 최고의 점포입니다. 최고의 점포란 고객이 항상 편안하게 느끼고, 다시 찾게 되는 즉 모든 상품과 서비스가 고객의 기대 이상으로 제공되는 점포를 말합니다. 그러한 점포를 만들기 위해서 우리는 다음의 3가지 사항을 실천해야 합니다.

첫째, 항상 깨끗하게 매장을 유지합니다.

둘째, 항상 친절하게 고객을 맞이합니다.

셋째, 항상 우수한 품질의 상품을 준비합니다.

중요한 것은 고객이 원하는 것이 무엇인지를 항상 파악하려는 노력과 우리의 행동이 마음속에서 우러나와야 한다는 것입니다."

최근 아주 적은 자본으로 음식점을 시작하여 성공신화를 이룬 사례를 살펴

실전 창업의 神

보자.

다름 아닌 경기도에 위치한 갈비전문점이다. 작게 시작은 했지만 경영주는 음식점 운영의 대원칙을 가지고 사업을 꾸려왔기 때문에 지금의 큰 성공을 이룩했다고 평가되고 있다.

이 업체의 기본은 '사람을 존중하는 마음'에서 출발한다. '사랑할 시간도 없는데 미워할 시간이 어디 있느냐'는 경영주의 삶의 원칙이자 경영이념이 가슴에 와 닿는다. 이런 마음은 직원들에게도 고스란히 전달될 수 있다. 직원 스스로가 직장에 만족해야 질 높은 서비스가 나오고, 좋은 서비스는 고객을 감동시킬 수 있다. 이를 위해 국내 단일 음식점 중 유일하게 별도로 직원 교육장을 만들어 일반 직원은 하루 두 차례, 간부급 직원은 2주에 한 번씩 외부 강사를 불러 전문적인 서비스 교육을 받는다. 더불어 직원들의 전문성을 살리기 위해 해외연수 프로그램을 도입했고 주방안전, 위기 대처, 리더십, 식품 위해요소 중점관기기준(HACCP) 교육 프로그램을 항상 운영한다.

또한 이런 노력 하에 화장실은 특급 호텔 수준으로 아늑하게 꾸몄고, 대기실도 고객들이 편하게 쉴 수 있도록 갤러리로 단장을 해 놓았다. 철저한 위생 관리를 위해 고기에 칼집을 내는 것부터 양념까지 모든 과정은 음식점 외부의 공장에서 이루어진다고 하며, 이런 노력은 국내 음식점으로는 처음 농림부로부터 HACCP 인증을 받기도 하였다.

위와 같은 음식점 운영 원칙의 수립시행 사항은 추상적이고 이론적일 수 있지만 가장 기본적인 사항이면서도 점포가 최고가 되는 지름길이며, 점포를 운영하는 경영주, 나아가 점포 근무자 모두의 행동강령으로 실천되어 질 수 있다. 누가 먼저 실행하는가만이 남아있다.

이러한 최고의 이미지가 고객들에게 전달되어졌을 때 비로서 점포의 목적이 성취될 수 있는 것이다. 그러나 현실적으로 이러한 운영원칙을 갖고 점포를 운영하는 사업주가 몇이나 있을까?

수많은 업종의 경영주를 만나 자문하고 상담을 했지만 머릿속에만 있지 이러한 원칙을 구체화하여 점포를 경영하는 개인사업주는 몇 명 되지 않는 것 같다.

그러면 이러한 운영원칙을 세워 효과적으로 활용하려면 어떻게 해야 할까?

첫째, 운영원칙을 명문화하여 종업원이 잘 보이는 곳에 부착하여 수시로 볼 수 있도록 한다. 또한 고객들도 볼 수 있는 곳에 게시한다면 고객들의 입장에서도 점포에 대한 신뢰를 한층 더 가질 수 있다.

둘째, 영업 개시 전 간단한 회의시간에 운영원칙을 재삼 상기시켜 종업원들의 머릿속에 기억되게 한다.

셋째, 신규 종업원 채용 시에는 별도로 운영원칙에 대한 세부설명을 해 주어야 한다.

실전 창업의 神

# 63 고객을 맞이하는 자세부터 철저히 하라

　예전부터 장사를 하는 사람들은 '고객은 왕이다' 라고 표현하여 고객의 중요성을 강조하였다. 그러나 이 표현이 너무 추상적이어서 그런지 아직까지도 고객에 대한 중요성을 망각하는 경영주들이 많이 있다. 물론 과거에는 없어서 못 팔던 시대였기 때문에 판매자가 더 상위에 있을 수 있었다. 그러나 오늘날의 상황은 다르다. 점점 심화되는 경쟁관계, 하루가 지나기가 무섭게 생겨나는 경쟁자들. 한 명의 고객을 유치하지 못하여 문을 닫는 점포들이 많이 생겨나고 있다. 이에 고객은 왕일 뿐만 아니라 우리의 생계를 위해 여러분의 점포에 월급을 주는 고마운 사장님인 것이다. 이런 고객을 어떻게 소홀히 응대할 수 있겠는가?

　대구에 유명한 삼계탕집의 사장님은 점포를 이용하는 고객들의 구두 및 각종 신발을 깨끗이 정리해 주는 역할을 매일 하고 있다. 맛이 좋은 음식을 먹는 것도 기분 좋은 일인데 큰 음식점의 경영주가 손수 냄새나는 신발을 정리하거나 먼지를 털어 주는 서비스를 제공받았을 때 고객 만족은 감동의 극치에 도달하게 된다. 이러한 점에서 고객은 우리의 사업에 중요한 존재임을 다시 한번 명심해야 하며 이러한 고객을 계속해서 우리의 점포를 이용케 노력하는 것이 사업 성공의 중요한 열쇠인 것이다.

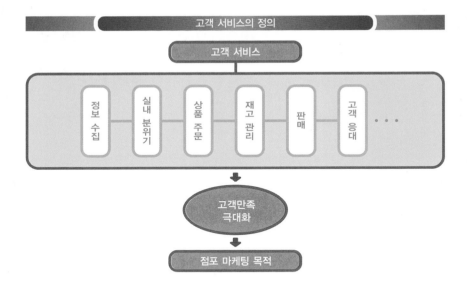

고객 접객 자세라 함은 고객의 중요함을 마음속 깊이 가지면서 고객이 원하는 상품을 원하는 시기에 신속히 고객의 수준에 맞추어 제공하는 것을 말한다. 고객이 구입하기 곤란한 상품이나 이해하기 힘든 상품정보의 제공은 고객 중심의 응대라고 볼 수 없다.

고객은 다음과 같은 원칙을 가지고 응대하여야 한다. 첫째, 고객이 점포의 문을 열고 들어오는 시점에는 일체의 행동을 중지하고 고객을 응대할 준비를 한다. 특히 대금 계산을 할 때에는 일체의 사적인 대화나 외부에서 걸려오는 전화는 받지 않는 것을 원칙으로 해야 한다. 고객의 입장에서 상품구입 대금의 지불과정은 매우 중요한 절차이다. 둘째, 접객의 순서는 먼저 온 고객부터 진행한다. 고객은 언제나 똑같은 수준의 공평한 서비스를 받고자 한다. 단골 손님이라고 해서 나중에 온 고객을 먼저 응대한다면 이것은 고객의 마음에 굉장한 불쾌감을 줄 수 있다. 점포에 손님이 꽉 차서 좌석이 없을 때에는 손님이 기다릴 수 있는 의자를 준비하는 것도 상당한 고객에 대한 배려이다. 셋

실전 창업의 神

째, 상품지식 및 생활정보에 대하여 정통해야 한다. 판매중인 상품에 대해서는 가급적이면 실제로 사용 또는 먹어봄으로써 용도 및 기능에 대해서 숙지하여 고객이 질문을 해 올 시에는 명쾌하게 응대를 하여야 한다. 특히 임시직 종업원을 채용하는 점포에서는 매장 투입 전에 취급하는 상품의 가격, 사용방법, 특성 등에 대하여 충분한 교육을 시킨 후 매장업무에 투입시켜야 한다. 넷째, 옷차림은 단정하게 한다. 점포에는 그 점포의 분위기에 맞는 복장이 있다. 복장은 고객이 점포를 방문했을 때 점포에 대한 이미지를 느낄 수 있다. 이러한 복장이 단정치 못하다면 고객에게 혐오감을 주어 상품구입에 대한 욕구를 저하시킬 수 있다. 또한 복장 못지않게 종업원의 두발 및 신발의 상태도 중요하다. 다섯째, 행동은 정중하며 경쾌하게 한다. 점포에 근무하는 종업원은 의식할 수 없을지 모르나 고객은 종업원의 표정 및 행동에 세심한 주의를 기울인다. 어딘지 모르게 종업원의 표정이나 행동이 경쾌하지 못한 점포는 매장 내의 고객 수도 적은 것을 볼 수 있다. 친숙한 단골고객에게도 언제나 예의 바른 태도를 취해야 한다. 고객과의 관계는 딱딱한 거래관계의 유지보다는 기회가 된다면 친밀한 관계를 유지하는 것이 바람직하다. 그러나 언제나 마음속에 원칙을 정하여 그 선을 넘지 않도록 하여야 한다. 단골고객이라 하여 말을 놓는다든지 고객이 나이가 어리다고 반말을 하는 것은 고객 응대의 기본을 무시하는 처사이다. 여섯째, 약속은 반드시 지킨다. 고객과의 관계에 있어서 약속은 반드시 지킨다. 빠른 서비스를 제공할 능력도 없이 단순히 매상만을 생각하여 고객을 계속 받아들이면서 고객을 오랫동안 기다리게 하는 경우를 볼 수 있다. 고객이 원하는 시간에 음식을 제공하지 못 한다면 정중하게 고객을 돌려보내야 한다. 고객은 오랜 기다림 끝에 결국 음식을 먹게 되지만, 다음부터는 이 점포를 이용하지 않을 것이라는 점은 자명한 일이다.

# 접객시,
# 바람직한 화법

어떠한 업종이든 간에 상품 판매에 있어서 기본적인 역할을 하는 것이 말이다. 이런 뜻에서 판매 및 접객화법은 상품판매의 성공을 좌우할 수 있는 중요한 기술이다.

매출을 크게 상승시키기 위해서는 판매 및 접객화법의 기술을 마스터하는 것이 절대적으로 필요한데, 화법의 기본요소는 다음과 같다.

첫째, 발음을 정확하게 하도록 노력한다. 둘째, 높고 낮음이 있어야 하며 강조할 부분에는 억양이 있어야만 의사 전달이 확실하다. 셋째, 고객의 변화에 따라 변화하는 화술이 필요하다. 넷째, 말과 말 사이를 간결하고 명쾌하게 한다. 이러한 기본요소를 머릿속에 두고 접객에 있어서 기본용어를 선정하여 매일 연습하고 익숙하게 하는 방법이 최선이다.

그러나 고객과 대화를 하는 도중에 쉽게 실수하는 경우가 많다. 불량한 말을 사용한다든지 모호한 용어를 사용한다든지, 어떤 때는 반말을 사용하는 경우도 있다. 이는 무의식적인 상황에서 나오는 현상으로 평소에 연습이 부족하여 발생되는 현상이다. 평소의 끊임없는 반복 연습만이 공손한 어투를 몸에 배게 할 수 있다. 특히 고객에게 삼가해야할 행동 또는 말이 있다. 첫째, 상대방의 이야기가 끝나기도 전에 자기 이야기를 하는 것은 삼간다. 둘째, 처음 만

실전 창업의 神

난 사람에게 직장, 직위, 결혼여부, 연령을 묻는 행위를 하지 않는다. 셋째, 필요치 않은 출신교나 학력 그리고 자기나 가족을 자랑하는 행위는 하지 않는다. 넷째, 개인의 비밀이나 약점을 잘 아는 체 하거나 상대를 비꼬는 행위는 하지 않는다. 그 외에 틀리기 쉬운 접객용어는 다음과 같다.


- 알겠어요 ···→ 잘 알겠습니다.
- 네, 있죠 ···→ 네, 있습니다.
- 이겁니까? ···→ 이것 말씀이신가요?
- 적당할 겁니다 ···→ 적당하다고 생각합니다.
- 말해 두겠습니다. ···→ 말씀대로 전하겠습니다.
- 모르겠군요 ···→ 잘 모르겠습니다.
- 미안하지만 ···→ 죄송스럽습니다만
- 그렇지요 ···→ 그렇습니다
- 되겠나요? ···→ 되겠습니까?
- 좀 ···→ 잠깐만
- 부탁합니다 ···→ 부탁 드리겠습니다.
- 기다리시죠 ···→ 기다려 주십시오


그럼 매장에 고객이 방문한 시점부터의 응대요령을 살펴보도록 하자.

1단계 : 손님이 들어올 때 "어서오세요 번창 음식점입니다."라고 반가운 인사를 한다.

2단계 : 손님이 테이블이나 카운터에서 주문을 하려할 때 "안녕하세요. 주문하시겠습니까?"라고 응대한다. 이때에는 메뉴판을 펼쳐 드리며 천천히 주문을 하도록 유도한다.

3단계 : 주문을 하려고 망설일 때 (웃는 얼굴과 밝은 목소리로) 메뉴 설명 및 메뉴를 제안한다.

4단계 : 주문한 메뉴가 나오면 "주문하신 ○○이 나왔습니다. 맛있게 드세요."라고 말한다.

5단계 : 주문하려는 손님이 밀렸을 경우 "(조심스럽게 웃는 얼굴로) 죄송합니다만, 잠시만 기다려 주세요."라고 상황을 정확히 설명한다.

6단계 : 손님 앞에서 다른 직원에게 말을 건넬 때는 반드시 존칭을 사용한다.

7단계 : 손님이 계산을 할 때 "맛있게 드셨습니까? 결제금액은 총 ○○원입니다."라고 정확하게 고지한다.

8단계 : 손님이 나갈 때"(밝은 미소와 함께) 감사합니다. 안녕히 가세요. 또 오세요"라고 마무리 인사를 전한다.

상기내용은 각 업소의 규모 및 상황에 맞추어 가감하여 사용하면 된다.

실전창업의 神

# 인사예절에도 매뉴얼이 필요하다

인사는 상대방의 인격을 존중하는 경의의 표시이며, 정성의 마음으로 하는 친절과 협조의 표시이며, 응답보다는 자기가 하는 데 더 큰 의의가 있는 것이다. 또한 즐겁고 명랑한 사회생활, 원만한 대인관계를 유지할 수 있어 그 중요성이 크다고 할 수 있다.

인사의 가장 좋은 시기는 고객 내점 시 고객 2보 앞에서, 인사 대상과 방향이 마주칠 때나 갑자기 만났을 때 등등이다. 일식 전문점을 방문하면 보통 주방을 맡은 담당을 부장이라 호칭하는데 점포 문이 열었을때, 크고 우렁찬 목소리로 "어서옵쇼"라고 인사를 하면 다른 직원도 복명복창하는 인사방법이 꽤나 인상적이다. 반면에 점포에 들어가도 인사는 커녕 시선을 주지도 않는 점포는 두 번 다시 방문하기 싫은 점포이다. 인사의 포인트는 마음을 담아서 고객이 원하기 전에 먼저 즐거운 마음으로 언제라도 시행해야 한다.

인사를 하는 자세는 첫째, 상체를 숙일 때 시선은 발끝에서 약 1cm 앞에 머물도록 하고 인사 전후로 상대방의 시선에 부드럽게 초점을 맞춘다. 둘째, 머리만 숙이지 말고 허리와 일직선이 되도록 상체를 숙인다. 셋째, 다리를 가지런히 하고 무릎 사이는 붙인다. 넷째, '안녕하십니까(세요)?'라고 인사말을 주고 받는다. 다섯째, 기본적인 인사말로는 '감사합니다, 어서 오십시오' 여

제8장 고객서비스와 직원관리, 요령을 파악하라

277

셋째, '감사합니다, 안녕히 가십시오' 라고 인사를 한다. 또한 표정은 부드럽고 온화하게 하며 시선은 상대를 바라보며 고개를 반듯하게 들고 턱은 자연스럽게 당긴다. 입은 미소 띠고 상냥한 인사말로 어깨에 힘을 빼고 몸은 균형 유지와 편안한 자세로 자연스럽고 곧게 허리선부터 일직선이 되게 하며, 발꿈치는 붙이고 양발의 각도는 30도 정도 벌린다.

올바른 인사말은 다음과 같다.


- 환영하는 마음 : '안녕하십니까(하세요)'
- 상냥한 마음 : '네'
- 위로하는 마음 : '수고하셨습니다'
- 사과하는 마음 : '미안합니다', '죄송합니다'
- 겸허한 마음 : '덕택으로', '덕분에'
- 감사하는 마음 : '고맙습니다', '감사합니다'


고객에 대한 인사에도 몇 가지 종류가 있다. 주문 요구에 대한 대답이나, 고객을 기다리게 하거나, 금전 수수 또는 상품 전달 시에는 가벼운 목례나 기본적인 예의를 표현한다. 내점 및 퇴점 인사나 감사 인사는 표준 예의의 형태를 표하며, 고객에게 사과할 때나 깊은 감사를 표현할 때는 고객을 향한 최고의 대우를 표현하는 자세가 필요하다.

실전창업의 神

# 명랑한 전화예절이
# 손님을 부른다

66

인간관계의 80% 이상이 언어활동이라고 한다면 업무를 위한 인간관계의 60% 이상이 전화대화라고 해도 과언이 아니다. 따라서 전화를 음성면접이라고도 하는 것이다. 전화는 면접보다 신속하고 경제적으로 용건을 마칠 수 있는 장점을 가지고 있는 반면 서로의 얼굴을 대하고 이야기할 때와는 달리 상대편의 표정과 동작, 태도를 살필 수 없으므로 어려운 부분이 매우 많다. 그러므로 전화문의나 배달판매가 많은 매장에서의 전화응대는 성의를 다해야 한다. 상대의 모습이 보이지 않는다고 하여 아무렇게나 행동하면 그런 감정이 목소리를 타고 전달되기 때문이다.

따라서 고객을 직접 응대하는 것보다 더 부드럽고 공손하며 친절한 말씨로 전화응대를 하도록 노력해야 한다.

음식업에 있어서 많은 비중을 차지하는 것이 전화주문 배달판매이므로 특히 친절한 전화응대를 위한 연습에 노력해야 한다.

전화응대의 기본요소는 첫째, 올바른 자세로 응대 한다. 둘째, 정확히 말한다. 셋째, 간단명료하게 평소보다 한 톤 높여 말한다. 마지막으로 예의 바르고 정중하게 말한다.

전화를 받을 때에는 특히 다음과 같은 점에 신경을 써야 한다. 첫째, 가까운 곳에 위치한 사람이 벨이 울리면 즉시 수화기를 든다. 가급적 전화는 벨이 2~3번 울릴 때 신속하게 받아야 한다. 둘째, 수화기를 들면 상호를 말하고 메모 준비를 한다. 또한 잘못 걸려온 전화도 정중하게 응대한다. 셋째, 통화를 마칠 때에는 끝맺음의 인사를 하고 상대방이 끊는 것을 확인한 후 수화기를 조용히 놓는다. 넷째, 전화 주문인 경우는 주문 내용과 고객의 연락처를 다시 한 번 확인한 후 전화를 끊는다. 가급적 발신자표시 시스템을 도입하여 주문한 곳의 전화번호가 기록에 남도록 해야 한다. 발신자번호 서비스의 사용은 장난 주문 전화를 가려낸다는 포인트도 있지만 주문을 정확히 받지 못한 경우나, 배달 위치를 파악하기 어려운 경우에 고객에게 직접 전화를 걸어 문제를 해결해야 하기 위해 필수적이다. 반대로 전화를 걸 때에는 수신자의 성명이나 용건 등 통화에 필요한 자료 등을 준비해 짧은 시간 내에 명확한 통화를 할 수 있도록 한다. 또한 잘못 건 전화는 상대 쪽에 피해를 끼치기도 하고 시간이나 요금의 낭비이다. 따라서 기억을 믿지 말고 반드시 눈으로 확인한 후 전화를 걸어야 한다.

그럼 배달 주문 전화가 왔을 경우 응대하는 요령을 단계에 맞춰 살펴보도록 하자.


1단계 : 전화를 받으면
　　　　– 안녕하십니까? OOO 치킨 입니다.
2단계 : 준비된 주문지에 신속히 배달사항을 메모한다.
　　　　– 주소, 연락처, 주문 상품명, 주문수량
3단계 : 주문내역을 다시 한 번 확인한 후 감사의 인사를 전한다.
　　　　– 감사합니다. 신속하게 배달해 드리겠습니다.
4단계 : 주문한 상품을 신속히 포장한다. 이때 각종 홍보물(스티커, 병따

실전 창업의 神

개)을 준비한다. 또한 대금수수 시 지불할 잔돈을 준비한다.

5단계 : 배달할 곳과 주문 상품을 다시 한 번 확인한 후 신속히 배달한다.

6단계 : 상품을 전달한 후 감사의 인사를 전한다. 이때 상품 배달시간이 늦어졌다고 생각되면 늦어서 죄송하다는 말을 필히 전한다.

　　　 - 죄송합니다. 주문이 밀려 조금 늦었습니다.

　　　 - 다음에는 신속히 전달하도록 노력하겠습니다.

7단계 : 상품대금을 정확히 받아 입금한다.

　　　 배달고객의 특성(성별, 연령, 거주형태 등)을 메모해 둔다.

# 계산 단계에서의
# 고객 응대 방법

67

계산대에서의 접객은 판매 행위를 마감하는 단계라는 점에서 중요하다. 계산을 하기 위해 계산대에 온 고객에게 눈길도 주지 않으면서 급히 계산에만 주력하는 경우를 흔히 볼 수 있다. 고마움에 대한 미소를 고객에게 전달하는 시간은 불과 몇 초밖에 걸리지 않는다. 그러나 이러한 행동을 실행하지 않는 점포는 의외로 많다. 단순한 상품 계산만이 아닌 몇 마디의 감사인사는 단골고객을 만드는 계기가 될 수 있는 것이다.

대금계산의 경우 점포의 편의에 의해 선불을 받는 경우가 있는데, 간혹 손님을 모시고 갈 때에는 불편한 점이 있다. 서울 소재의 유명한 한 전문점은 많은 고객이 내점하지만 선불보다는 주문 후 번호표를 제공하여 식사를 마치고 돌아갈 경우에는 카운터에서 번호표대로 기록된 대금을 지불하게끔 한다. 고객의 입장에서는 음식을 먹은 후 지불하기를 대다수가 원한다는 점을 생각해야 한다.

계산대 접객방법에 있어서의 포인트를 살펴보면 아래와 같다. 첫째, 고객이 현금으로 대금을 지불 할 경우 받은 돈은 복창하여 확인한다. 손님과의 대금 수수 시에 발생될 수 있는 문제점을 해결하는 방법으로서 고객이 지불해

실천 창업의 神

야하는 금액을 명확히 알려준 뒤 고객으로부터 받은 돈을 복창함으로써 상호 간에 정확한 금액의 수수를 확인할 수 있다. 잔돈을 건넬 때에도 마찬가지로 건네는 돈의 금액을 다시 한 번 말해 줌으로써 정확한 금액을 건넬 수 있다. 둘째, 잔돈은 두 손으로 건네준다. 영수증은 필히 전달해야 하며 잔돈은 양손으로 고객에게 정확히 건네주어야 한다. 금액이 적다하여 계산대 위에 잔돈을 놓는 일은 절대 없어야 한다. 적은 돈일수록 정중히 전달해야 깔끔한 판매의 종결이 될 수 있다. 셋째, 포장고객의 경우 상품은 반드시 두 손으로 직접 전해준다. 바쁘다고 테이블 위에 상품을 놓고 고객이 알아서 가져가라는 태도는 바람직하지 못한 태도이다. 고객은 항상 작은 것에 감동한다는 것을 명심해야 한다. 마지막 단계에서는 반드시 인사를 한다. 고객과의 거래에 있어서 가장 마지막 단계로서 밝은 미소로 "감사합니다"라는 인사를 반드시 해야 한다. 음식을 판매하고 계산을 마쳤다는 들뜬 마음에 이러한 점을 쉽게 놓칠 수 있다. 고객이 점포를 나서려고 할 때 좀 낮은 소리로 다시 한 번 "안녕히 가십시오"라고 인사하는 것이 가장 좋은 접객 태도이다.

최근에 와서 소액이라도 현금결제 위주에서 점차 신용카드 결제 방식으로 변경되어 가고 있다. 제 3의 화폐라 일컬어지고 있는 신용카드 제도가 대중화 시대를 맞고 있다. 따라서 신용카드 이용 고객이 급속히 증가하고 있는 실정인데 카드에 대한 정확한 취급요령과 이에 대한 관리가 필요하다.

카드로 계산할 때 알아두어야 할 사항은 다음과 같다. 먼저 카드상의 유효기간 및 훼손여부 확인, 카드 상의 본인 유무의 확인, 카드 신용 정보기 사용방법 습득, 계산금액이 1회 사용한도 초과시 카드회사에서 승인번호를 별도로 취득 후 승인번호를 기재, 매출전표에 선명하게 프린트한 후 품명, 수량, 금액, 일시불/할부 구분 등을 정확한지 확인, 매출전표의 서명 란에 카드상의 서명과 동일한 서명을 손님으로부터 직접 받는다.(카드상의 서명이 없을 경우 본인 유무를 확인 후 카드 상 서명을 하고 매출전표에 기재한다.), 고객용 전표, 카드를 전달한다. 이때 상품을 배달해야 할 경우 주소, 약도, 전화번호를 받아두고 전표 등을 전달한다. 또 다른 계산 수단인 고액 수표결제 시의 행동요령도 숙지해야 손실을 줄일 수 있다. 10만원권의 자기앞 수표는 보통 현금과 동일시 될 정도로 많이 사용되고 있다. 그러나 많이 사용되고 있는 만큼 도난에 의한 부도수표 및 위조수표가 빈번히 발생되고 있는 실정이다. 따라서 종업원들에게 수표를 처리하는 방법 및 위조수표확인 방법, 의심스러운 수표를 거절하는 방법 등을 알려 주어야 한다. 첫째, 수표 처리 규정을 만든다. 부도 수표의 발생을 최소화하려면 점포 자체적으로 수표 처리에 관한 규정을 만들어 시행하여야 한다. 고객이 수표로 계산을 할 때에는 신분증의 제시를 요구하여 정확한 이서를 하며, 신분증을 제시하지 않는 고객에게는 대금결제가 불가능함을 설득시켜야 한다. 먼저 주민등록증의 사진과 고객의 얼굴이 일치하는지 확인한다. 주민등록증이 없을 경우 운전면허증이나 여권 등과 대체할 수 있으나, 학원증 등 쉽게 위조할 수 있는 신분증은 대체할 수 없다. 둘째, 수표 처리 절차를 교육한다. 수표로 계산을 하고자 하는 고객이 있으면 가급적 빠른 시간 내에 수표에 문제가 있는지를 확인한 후 문제가 없다면 고객의 신분증을 요구하여 정확히 이서를 해야 한다. 이서는 반드시 신분증을 보며 직접 한다(성명, 주민등록번호, 연락처). 수표 발행 일자를 확인한다.

실전 창업의 神

# 성별과 연령에 따른
# 고객 응대 방안

68

고객 관리의 최종목표는 매출증대를 통한 이익극대화에 있다. 고객의 우월감을 고취시켜 판매를 유도하고 구매심리를 자극하며, 상품구입 시점에도 1만 원의 상품을 구매하려는 고객에게 1만 5천 원의 상품을 구매하게끔 니즈(needs)를 환기시킬 수 있는 것도 훌륭한 상술 중의 하나다. 그러므로 각양각색의 고객의 성격유형을 잘 파악하여 상황에 따른 적절한 고객 응대를 한다는 것은 창업경영성공을 위한 과학적 고객관리의 기본이 된다.

먼저, 성별 고객성격 유형을 살펴보도록 하자.

첫째, 남성층의 특성을 보면, 독립성이 강하며 대범하고 적극적이다. 자신감, 우월감, 자기만족 욕구가 강하다. 창조적이며, 개발적이며 모험적이다. 이론적이며 실천적이다. 경제적이며 활동적이다 등이다. 따라서 이러한 외향적이고 강한 성격을 잘 이해하여 접객 시에 좀 더 부드러운 말투와 상황에 맞는 적절한 제스처가 필요하다. 또한 술을 취급하는 음식점의 경우에는 다툼이 발생되는 경우가 많을 수 있으므로 나름대로의 응대 원칙을 정해야 한다. 특히 취객의 경우에는 직접적인 언쟁을 삼가고 문제발생 시에는 사업장 밖으로 유도하거나 연락처를 받아 두었다가 사후에 사고를 정리하는 지혜도 필요하다.

둘째, 여성층의 특성은, 온정주의여서 독립성이나 결단력이 부족하다. 우유부단하며 모방성이 강하다. 심미적이며 동정심이 강하다. 보수적이며 현실적이다. 종교적이며 사회적 관심이 높다. 사고력이 단순하며 경계심이 강하다. 자기 위주의 생각이 강하며 질투심이 강하다 등이다. 이러한 여성층은 세심하고 작은 것에도 민감함으로 여성층의 접객 및 응대에 있어서는 좀 더 세심한 관심이 필요하다. 여성고객들은 사소한 것에 불만을 많이 표현하나 한번 신뢰가 형성된 점포는 장기적으로 이용하는 경향이 있어 단골고객이 될 여지가 대단히 많다.

다음으로 연령별 고객성격 유형을 살펴보면 다음과 같다.

첫째, 노인층은 급격한 변화를 원치 않으므로 각별히 신중을 기해야 하며, 다소 소극적이며 우유부단한 편이므로 지나친 적극성은 삼가는 것이 좋다. 또한 일반적으로 인내심이 강해 감정의 노출을 억제한다. 따라서 응대에 있어서 세심한 배려가 요구된다. 노인층의 응대 시에는 따뜻한 말씨와 세심한 배려를 해준다면 서비스에 대한 만족감을 더욱 배가시킬 수 있으며 특히 음식점을 나설 때 신발을 직접 챙겨주거나 부축해 드린다면 점포에 대한 좋은 인상을 남길 수 있을 것이다.

둘째, 청장년층은 엘리트 의식이나 프라이드가 강하므로 자존심을 해치는 언동을 삼가야 한다. 구매의욕이 강하므로 합리적인 판매 포인트 설정하여 집중적으로 설득에 주력한다. 또한 매우 이기적인 경향이 있기 때문에 이익과 장점에 대하여 설명한다. 반면에 편의주의적이며 단순하고 행동적인 면도 고려하여 응대하여야 한다. 셋째, 청소년층은 개성이 매우 강하므로 개성에 부합되는 방향으로 응대한다. 또한 사물을 감상적으로 보거나 해석하려는 경향이 크고 생각이 단순하여 깊은 사려가 없다. 과거 대비하여 소비에 있어서는 합리적이며 건강을 추구하는 마인드와 합리적인 소비를 한다고 볼 수 있

실전 창업의 神

다. 이들은 또래 집단을 형성하여 점포의 실수에 의해 문제가 발생되면 말 그대로 그 점포가 왕따를 당할 수도 있다.

일례로 고등학교 앞에서 분식업을 운영하던 음식점이 있었는데 판매가격 대비하여 음식의 품질이 우수해 나름대로 그 상권 내에서는 넘버 3 정도에 포함될 정도로 매출이 안정적이었다. 그러나 그 점포를 이용하던 한 여학생이 점포 내에서 현금을 잊어버리는 상황이 벌어졌다. 물론 돈은 찾을 수 없었다. 그리 많은 액수도 아니었는데도 또래 아이들에게 입소문이 잘못 나서 그 학기에는 매상에 큰 타격을 받은 경우가 있었다.

# 69

# 고객의 성격유형에 따른 응대 방안

고객의 성격유형별로 응대하는 방법에 대해서 알아보도록 하자.

첫째, 거만한 고객이다. 이러한 타입은 말투나 태도가 권위적이며 자존심이 강한 사람이므로 특히 정중한 말이나 태도로 대해야 한다. 가령 이런 타입의 고객이 틀린 이야기를 할지라도 곧바로 부정하거나 고쳐주려 하지 말고 가능한 프라이드를 세워 주도록 한다.

둘째, 빈정 투의 고객이다. 설령 고객이 놀린다 할지라도 화를 내지 말고 온화한 표정으로 농담을 되받아 주게 되면 오히려 매출로 이어지게 될 가능성은 훨씬 높아진다. 그리고 단시간에 승부를 걸려고 하지 말고 다소 느긋하게 대응한다.

셋째, 성급한 고객이다. 성격이 급하고 종업원의 어투나 태도 등에 조금이라도 실례되는 부분이 있으면 금방 화를 내는 타입이다. 그리고 기다리는 것을 기본적으로 싫어하므로 신속하고 명확한 어투나 태도로 대응한다.

셋째, 수다스러운 고객이다. 말을 도중에 끊어 버리게 되면 감정을 상하게 하기 쉬우므로 마지막까지 열심히 들어 주도록 한다. 그리고 화제가 취급 메뉴와 관련된 사항과는 다른 쪽으로 흐르지 않도록 말의 주도권을 슬그머니 뺏어 수위를 조절해 가며 대응할 수 있는 유연성이 요구된다.

실전 창업의 神

넷째, 혼자 중얼거리는 고객이다. 불평불만이 많고 정신집중이 잘 안되며 종업원의 말에도 귀를 기울이지 않는다. 자칫하면 많은 시간과 노력을 허비할 수 있다. 정해진 시간 범위 내에서 스스로 결정할 때까지 인내심을 가지고 모르는 척 내버려 둔다.

다섯째, 우유부단한 고객이다. 고객의 요망사항이나 취향 등을 충분히 파악한 후 적합하다고 생각되는 메뉴에 대하여 구체적으로 설명한다. 그리고 상품 메뉴 결정 시에는 직원이 옆에 서서 조금 거들어 주게 되면 효과적이다.

여섯째, 박식한 고객이다. 자신의 풍부한 지식을 과시하려고 논설조의 이야기를 늘어놓거나 종업원을 가르치려고 하는 태도를 보인다. 이러한 고객에 대한 대응은 이야기를 잘 들어 주고 고개를 끄덕이며 수동조의 말이나 제스처를 보여 주게 되면 효과적이다.

일곱째, 내성적인 고객이다. 자신의 취향이나 궁금증 등에 대해서도 거의 의사표시를 하지 않는 경향의 타입이다. 그러므로 신뢰감을 내세워 천천히 대화를 유도한다. 그리고 이러한 타입의 고객에게는 보다 자세한 설명이나 질문을 던짐으로써 고객과의 심리적인 거리감을 좁히도록 한다.

여덟째, 인색한 고객이다. 두 가지 방법이 있다. 한 가지 방법은 가격이 싼 메뉴를 제안하는 것이며, 다른 방법은 그만한 가치가 있는 메뉴라는 것을 믿게 하는 것이다.

아홉째, 다른 지역에서 온 고객이다. 음식에 대해 불안감을 가지기 쉬우므로 더욱 친절하게 안내하여 부담스럽지 않은 분위기를 조성하여 좋은 인상을 남기도록 한다.

열 번째, 동행이 있는 고객이다. 동반자에게도 신경을 쓰되 동조를 얻어낼 수 있는 말을 끌어내어 메뉴를 결정 할 수 있는 분위기를 조성한다.

열 한번째, 염치없는 고객이다. 고객이 염치없게 구는 것은 그의 자유이며 그의 자유를 뺏는 것은 곧 판매의 실패를 가져온다. 그의 자유를 침해하지 않는 범위에서 적당히 응수하여야 한다.

열 두번째, 심부름으로 온 어린이 고객이다. 심부름 보낸 사람을 대하는 마음으로 정중히 맞는다. 간단한 선물을 해도 좋다.

열 세번째, 단골 고객이다. 새로운 메뉴가 있다면 정보를 제공해 주면서 우대하여야 하지만 다른 고객이 있을 경우 특별대우는 바람직하지 못하다. 고객은 모두 왕이기 때문이다.

실전창업의 神

70

# 불만고객 응대 원칙

상품의 가격 또는 품질, 서비스 등에 불만을 토로하는 고객에 대해서는 처리 원칙을 정하여 문제를 해결해야 한다. 한번 만족을 느끼지 못하고 점포를 떠난 고객을 다시 내 고객으로 만드는 작업은 매우 어려운 일이다. 따라서 적절한 원칙을 수립하여 응대한다면 고객도 상황을 이해하게 되어 원만하게 문제를 해결할 수 있다.

한 연구기관의 조사에 의하면 고객이 불만을 느끼고 다른 점포로 발길을 돌리는 세부적인 원인과 구성 항목을 크게 두 가지로 구분하면 상품 불만에 의한 고객 감소는 24%이며 서비스에 불만으로 감소되는 비중은 약 70%를 차지한다. 점포 경영에 있어서 고객에 대한 접객 서비스가 얼마나 중요한지 알 수 있다.

몇 년 전 시내 유명한 치킨호프 프랜차이즈 직영점을 방문한 적이 있었다. 고객과의 시비가 벌어졌는데, 주문한 맥주의 수량차이로 문제가 발생되었다. 고객은 계산서에 나온 숫자보다 덜 마셨다고 하나 카운터에서는 자기네가 체크한 수량이 맞다고 하는 것이다. 이러한 상황은 술을 취급하는 음식점 등에서는 가끔 볼 수 있는 상황인데, 약간 취기가 오른 고객 앞에서 부사장이란 직함의 책임자의 행동은 문제가 있었다. 보통이라면 서빙한 종업원을 조용히

## 불만고객 처리 4단계

**★ 1단계**

**고객불만의 청취와 원인 분석**

- 선입관을 갖지 말고 진지한 자세와 관심을 갖고 듣는다.
- 종업원의 의견을 개입시키지 말고 전체적인 사항을 듣는다.
- 중요한 사항은 메모 한다.
- 불만의 원인을 정확히 알아낸다.

**★ 2단계**

**해결책의 검토**

- 종업원의 권한 내에서 해결할 수 있는가를 검토한다.
- 고객만족의 해결방안을 검토한다.
- 신속한 해결방안을 검토한다.

**★ 3단계**

**해결책의 제시**

- 해결책을 알기 쉽게 설명한다.
- 권한 이외의 것은 해결과정을 상세하게 설명하고 양해를 구한다.

**★ 4단계**

**처리결과의 검토**

- 처리 후 고객의 반응을 조사한다.
- 불만이 다시 발생하지 않도록 미연에 방지한다.

불러 상황 확인을 하는 것이 보통인데, 부사장이란 사람은 큰소리 반말조로 자기보다 나이가 많은 여종업원을 불러 문책을 했다. 고객들이 어이가 없어 더 이상 컴플레인을 하지 못하고 대금결제를 하고 가 버렸다.

앞으로 그 고객들은 절대 이 점포를 찾지 않을 것은 확실하다. 따라서 불만이 있는 고객에게는 별도의 원칙을 정하여 응대하는 방법이 중요하다.

첫째, 고객의 입장에서 생각하라. 불만에 찬 고객은 자신의 불만 사항을 누구에게든지 말하려고 하며 특히 종업원에게는 성난 어조로 이야기하기가 쉽다. 이때 종업원의 입장에서는 고객의 불만 사항을 공손한 태도로 끝까지 들어 주는 것이 중요하다. 사람이란 감정의 동물이며 이러한 감정은 시간이 지나면 누그러질 수가 있는 것이다. 불만에 찬 고객의 마음을 어느 정도 진정시킬 수 있는 좋은 방법은 긍정적으로 고객의 의견을 듣고 응대해 주는 것이다.

둘째, 잘못은 즉시 인정하라. 잘못이 있다고 판단되면 즉시 잘못을 인정하고 고객에게 사과를 해야 한다. 잘못된 사항을 가지고 변명하거나 신속한 의사

실전창업의 神

결정을 하지 못하면 작은 문제가 더욱 커져 큰 문제로 비약될 수 있다. 셋째, 신속히 처리한다. 불만 사항이 접수되면 빠르게 해결방안을 수립하여 고객에게 통보한다. 신속한 응대만이 신속한 결과를 얻을 수 있는 것이다. 넷째, 결과는 반드시 통보하라. 불만사항 처리에 대해 약속된 사항은 편지로든 전화로든 간에 고객에게 통보해줘야 한다. 장사는 한 번만 하고 마는 것이 아니므로 이러한 고객을 잃지 않는 것이 매출 향상의 기본이 되는 것이다. 다섯째, 고객의 불만은 매장 이외의 장소에서 접수하라. 매장 내에서 고객의 불만 사항을 듣는 것은 판매에 지장을 줄 뿐만 아니라, 다른 고객에게도 점포의 나쁜 이미지를 줄 수 있다. 가급적 판매 장소 이외의 장소로 이동하여 고객의 불만 사항을 들으면 이동과정에서 고객의 흥분도 가라앉을 수 있다.

# 71

# 종업원은 점포의
# 이미지를 나타낸다

점포를 운영하려고 할 때 점포의 투자자, 즉 점포경영주 혼자서 점포를 경영하기란 매우 어렵다. 이렇기 때문에 사업의 조력자인 종업원을 채용해야 하는 것이다. 물론 소규모 점포인 경우 혼자서 점포를 운영할 수도 있겠지만, 그렇지 못한 경우에는 종업원을 채용해야 하는데 전혀 생면부지인 사람을 모집, 채용한다는 것은 매우 어려운 일이다.

종업원은 점포의 한 부문의 업무를 책임지는 중요한 역할을 하며 종업원의 능력에 따라 점포의 발전이 좌우될 수도 있다. 따라서 종업원 채용에 있어서 매우 신중을 기하여야 하며 종업원을 모집하기 위한 적절한 절차 및 채용원칙을 수립하여야 한다.

종업원을 채용하기 전에 경영주는 먼저 이 점포에 몇 명의 인원이, 어떠한 능력을 소유하고 있어야 하는가를 결정해야 한다. 따라서 경영주는 매장의 크기, 고객 수, 업무량, 가장 바쁜 시간대 등을 고려하여 적절한 인원 계획 및 배치계획을 짜야 한다. 피크 시간이 아닌 경우 별도로 종업원을 고용할 필요는 없을 것이다. 이것은 인건비 절감 및 고객에게 최상의 서비스를 제공한다는 측면에서 신중히 고려하여야 할 사항이다. 또한 소규모 점포에는 종업원이 현금을 취급하는 경우가 많으므로 종업원의 신분이 확실한지 확인하는 과

실전창업의 神

정도 필요하다.

종업원이 해야 할 직무가 무엇인지 먼저 조사되어야 하며, 이에 따른 필요 인원수 및 요일별 인원의 배치계획도 수립되어야 한다. 점포에서 필요한 종업원들이 근무할 시간과 기간을 정확하게 결정하는 것은 매우 중요하다. 왜냐하면 지원자들의 근무가능한 시간과 기간이 점포에서 필요로 하는 여건과 일치하여야 하기 때문이다.

일반적으로 종업원을 채용할 경우 고려사항으로는 다음과 같은 것들이 있는데, 매장의 크기, 고객 수, 업무량, 가장 바쁜 시간대 등을 고려하여 계획을 짜야 한다.

– 어떠한 능력이 있어야 하는가?

– 몇 명이 필요한가?

– 연령은 어느 정도가 좋은가?

– 경력 · 신입 여부, 정식사원 · 아르바이트 여부를 정한다

필요한 인원이 결정되면 가능한 모든 방법을 이용하여 종업원을 즉시 모집하여야 한다. 이 때에는 점포에서 필요한 근무 시간대, 자격요건, 그리고 급여조건 및 지급방법이 결정되어 있어야 하며, 지원자가 문의를 해올 때 정확하게 설명해 주어야 한다. 이것은 그들이 원하는 조건을 알려 주어 빠르게 의사결정을 내릴 수 있도록 하기 위해서이다.

종업원 면접 시에 중점적으로 점검해야 될 사항으로는,

첫째, 이 사람이 정직한 사람인가 하는 점이다

물론 짧은 시간을 통하여 이러한 사항을 파악하기는 어렵겠지만 면담을 통하여 취업신청서에 기재된 사항을 확인하다 보면 경영주 입장에서 어느 정도 이러한 점을 확인할 수 있을 것이다.

둘째, 기본적인 업무 자질을 소유하고 있는가 하는 점이다.

셋째, 책임감이다. 아무리 일을 잘한다 하여도 약속을 잘 지키지 않는다거나 연락 없이 결근을 하는 경우는 점포에 절대 도움이 될 수 있는 사람이 못된다. 특히 면접시간에 1분이라도 늦는 희망자는 절대 고용하지 말라. 처음부터 시간을 어긴다면 이것은 대단히 무책임한 사람이다. 면접이 끝나게 되면 사후 통보일자를 알려 주고 면접에 응해 주어서 고맙다는 인사를 하며, 채용의사가 없더라도 끝까지 예의바르게 응대하여야 한다. 취업 희망자도 고객임을 명심해야 한다.

채용이 결정되면 즉시 지원자에게 통보하여 점포에서 원하는 날짜에 출근할 수 있도록 해야 한다. 개인적인 스케줄이 있기 때문에 가급적이면 1주일 전에 통보하도록 한다.

그리고 종업원의 채용이 결정되면 점포의 근무원칙을 알려 주어 근무에 차질이 없도록 해야 한다.

점포에서의 근무원칙은 일반적으로 다음과 같은 사항이 있다.

### ♥ 근무시간에 대한 것

점포경영주는 최소한 월간계획표를 작성하여 모든 종업원이 이 일정에 맞추어 근무 계획 및 휴무계획을 수립할 수 있도록 하며, 변경을 원하는 종업원에게는 사유를 충분히 듣고 근무 일정을 변경해 주어야 한다. 근무시간은 정확히 지키게 하여야 하며, 근무 시작 전에 미리 출근하여 점포운영에 지장이 없도록 하여야 한다.

### ♥ 용모 및 복장에 대한 것

고객을 맞이하는데 있어서 항상 단정하고 깨끗한 이미지를 주기 위해 용모 상태를 점검하여야 한다. 가급적이면 근무 시간 직전에 세면을 하도록 하며,

실전 창업의 神

식사 후에는 양치질을 하도록 해야 한다. 또한 비용이 들더라도 유니폼은 2벌을 지급하여 언제나 청결하고 깨끗하게 유지해야 한다. 두발도 손질을 하여 깨끗하게 유지해야 한다.

유니폼이란 점포의 이미지를 나타내며, 고객과 종업원을 구분하게 하여 고객이 쉽게 종업원임을 인지하여 도움을 요청할 수 있게 해 준다. 그러나 보통 종업원들은 유니폼 착용을 꺼려하는 경우가 있다. 점포경영주는 이러한 유니폼의 중요성을 인지시켜 종업원이 유니폼을 필히 착용하도록 해야 하며, 점포경영주 자신도 반드시 유니폼을 착용하여 종업원들의 본보기가 되어야 한다.

### ❦ 현금 취급에 대한 것

점포 운영에 있어서 현금의 취급 문제는 매우 민감한 문제이다. 점포 운영을 하다 보면 실수 또는 도난에 의해 현금의 시재(당장에 가지고 있는 돈이나 물품 등의 액수나 수량)가 맞지 않는 경우가 많다. 그러면 이러한 경우에 책임의 소재 문제가 발생되게 마련이다.

그렇기 때문에 가급적이면 현금의 취급은 점포경영주 또는 가족이 하도록 해야 하며, 불가피한 경우에 한해서 종업원에게 계산을 맡겨야 한다. 이 때에는 사전에 종업원에게 현금 취급 요령 및 판매 대금이 부족할 시 책임여부를 명확히 알려 주어야 한다.

### ❦ 휴무 또는 질병

몸이 불편하여 근무를 못할 경우가 발생되면 최소한 1일전에 점포경영주에게 통보하도록 하여 대체 인력을 확보할 수 있게 하여야 한다.

### ❖ 전화 사용

전화는 가급적이면 업무용으로 사용하도록 해야 하며, 사적인 전화는 간단히 통화할 수 있도록 해야 한다. 또한 걸려온 전화는 정중하고 예의 바르게 받아야 한다.

실전 창업의 神

# 종업원 교육은
# 실습이 효과적이다

점포를 운영하는 데 있어 종업원의 교육은 매우 중요하다. 교육은 점포의 발전 및 종업원 자신의 자기계발에 도움이 되는 것이다. 능력있는 종업원은 하루아침에 탄생하는 것이 아니라 꾸준한 교육 및 훈련을 통하여 얻어지는 것이다. 그러나 점포경영주 입장에서는 무엇을 교육시켜야 할지 난감한 경우가 많을 것이며 교육을 시킨다고 하더라도 체계적이지 못하여 교육의 효과가 떨어지게 되는 경우가 많다. 교육이 잘 된 종업원은 점포의 지속적인 원동력이 될 수 있다는 것을 명심하여 점포 경영자는 교육에 대한 시간과 투자를 아끼지 말아야 한다.

교육은 실습을 통해서 하는 것이 가장 효과적이다. 교육이라 하면 보통 일방적으로 일정한 장소에 종업원을 집합시켜 점포경영주의 일방적인 생각을 전달하고 끝나게 되는 경우가 많다. 그러나 효과적인 교육은 이론에 바탕을 두고 실습을 통하여 종업원이 직접 해 보게 한다.

먼저 점포경영주가 직접 상황에 맞추어 예를 보여 주고, 종업원이 직접 시행하도록 한다. 시행 후 경영주 또는 종업원이 느끼는 문제점을 서로 논의하여 보완하는 것이 가장 훌륭한 교육의 과정이라고 할 수 있다. 사무실 내에서 고객에게 인사는 이렇게 해라, 상품의 포장은 이렇게 해라, 하는 방식이 아니

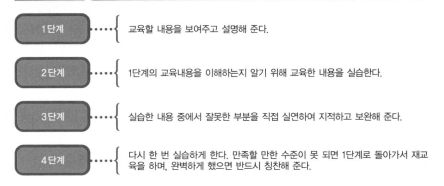

종업원 교육진행 4단계

**1단계** ·····{ 교육할 내용을 보여주고 설명해 준다.

**2단계** ·····{ 1단계의 교육내용을 이해하는지 알기 위해 교육한 내용을 실습한다.

**3단계** ·····{ 실습한 내용 중에서 잘못한 부분을 직접 실연하여 지적하고 보완해 준다.

**4단계** ·····{ 다시 한 번 실습하게 한다. 만족할 만한 수준이 못 되면 1단계로 돌아가서 재교육을 하며, 완벽하게 했으면 반드시 칭찬해 준다.

라 판매 현장에서 경영주 자신이 직접 실연을 하여 종업원이 보고 느끼도록 하는 것이 가장 중요하다.

교육은 업무의 연속으로서 필요성이 느껴질 때마다 실시해야 한다. 그러나 교육을 필히 해야 하는 적절한 시기가 있는 것이다. 이 필요한 시기에 교육을 받음으로써 종업원은 판매 현장에서 교육받은 내용을 적절히 활용할 수 있는 것이다. 종업원이 교육을 받아야 할 시기는 다음과 같다.

- 신입 종업원이 처음 근무를 시작하기 전에
- 신입 종업원이 할당된 업무를 처음으로 시작할 때
- 종업원의 업무 처리가 미숙할 때
- 새로운 업무가 시작할 때

교육을 통하여 효과적인 결과를 얻기 위해서는 체계적인 단계로 교육을 진행시켜야 한다. 교육은 1회로 끝나서는 안되며 종업원의 경력이나 능력 정도에 따라 체계적으로 진행하여야 한다. 또한 교육은 직접 실습을 해야만 확실하게 종업원 자신의 것으로 만들 수 있다.

그럼 무엇을 교육해야 하는가? 교육의 내용은 점포가 무엇을 파는 점포이냐에 따라 달라질 수 있으나 기본적으로 상품을 판매하는 입장에서는 다음과 같은 내용의 교육이 진행되어야 한다.

- 기본적인 접객 용어
- 복장 차림새
- 포장 방법
- 상품 검수 방법
- 창고 상품 진열 방법
- 고객 불평, 불만 처리 요령
- 비상 연락 방법

- 인사 방법
- 청소 방법
- 무거운 물건 운반 요령
- 가격표 부착 방법
- 제안/연계 상품 판매 훈련
- 재고 조사
- 강도 발생시 행동 요령

- 고객 응대 자세
- 전화 받는 법
- 계산 요령
- 점내 상품 진열 방법
- 금전등록 조작 방법
- 기계장비 응급처리 요령
- 상품정보 숙지

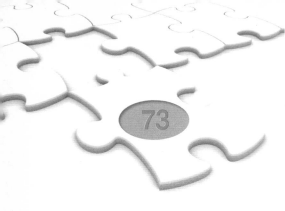

# 73

# 성공하려면 종업원의
# 마음부터 잡아라

　작은 인원으로 운영하는 점포에서 제일 중요한 점은 점포경영주를 포함한 전 종업원의 확고한 역할의 분담과 일률적인 의사소통 체계의 확립이다. 이러한 의사소통은 면담 및 회의를 통하여 각 종업원에게 전달되며, 그 결과 역시 경영주에게 다시 전달된다고 볼 수 있다.

　첫째, 업무의 전달은 구체적으로 한다

　종업원에게 업무를 지시할 때 애매모호하게 지시가 되면 작업의 능률도 오르지 않을 뿐 아니라 원하는 결과도 얻지 못한다. 지시를 할 때에는 명쾌하게 지시하며 언제까지 하라는 구체적인 마감 일정도 말해 주어야 한다. 이러한 내용이 없다면 부과된 업무는 방향없이 질질 끌며, 종업원 고유의 업무에도 전념하지 못하게 된다. 진행업무는 일일업무, 주간업무, 월간업무로 구분한 뒤 종업원과 상의하여 계획표를 만들어 진행하는 것이 가장 효율적이며 종업원 자신이 업무가 완결되었을 때 체크할 수 있는 항목도 포함된다면 더욱 좋다.

　둘째, 일의 결과는 반드시 점검한다.

　주어진 업무의 진행 결과에 대해서는 필히 점검한다. 구두로 보고를 받든,

실전 창업의 神

결과를 가지고 경영주가 직접 점검을 하든 간에 그 결과에 대해서는 필히 점검을 해야 한다. 이 점검이 없으면 종업원 입장에서는 해야 할 업무를 등한히 하고 미루게 되며, 사장님은 점검을 하지 않는다는 생각을 갖게되어 맡겨진 업무에 전념하지 않게 된다.

셋째, 업무 결과가 우수하면 반드시 칭찬한다.

지시한 업무에 대해 결과가 나오면 결과에 대해서 평가를 하며 결과가 우수하다면 반드시 칭찬을 해줘야 한다. 이 때 칭찬은 종업원이 모인 자리에서 해야 그 효과가 크며 다른 종업원들도 열심히 해야겠다는 마음 자세를 갖게 된다.

넷째, 업무 결과가 미흡하면 원인을 파악하여 보완해 준다.

결과가 미흡한 경우 무조건 잘못에 대한 문책을 하는 것보다 왜 미흡한 결과가 나왔는지 원인을 파악할 수 있도록 도와주어야 한다. 왜냐하면 잘못된 결과가 종업원 자신보다도 점포경영주의 잘못된 지시 또는 그 이외의 외적인 요소에 의하여 나올 수 있기 때문이다. 먼저 경영주 자신이 올바르게 업무 지시를 하였는지 확인하며, 다음으로 종업원의 문제점이 무엇인지를 깨닫게 도와주어야 한다. 즉 종업원 자신은 최선을 다했을 수 있으나 외부의 요인이 어려워 일을 원활히 진행하지 못할 수도 있다. 외부의 요인 때문이라면 이러한 장애요인을 없애도록 조언을 주며, 또한 격려를 하여 다음 기회에는 좋은 결과가 나올 수 있도록 해야 한다.

# 사업에서 통하는
# 마케팅 노하우 분명 있다

# 74

# 마케팅 마인드를 가진 사람이 성공한다

점포 마케팅이란 무엇인가?

마케팅 하면 교과서에서나 볼 수 있는 하나의 이론으로 생각하는 점포경영주가 의외로 많다. 그러나 마케팅이란 하나의 이론이 아닌 실제로서 점포경영주는 알게 모르게 점포를 운영하면서 마케팅 활동을 해 오고 있다.

즉, 가격은 얼마 받을까? 개점 광고는 어떻게 할까? 상품의 구입은 어디서 할 것인가? 우리의 주요 고객은 누구인가? 바로 이러한 것들이 점포경영주가 늘 생각해 왔으며 답을 찾아 점포 운영에 반영해 온 것이다. 이것이 바로 마케팅 활동이다.

그렇다면 마케팅 활동의 목적은 무엇일까? 한마디로 마케팅은 점포의 매출을 극대화하기 위한 활동을 말한다. 다시 말하면 고객에게 만족을 제공하는 동시에 점포의 목표를 달성하기 위한 활동이다. 마케팅 활동이 소점포 경영에도 필요한가? 앞에서 언급하였듯이 마케팅 활동은 골치 아프고 어려운 것이 아니다. 점포경영주 입장에서 현재까지 점포를 경영해 오면서 해 왔던 활동이다. 이러한 상황에서 이런 활동을 좀더 체계화하는 것이 점포의 경영에 있어서 필요하다. 취급하는 상품의 가격 책정, 품질, 공급 또는 판매방법, 광고 및 판촉방법, 고객서비스 등의 통합으로 주요 고객을 타겟으로 최대의 만족을 주어 매출의 활성화를 이루는 것은 점포 운영에 절대적인 것이다.

요즘 갈수록 소점포 경영 환경은 어려워지고 있다. 소매업계는 대형 할인점, 전문점 등의 등장으로 소비자들의 쇼핑 환경이 주말에 이러한 할인점 등을 이용해서 한번에 필요한 많은 물건을 다량으로 구매하고 있으며, 동네 점포에서의 구매는 갈수록 줄어들고 있다.

음식점은 또 어떠한가? 경기가 위축된 상황에서도 외식산업은 호황을 누리면서 대자본의 기업들이 속속 패밀리 레스토랑, 외식 체인사업에 뛰어 들고 있다. 음식점 업계도 작은 규모의 점포들은 더 이상 설 자리를 잃어 가고 있는 형편인 것이다.

이런 상황에서 '왜 손님들이 안 올까?' 또는 '우리 집 음식 맛은 좋은데 점포가 작아서 큰 점포에 밀리는 거야!' 하는 생각을 하고 있지는 않은가? 그런데 그것은 지극히 당연한 것이다. 요즘의 소비 패턴은 대형점포를 이용하게 되어 있으며, 외식도 큰 매장에서, 시설 좋고 분위기 좋은 곳에서 친절한 서비스를 받아 가면서 즐기는 것이다. 자고로 예전부터 '큰 놈 옆에는 작은 놈 가지말라' 라는 원칙이 있다. 경쟁이 안 된다는 것이다. 그럼 작은 점포들은 다 죽는가? 절대 아니다.

그럼 살 길은 무엇인가? 그 해답은 바로 고객층을 특화하여 차별화하는 방법이다.

할인점이 있는 곳에서도 24시간 편의점은 영업을 하고 있다. 대형 회센터에 수많은 고객들이 붐비고 있지만 자그마한 횟집에서도 조용한 분위기에서 회를 먹는 고객들이 있다. 많은 좌석을 갖춘 고기집 옆에서 드럼통 숯불구이를 주메뉴로 하는 선술집이 영업을 하고 있다.

고객들은 영리한 사람들이다. 자신들이 이용할 목적과 가격과 장소를 최선의 방법으로 선택한다.

실전창업의 神

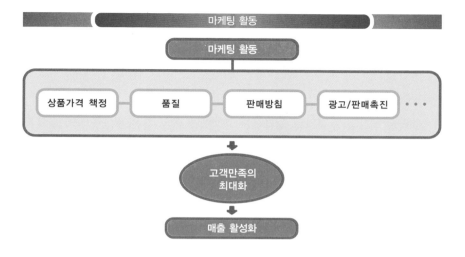

결국은 자신이 목표로 하고 있는 고객층을 명확히 설정하고, 이들의 욕구를 충족시킬 수 있는 방향으로 자신 점포의 모든 것을 갖추어 고객만족을 이룰 수 있도록 노력하는 것이야말로 차별화를 이룰 수 있는 점포마케팅의 핵심이다.

경험적으로 보면, 점포 경영에 성공하고 있는 사업자들은 대부분 이러한 마케팅적인 사고방식에 투철한 사람들이다. 상품을 구매할 때도, 창고정리를 할 때도, 판매촉진 계획을 잡을 때도, 항상 누구한테 이것을 어떻게 팔아서 얼마를 남길 것인가에 대한 생각을 하고 있다. 이것이 바로 마케팅 마인드가 아닌가 생각한다.

점포 경영이라는 것은 어떠한 경우에도 판매가 중심이 되어야 하고, 또 이익을 남겨야 한다. 점포는 판매라는 기능에 의하여 사회에 필요한 존재가 되는 것이고, 또한 그 사회에서 받아들여지는 점포만이 존속과 발전을 기대할 수 있다.

이런 의미에서 점포의 경영활동은 '판매'라는 그 자체에 집중되지 않으면 안 된다. 예를 들면 점포의 장식, 종업원 관리, 효과적인 진열, 매출관리 및 자금관리 등 실로 모든 것이 팔기 위한 준비작업이라 할 수 있다. 이것이 판매중심의 철학이며 마케팅 마인드를 가진 사고방식이라고 할 수 있다.

점포 경영자와 종업원은 끊임없이 고객에게 이와 같은 판매중심의 철학과 마케팅 마인드를 주장해야 하며, 이러한 것이 일상화될 때 지속적으로 발전을 거듭하는 점포가 될 수 있다.

실전 창업의 神

# 정말,
# 고객을 알아야 한다

# 75

"고객만족", "고객은 왕이다" 우리가 주변에서 흔히 듣는 얘기이다. 고객의 중요성, 고객서비스의 중요성 등에 대해서 강조하는 말이지만 소규모 창업현장에서 철저하게 지켜지지는 않는 것 같다.

고객을 알아야 점포운영의 모든 것을 고객에게 맞출 수 있으며, 점포에 만족하는 고객들에게 최고의 서비스를 제공함으로써 고객만족을 이룰 수 있을 것이다. 이것이 장기적으로 점포에 매출과 이익을 가져다 주게 된다. 결론적으로 고객을 생각하지 않는 사업자는 실패를 하게 될 것이고, 고객을 알고 생각하는 사업자는 성공할 수 있다는 얘기이다.

너무나 당연한 얘기이지만 "누가 우리의 고객인가? 에 대해서는 문제가 좀 있다. 사례를 가지고 이 문제에 대해 알아보도록 하자.

K씨는 40대 중반으로 아직 미혼이며 과거에 서점을 운영했던 경력이 있는 사람인데 서점운영을 실패한 경험이 있다. 어머님 명의로 조그만 점포를 가지고 있는데 약 15평 정도이며 시세를 보면 보증금 2천만 원에 월 임차료가 120만 원 선이다. 얼마 전 까지만 해도 신문보급소가 운영 중이어서 임대수입을 얻고 있었는데 신문보급소가 영업을 중지하면서 다른 업종을 유치해 봤

지만 희망자가 없어서 결국은 3-4천만 원 정도를 투자해서 직접 자신의 점포에서 창업을 결심했다. 창업 초기에 입지분석을 실시해서 조그만 미니슈퍼를 창업하는 것이 타당하다고 결정했는데 그 사유로는 첫째, 점포를 운영할 사람들이 K씨를 포함해서 연세가 있으신 어머님과 형수, 이렇게 3명인데 소매업종 이외에는 다른 업종을 창업하기가 어려웠다는 점, 둘째, 소매업종 중에서 슈퍼의 경우 별도의 인건비 지출이 없이도 3명이 번갈아 가며 운영을 하면 장시간 운영이 가능해서 제반 비용을 줄일 수 있고 특별한 기술이 없이도 성실하기만 하면 운영이 가능하다는 점, 세째, 소유하고 있는 점포의 상권이 썩 좋은 입지는 아니더라도 배후로 주택가가 적당히 형성되어 있고, 점포 앞에는 버스정류장과 건널목이 있어서 유동인구 층들의 점포로의 접근성 및 시계성이 다른 점포보다는 우수하다는 점이었다. 주변에 슈퍼 2곳이 이미 운영 중이었지만 K씨의 점포입지가 상대적으로 우수하여 경쟁력을 가지고 있다는

| 사업운영전략 | | |
|---|---|---|
| 소점포 운영전략 | 내가 | 판매의 주체 |
| | 누구한테 | 목표 고객 |
| | 무엇을 | 상품이나 서비스 |
| | 어떤 가격으로 | 고객이 느끼는 효용가치 |
| | 어떻게 | 운영방법 |
| | 팔 것인가? | 판매 서비스 |

실전 창업의 神

사실도 이유 중의 하나였다. 본인들의 희망은 하루 매출이 약 30만 원대만 되면 월매출액은 900만 원, 마진율을 20%선만을 보면 이익금액은 180만원 정도를 기대하였는데 별도의 임차료나 인건비 지출이 없는 상태에서 약간의 비용만을 제하고는 거의 그대로 수입이 될 수 있으므로 이 정도면 만족이라는 것이다. 가족형 창업으로서 충분히 가능하다는 결론이었다.

이렇게 해서 미니슈퍼를 창업한 지 몇 개월. 영업실적은 생각처럼 나오지 않았다. K씨 점포의 영업상황은 매출은 20만 원 선이며 마진율은 10% 선이어서 한 달에 60만 원 정도를 이익으로 얻는 상황이다. 마진율이 작은 것은 고객들이 비싸면 상품을 사지 않을 것이기 때문에 할인점과 비교해서 가격을 설정했기 때문이라고 하고, 진열된 상품은 도매업체에서 이런 상권은 이런 상품이 잘 팔린다고 해서 구매한 것이라고 했다. 3명이 새벽부터 밤 늦게까지 일을 하면서 한 사람의 인건비 조차도 건지지 못하는 상황이었다.

왜 이런 상황이 발생되었을까?

'○○○○마트'. 그리고 하단에는 '과일, 꽃, 각종 공산품 판매' K씨 점포의 간판 상호이다. 15평 정도의 작은 점포에서 주택가 작은 상권을 대상으로 하면서 상호 및 판매상품 안내문은 마치 대형 할인마트나 지역상권의 슈퍼마켓을 안내하는 느낌이 들고 있다. 그런데 점포 앞에서 처음 보이는 상품들은 간판에 써 있던 과일, 꽃은 아예 보이지도 않고 세제류, 휴지류, 선물용품, 각종 양주 등이 크게 자리를 차지하고 있다. 간판에 "마트"라는 상호를 썼고 또 "과일, 꽃, 각종 공산품"이라고 표시를 한 것만 보더라도 K씨는 할인마트의 개념을 가지고 창업을 한 것이다. 틀림없이 자신의 점포는 그 입지특성이나 규모를 보아서는 동네 식품슈퍼임에도 불구하고 말이다. 그리고 손님들이 가격이 비싸면 자기점포에서 안 살 것이라는 생각으로 할인마트와 비교하여 가격을 맞추다 보니 마진율을 10%만 남길려고 하였으며 상품구색도 본인이 할인마트에서 사던 그 상품들 위주로 구색을 갖춘 것이다.

그렇다면 고객들은 동네(인근에 할인마트가 있는 경우)에 있는 조그만 슈퍼에서 무엇을 살까? 여러분은 여러분들이 살고 있는 조그만 동네슈퍼에서 양주, 선물용품, 세제류, 휴지류, 설탕, 분유, 밀가루 등등을 사시겠는가? 당연히 계획을 세워서 인근의 가격이 싼 할인마트에서 구매할 것이다. 동네 슈퍼에서는 무엇을 사게 될까? 담배, 과자류, 빵류, 사탕, 음료, 주류 등등 상품을 주로 사게 되며 특히 한번에 많이 구매하는 것이 아니라 순간적으로 필요할 때 소량을 구매하게 된다. K씨의 문제점은 바로 이것이다. 고객들을 오해하면서 가격을 낮춰 수익률을 악화시켰고, 상품도 동네슈퍼에서는 안 팔리는 상품들을 주력으로 진열함으로써 매출감소는 물론 재고부담도 떠 안게 되면서 영업실적이 악화되었다.

K씨 점포의 이런 영업부진 이유를 정리하면, 첫째, 목표고객에 대한 오해, 둘째, 점포입지의 특성 파악 실수, 셋째, 그에 따른 상품구성의 실수와 진열 미비, 마지막으로 사업자의 운영기술 미비라고 정리할 수 있겠지만, 이 문제점들은 따로 떨어져 있는 원인들이 아니고 상호 연관이 되어 있는 것이라고 할 수 있다. 그렇다면 엉켜진 실타래를 풀기 위해서 실의 끝 부분을 찾듯이 이러한 문제들을 해결하기 위한 원인, 즉 실마리를 어디에서 찾을 것인가? 한마디로 정리하면 바로 "고객에 대한 오해"라고 할 수 있다.

소규모 사업에서의 운영전략을 간단히 말하자면, "내가 누구한테 (목표고객) 무엇을 (상품이나 서비스) 어떠한 가격으로 (고객이 느끼는 효용) 어떻게 (운영방법) 팔 것인가?"를 정하는 것이라고 할 수 있는데, K씨는 목표고객의 상품 구매 행태 (동네슈퍼에서는 어떤 상품을 어떤 가격을 지불하면서 살까?)를 오해하면서 가격설정과 상품구색을 잘못함으로써 현재의 상태를 맞이한 것이라고 할 수 있는 것이다.

실전 창업의 神

이 사례가 시사하는 것은 누가 우리의 고객이며, 그들을 어떻게 만족시켜야 하는가에 대한 것이다.

결론적으로 고객을 생각하는 문제에 있어서 단순하게 고객은 중요한 존재이고 그들을 만족시켜야 한다는 것이 아니고, "고객은 중요하다. 하지만 모든 사람이 우리의 고객은 아니다. 그렇다면 과연 누가 우리의 고객인가? 어떻게 그들을 만족시킬 것인가? 그리고 어떻게 이런 관계를 장기적이고 지속적으로 유지할 것인가?"에 관한 사항들이 중요하다.

고객을 알고 늘 고객 입장에서 고객 본위로 생각할 수 있어야만 성공할 수 있다.

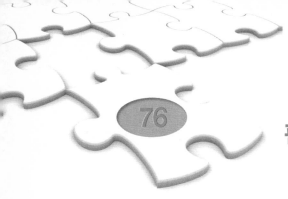

# 76

# 업종에 적합한
# 판매계획을 수립하라

　과거 점포 사업을 장사라는 개념으로 생각하고 대부분의 점포경영주는 맛 또는 품질이나 가격책정에 대해서만 집중하였지, 그다지 판매에 대해서는 특별한 계획없이 운영하는 것이 일반적이었다. 그러나 최근에 와서는 소규모 사업도 체계적이고 과학적으로 사업을 경영하여 성공을 하였다는 소식을 빈번하게 접하곤 한다. 장사와 사업의 차이는 무엇인가? 장사는 아무런 목표내지 계획없이 점포를 운영하지만 사업은 적정한 목표를 설정하고 이에 따른 판매계획을 수립하여 체계적으로 점포를 운영하는 것이라고 할 수 있다. 어제 온 손님이 오늘 안 오면 내일은 또 오겠지 하는 안일한 경영마인드로는 가뜩이나 치열한 창업 시장에서 살아남기란 하늘에 별 따기라고 할 수 있다. 비근한 예로 대기업에서 운영하는 햄버거 전문점 등을 유심히 관찰해 보자. 이들 매장은 365일 판매를 활성화하고자 판촉행사를 주기적으로 시행하고 있다. 고객에게 점포를 이용하는 데에 있어 가치(Value)와 재미(Fun)를 주고자 한다. 그렇기 때문에 고객의 입장에서는 이러한 점포를 오늘 이용했어도 또다시 내일도 찾아가는 것이다. 이제는 소규모 점포에서도 판매계획을 수립하여 단골고객을 유지하며 신규고객을 창출하는 혜안이 필요한 시점이다.

　사업에서의 판매계획은 상품이나 메뉴의 세팅부터 시작되어야 한다.

실전 창업의 神

첫 번째로 주력 상품을 결정해야 한다. 상품에는 주력 상품(core item)과 보완 상품이 있다. 주력 상품이란 점포를 대표하거나 혹은 점포의 이익 공헌도가 매우 높은 상품을 말한다. 예를 들면 숯불돼지갈비 전문점의 돼지갈비는 주력상품이 되는 것이고 김치찌개는 보완상품이 되는 것이다. 보통 음식점을 가보면 메뉴는 10여 가지 이상 게시해 놓고 "이것은 된다, 저것은 안 된다" 하는 경우가 많다. 이런 점포는 고객의 신뢰성을 떨어뜨려 재방문을 기대하기 힘들다. 설렁탕이면 설렁탕, 냉면이면 냉면, 돈가스면 돈가스 등 주력할 수 있는 특화된 아이템을 결정해야 한다. 주력 상품이 결정되면 주력 상품을 보완하거나 대체 가능한 상품을 준비해야 한다. 고객은 매일 똑같은 것만을 원하지 않는다. 감자탕집이라 해서 감자탕만 파는 것보다는 소수 고객을 위해 묵은지 김치찌개도 곁들여 판다면, 상품 구색에 관계없이 폭넓은 고객이 점포를 찾게 된다.

둘째로 주력 메뉴와 보완메뉴의 비중을 조절해야 한다. 먼저 과거의 판매 실적을 근간으로 하여 판매 경향을 파악한다. 주력 메뉴와 관련 메뉴의 판매 비중이 파악되면 이를 통해 판매계획을 수립해야 한다. 주력 상품을 어떻게 증가시킬 것이고, 어떤 방법으로 판매를 촉진시킬 것인지 고려해야 한다.

셋째로 경쟁력을 향상시킨다. 경쟁 점포와 내 점포에서 판매하는 상품은 어느 정도 품질에 있어서 유사하다고 할 수 있다. 즉, 옆 점포에서 판매하는 상품이나 내 점포에서 판매하는 상품은 동일할 수 있다. 똑같은 상품이지만 고객이 점포를 선택하는 데 있어서 경쟁 점포보다 내 점포에 무엇인가 우수한 점이 있어야 한다. 이것이 바로 경쟁력이다. 음식업이라면 맛은 기본이고 맛 외의 친절한 서비스 제공, 청결한 매장환경, 눈길을 끄는 음식의 데코레이션도 메뉴의 경쟁력을 배가시키는 중요한 포인트이다. 잘되는 음식점을 가보면 무엇인가가 다른 점이 있다. 중국집에서 밑반찬으로 나오는 김치를 한식점처럼 항아리에 담아 직접 가위로 잘라 먹게 하는 곳이 있다. 식사시간이 되면 손님이 줄을 잇는다. 정갈한 반찬을 제공하겠다는 의지가 손님들의 발걸음을 이어지게 한다.

다음으로 메뉴나 상품에 대한 확고한 판매방향이 설정되었다면 계수화된 목표수립절차가 필요하다. 계수화된 목표라고 하면 1일 판매목표액 또는 주간, 월간 판매목표액을 말하며 좀 더 세부적으로는 상품별로 하루에 판매해야할 목표를 설정한 후 이에 대한 적극적인 목표를 달성하는 노력이 필요하다. 어느 음식점은 주력 메뉴인 돈가스에 대해 1일 판매목표량을 설정하고 이를 달성하고자 사장님이하 전 직원이 노력을 한다고 한다. 또한 목표 초과달성분에 대해서는 종업원에게 인센티브를 주어 영업을 독려시키고 있다. 반면에 어느 음식점은 하루에 우리 점포가 얼마를 팔아야지 수익이 나는지도 모르며, 또한 하루하루의 판매실적에 대한 기록이 없어 과거의 매출액을 물어보면 정확한 답을 못하는 경우가 있다. 어느 점포가 시장에서 수익을 내며 살아남을지는 자명한 사실이다. 따라서 합리적인 판매계획을 수립하여 경영에 임하는 점포가 좀 더 경쟁력이 있는 사업으로 발전될 수 있을 것이다.

실전 창업의 神

# 77

# 광고전략,
# 이렇게 실행하라

소규모사업에 있어 세부적인 광고선전 방법은 크게 두 가지로 나눌 수 있다. 비용을 들이지 않고 홍보를 시행하는 PR(public relation)과 비용이 수반되면서 시행하는 방법이다. 전자의 경우 예를 들면 신문에 맛 집 기사로 소개되거나 텔레비전 방송에 섭외되어 출연함으로 내 점포를 노출하는 방법이다. 그러나 이러한 기회가 내 점포까지 오기에는 시간과 확률에 있어서 어려움이 많다. 그러나 후자의 경우는 일정한 예산만 확보되어있다면 내가 원하는 방향과 원하는 시점에 광고 선전을 시행할 수 있다.

이러한 경우 시행하는 점포의 광고선전 방법은 크게 세 가지로 나눌 수 있다. 첫째는 지역케이블 방송에 일정금액의 광고선전비를 제공하며 홍보영상물을 제작하여 시행하는 방법이다. 그러나 규모가 큰 점포에서나 시행해야 효과를 볼 수 있는 방법이다. 둘째는 가격을 할인해서 고객을 유인하는 방법이다. 가격 할인(Price off)방법은 일정 기간 동안 특정 상품의 가격을 할인하여 판매하는 방법이다. 일반적으로 소규모 점포는 일부 상품에 대해 할인 행사를 실시하여 신규고객을 창출하고 기존고객에게 감사의 뜻을 전한다. 특히 매출이 부진한 시간대를 겨냥하여 그 시간대 이용고객에게 저렴한 비용으로 이용할 수 있도록 하는 방법이 있다. 저녁매출은 활성화되었으나 점심매출이 부진한 경우 낮 시간대 고객을 유치하기위해 가격 할인 특선메뉴를 구성하여 행사를 진행하는 방법 등이다. 가격 할인은 일정한 기간을 정해 놓고 실시해야 하며, 할인대상 상품은 신상품 또는 잘 팔리는 상품으로 한정해야 한다. 이것은 곧 고객 입장에서 재고품의 처리가 아닌 잘 팔리는 상품을 저렴하게 이용하므로, 점포 충성도가 커지고 만족을 배가시킬 수 있는 것이다. 세 번째로는 경품을 제공하는 방법이다. 경품 제공(Value added)은 치킨을 구매하는 고객에게 콜라를 무료로 주는, 곧 특정한 상품을 구입하는 경우 경품을 제공하여 고객의 만족을 극대화시키는 방법이다. 또한 개업행사 또는 송년회 등 시즌에 맞춰 라이터 등 판촉물을 만들어 제공하는 방법도 경품제공방식에 해당된다고 할 수 있다.

세부적으로 이러한 두 가지 방법을 고객에게 고지하거나 전달하는 방법으로는 다음 네 가지 방법이 있다. 첫째 쿠폰/전단지를 활용한 방법이다. 효과적인 쿠폰 판촉을 위해서는 잠재고객의 지리적 분포를 파악하고 취약지역을 선별하는 과정이 필요하다. 또한 접근방법, 즉 쿠폰이 고객들에게 효과적으로 전달될 수 있는 방법 등을 신중히 고려해야 한다. 사무실 밀집지역에 있다면 출근 및 점심시간 등 이용 잠재고객의 왕래가 증가되는 시간에 쿠폰을 효과적으로 배포할 수 있다. 주택밀집지역이라 하면 신문의 전단지를 삽입하여 배포하는 것이다. 이 방법은 목표하는 고객을 선별할 수 있고, 판촉의 범위가 넓다는 장점도 있으나, 비교적 비용이 많이 들고 고객에게 실질적으로 도달할 수 있는 확률이 떨어질 수 있다는 단점이 있다. 따라서 전단지를 배포할 경우, 직접 전문인력을 고용하여 배포하거나 점포경영주 자신이 직접 배포하는 방법이 효과적이다. 그러나 요즘 아파트 밀집지역의 경우 출입구가 폐쇄가 되어있는 경우가 많아 배포가 곤란한 경우가 많다. 그래서 어떤 점주는 아침에 우유배달을 하면서 자신의 점포 전단지를 배포하는 적극성을 보여주기

PR은 사람의마음을 잡는 일이다!

선  전 • 수용 대중에게서 일정한 반응을 창출 또는 강화하기 위한 대중 설득의 한 형식
  • 일정한 목적을 달성하고자 행하는 사실 또는 허위에 입각한 계획적인 정보 전달 활동
  • 영어로는 'believe me', 'follow me'에 해당
  • 강제적이고 일방적인 커뮤니케이션
  • 사상 · 이념의 변화, 정치적 커뮤니케이션

광  고 • 소비자에게 상품 또는 서비스를 판매할 목적으로 행하는 활동
  • 영어로는 'buy me'에 해당
  • 상대에게 필요한 정보만을 주는 커뮤니케이션
  • 소비자의 구매 행동 변화, 경제적 커뮤니케이션(유로)

홍  보 • 조직이 대중과 좋은 관계를 유지하기 위해 벌이는 모든 활동
  • 영어로는 'love me'에 해당
  • 간접적인 홍보 방법
  • 공중 관계 개선, 문화적 커뮤니케이션

마케팅 · 정치 · 종교 등을 중심으로 선전 → 광고 → 홍보(PR)로 발전

과거 : 상품을 파는 시대 ➡ 현재 : 이미지를 파는 시대

도 한다. 두 번째로 직접 우편을 활용하는 방법이다. DM발송은 점포에서 제공하는 혜택이 담긴 우편물을 받을 대상을 비교적 정확하게 선별할 수 있는 장점이 있다. 따라서 직접우편의 경우, 음식점의 회원들의 재방문이나 기존 고객들에 대한 할인혜택 등의 차원에서 보유하고 있는 고객주소를 대상으로 선별적인 우송이 이루어지고 있다. 셋째로 재방문 쿠폰을 이용하는 방법이다. 현재 이용고객에게 보상하는 의미에서 재방문했을 때, 사용할 수 있는 행사 쿠폰을 제공할 수 있다. 어떤 고객이 점심 식사를 위해 주로 평일에 방문한다면 저녁시간이나 주말에 이용할 수 있는 특별할인 쿠폰을 드리고, 정중하게 감사의 초대를 시도할 수 있다. 넷째로 일정횟수 또는 일정금액이상을

이용한 고객들에게 가격할인 또는 무료 시식의 기회를 주는 방법이다. 개인별 고객카드를 발급, 포인트를 적립하게 하여 현금처럼 이용하게 하거나, 일정금액을 설정하여 쿠폰을 제공, 모아진 쿠폰을 제시하면 금액별로 경품을 차등하여 제공하는 방법이다. 이러한 방법을 활성화하기 위해서는 사전에 포인트 적립에 따른 경품 내용을 홍보하고, 정해진 횟수 이상 사용하면 추가적인 할인 혜택이 적용되는 고객카드 발급 내지 쿠폰을 모을 수 있는 카드를 제공할 필요가 있다.

실전창업의 神

# 효과적인
# POP 활용전략

**78**

고객이 점포 앞을 지나가거나 또한 점포를 내점했을 시에 시선을 끌어 구매결정을 유도하는 방법이 필요하다. 즉 쉬운 예로 슈퍼에서 가격할인 포스터를 붙이거나, 신상품 출시 안내판을 게시하는 경우나, 음식점 내의 메뉴 관련 포스터를 붙이거나, 테이블 위에 판촉물을 설치하는 경우에 해당된다. POP(Point of Purchase)광고란 구매시점에 있어서의 광고라는 의미이다. 구매시점 광고에는 많은 종류가 있는데 점두사인, 간판, 차양, 윈도우, 전시 종이로 만든 광고물, 상품선반, 진열카드, 시청각 전시, 자동판매기 그리고 상품 그 자체가 구매시점 광고의 모든 형태이다.

이중에 일반적으로 활용할 수 있는 POP 형태를 살펴보자.

첫 번째, 점두사인은 일반대중에게 잘 알려져 있다. 그리고 그러한 사인은 고객을 사업장에 끌어들이는 역할을 하고 있다. 예를 들면 켄터키 후라이드 치킨의 점두에 있는 할아버지 마네킹은 그 사업장이 켄터키 후라이드 치킨 판매점임을 의심하지 않게 한다. 이와 같이 우리에게 특정 점포의 표시만 보고도 어떤 점포 인가를 알게 해 주는 것이 점두사인이다.

또한 점두에 위치하는 샘플 케이스가 있다. 외관광고 중의 하나로 점포에 들어 올 때 대다수의 손님이 샘플 케이스를 보고 나서 점포에 들어간다. 이

샘플 케이스를 더욱 매력적으로 해서 내점 객수를 늘려야 한다. 음식 샘플을 비스듬히 놓고 잘 보이게 해야 하며 정식류, 면류, 덮밥류, 등과 같은 식으로 정리해서 진열하면 잘 보인다. 잘 보이지 않는 진열법은 손님이 고를 때 귀찮게 느껴 입점률이 낮아진다. 또한 샘플 진열대의 깔개를 빨간색, 분홍색, 짙은 감색 등의 고급스러운 느낌을 주는 색의 깔개가 적합하며 샘플 케이스는 점포의 얼굴이므로 가급적 밝게 해 두어야 한다.

두 번째, 점포의 전면에 사용되는 간판은 점포에 있어서의 주요한 P.O.P 형태로 정면에서 보이는 평면간판과 도로를 따라 거닐면서 식별할 수 있는 돌출간판이 있다. 또한 저렴한 가격으로 손쉬운 제작으로 상품을 고지할 수 있는 현수막과 스탠딩 배너의 활용이 증가되는 추세이다.

간판에 있어서는 독특한 디자인과 고객의 눈에 띌 수 있는 색의 배합, 부착 위치가 중요하다. 신축상가의 경우에는 계약 순으로 간판의 좋은 위치를 선택할 수 있다. 가급적 간판의 위치가 고객의 눈에 잘 보일 수 있는 자리에 위치하도록 계약 시 선점하는 지혜가 필요하다.

세 번째, 디스플레이는 점포 내의 벽에 첨부되는 전시물로서 음식점의 경우에는 메뉴판이 될 것이며, 이와 관련하여 메뉴에 대한 특장점 및 효능을 알리는 포스터 등의 부착도 고려되어야 한다. 또한 점포 전면 유리창에 부착하는 일정 형태의 포스터도 고객을 유인하는데 있어서의 중요한 역할을 한다고 볼 수 있다.

이러한 POP 광고 역할은

① 한정판매 · 특가판매 등의 상품의 구매조건을 제안하는 역할.

② 포스터, 현수막, 계절 POP 등으로 점포 내부의 이미지를 조성하는 역할.

③ 상품명, 가격, 규격, 사용방법 등을 알려 주어 상품의 특징을 알기 쉽게 전달하는 역할을 한다.

POP 광고를 제작할 때의 카피 포인트는 먼저 가격을 정확하게 알리고, 상품의 사용법 및 주요기능을 알리며, 고객이 얻을 수 있는 효과를 강조해야 한다.

또한 주의해야 할 점도 몇 가지 있다. 첫째로 오자나 틀리기 쉬운 숫자가 발생되지 않도록 한다. 오자를 발견하지 못한 채 게시되어 있는 POP 광고를 자주 볼 수 있다. 영어의 경우는 더욱 그렇다. 따라서 확실치 않은 단어를 발견했을 경우에는 반드시 사전에서 찾아 확인한 후에 부착하는 것이 바람직하다. 그밖에 숫자를 흘림체나 자유체로 표시하는 경우에는 숫자를 너무 흘림체로 쓰게 되면 점잖지 않은 인상을 줄 수 있으므로 고객들이 알기 쉽게 표시해서 사용하는 것이 좋다. 둘째로 더러워진, 파손된 POP 광고는 즉시 교체한다. 손때가 묻었고 먼지가 앉았거나 종이가 변색되어 누렇게 된 POP 광고는 점포의 이미지를 손상시킬 뿐만 아니라 상품의 가치를 떨어뜨리게 한다. 셋째로 계절에 맞지 않는 POP 광고는 즉시 제거한다. 판촉행사가 끝났는데도 불구하고 이전의 POP 광고가 점두나 그대로 설치되어 있는 경우가 있다. 바야흐로 가을바람이 불고 있을 때 여름철 상품 포스터가 점포정면에 붙어 있는가 하면 성탄절이 끝났는데도 크리스마스를 알리는 POP 광고가 달려있는 경우도 있다. 이런 것은 제때에 치우려고 하지 않는 안이함에서 발생하므로 고객들로 하여금 신뢰를 잃게 한다.

# 전단광고, 잘 활용하면 매출이 배로 뛴다

전단지는 개업 및 점포를 알리는 데 있어서 가장 기본적인 홍보물로서 다양한 장점을 갖고 있다. 첫째로 비교적 손쉽게 제작하여 실시할 수 있다. 광고주가 하려고만 하면 언제든지 할 수 있다는 이점을 가지고 있다. 하지만 언제든지 쉽게 할 수 있다는 것은 실시하기가 쉽다는 것이지 제작이 쉽다는 것은 아니다. 그 이유는 전단의 제작이 다른 인쇄 광고물과 같이 제작 전문가와 상의해야 하기 때문이다. 두 번째로 작성에 제한이 없다. 신문광고는 색채에 있어서 원색광고를 제외하고는 흑백을 사용할 수밖에 없고 차 내 광고일 경우에는 색깔은 자유롭지만 크기가 규격화되어 있으며, 다른 매체도 여러 가지 제약이 있기 마련이지만 전단은 작성상의 제약이 거의 없다고 할 수 있다. 셋째로 배포에 낭비가 적다. 일정한 배포지역을 설정하여 상권 이외의 지역에는 배포하지 않아도 되므로 신문이나 잡지 등에 비해 광고비용의 낭비가 적다. 넷째로 신속성과 친밀감이 있다. 또는 전문 배포인력을 활용하거나 신문에 삽입하여 재빨리 한순간에 배포할 수 있으므로 배포의 신속성이 있으며 또한 신문에 끼워 독자들의 집에 들어가기도 하기 때문에 신문 독자들은 전단에 대해 거부감을 느끼지 않는다.

이러한 전단지를 제작할 시에는 다음과 같은 점을 고려해야 한다.

첫 번째로 차별화해야 한다. 다른 점포의 것과 구별될 수 있도록 점포의 성격, 주력 상품이나 메뉴 등에 맞는 특성 있는 전단을 만들어야 한다. 그리고 전단에는 홍보하려는 상품뿐만 아니라 점포에 대해서도 광고하는 것이 유리하다. 두 번째로 배달매출의 비중이 높은 사업장이라면 지속적인 배포가 되어야 효과를 볼 수 있다. 한 전문점의 경영주는 최소 월 1~2회 정도는 꾸준하게, 개업 후 6개월 이상 전단지를 배포해야 단골고객도 생기고 새로운 고객도 창출하게 된다고 경험담을 말한다. 한두 번 배포를 하고 고객반응이 없다 하여 사업성이 없음을 토로하는 경영주가 많은데 배달비중이 높은 업종이라면 주기적인 홍보가 필요한 것이다. 세 번째로 고객을 자극하여 점포로 이용하게 할 수 있는 유인조건(sales point)이 포함되어 있어야 한다. 예를 들면 단순히 점포의 상호, 위치, 취급상품, 가격 등을 알리는 고지 광고의 성격을 벗어나 고객에게 메리트를 줘야 한다. 전단지 하단에 쿠폰을 부착하여 쿠폰을 지참한 고객에게 가격을 할인해 주는 방법 등이 많이 사용되는 방식이다.

그러면 만들어진 전단지를 효율적으로 고객에게 전달하는 방법을 알아보자.

첫째, 제일 보편적으로 활용하는 방법이 신문에 끼워 넣는 방법으로 전단은 신문과 함께 가정으로 자연스럽게 배달되기 때문에 고객에게 도달하는 도달율이 매우 높다. 가두에서 배포되거나 대문에 부착하는 전단광고는 가족 전원이 함께 있는 안방까지 순조롭게 도달하기 어려우므로 대부분의 점포에서는 신문에 끼워 넣는 방법을 많이 사용하게 된다. 전단광고 자체는 조그마한 광고이지만 신문에 끼워 넣을 경우는 신문에 대한 신뢰를 추가적으로 얻을 수 있다.

둘째, 가두에서 통행인에게 배포하는 방법이다. 가두배포는 통행인 중에서도 예상고객이 집중되는 지역에서 주로 배포한다. 이 방법은 점포의 개업

시점에 아르바이트생을 고용하여 주로 사용하는 방법이다. 출근 도중인 직장인이나 여성을 대상으로 오피스가나 역의 출구, 버스정류장 등에 서서 건네 주기도 하는데 신장개업, 전문점의 특매 등에 많이 이용된다. 이는 주택가가 아닌 지역에서 많이 사용하는데 신문에 끼워 넣는 전단광고를 해도 별로 효과가 없기 때문이다. 그러나 아파트 등 주택가 지역에 가가호호 방문하여 부착 또는 배포하는 방법은 위법 사항이 될 수 있으므로 주의가 필요하다.

마지막으로 슈퍼마켓 같은 곳에서 많이 사용하는 방법은 출구 쪽에서 금전등록기 취급 종업원이 고객이 구매한 물건의 봉지 속에 전단을 넣는 방법이다. 전단광고의 내용은 다음 세일의 예고나, 주요상품 등에 대한 소개가 실려 있는 경우가 많다.

그러면 한 달 중에서 어떤 날, 무슨 요일에 전단광고를 신문에 끼워 넣는 것이 효과적일까 하고 생각하는 것은 당연하다. 지금까지 알려진 통계에 의하면 전단광고의 배포 시기는 다음과 같이 나타나고 있다.

월별로 보면 12월과 7월이 가장 많고, 11월, 10월, 4월이 그다음 순이다. 월중으로 보면 하순이 가장 많고, 상순, 중순의 순인데 하순에 많은 것은 대체로 봉급생활자들이 하순경에 봉급을 많이 타기 때문이다. 요일별로 보면 금, 토, 일이 많고 수, 목, 화, 월의 순으로 적어지고 있다. 월요일에는 고객들이 가장 적은데 이는 마음의 여유가 일주일 중에 가장 적기 때문으로 생각된다. 전단광고는 소비자들의 소득 상황에 따라 행하는 것이므로 보너스 등과 같이 약간 큰 수입이 있는 계절에는 고가의 상품을 크게 광고하는 것이 좋다. 또 한달 중에서도 봉급이 손에 들어오는 날을 전후해서는 비교적 값이 비싼 상품을 크게 광고하는 것이 좋다.

# 80 구전광고,
## 충성 고객을 만드는 비결

　　요즘은 인터넷 온라인상에서 모든 정보를 얻는 시대이다. 이에 개인들도 인터넷에서 많은 정보를 조회하고 축적해 나간다. 최근에는 블러그란 개인 홈페이지가 활성화되어 남녀노소를 불구하고 개인의 취미, 활동, 정보를 공유하며 커뮤니케이션을 하고 있다. 과거에는 PC통신에서 맛사랑 동호회 커뮤니티가 구성되어 맛있는 음식점에 대한 의견이 교환되고 있었지만 이제는 카페활동을 넘어 좀 더 생생한 메뉴사진과 메뉴에 대한 정보를 소개하는 형태로 발전되고 있다. 이러한 개인 블러그는 특히 유명인사 내지 조리전문가가 아니지만 각 음식점을 탐방하여 음식점의 메뉴의 장단점을 평가하여 정보를 제공하고 있으며 이러한 사이트에서 맛집으로 추천된 음식점은 정보가 공개되어 대박집으로 껑충 뛰는 경우가 많아지고 있다. 과거 서울에 위치한 매운 갈비찜 전문점은 개인 온라인 음식동호회에 소개되어 최근에는 프랜차이즈 사업까지 시행하는 큰 사업체로 성장을 하고 있다. 따라서 입소문에 의해 좁게는 내가 위치한 1차상권 내에서 넓게는 전국을 대상으로 한 상권으로의 확장이 가능해 질 수 있다. 이에 구전 마케팅의 충분한 매력이 있는 것이다. 최근에는 스마트 폰의 광범위한 보급으로 인해 그 활용영역이 무한대로 넓어지고 있음을 주목해야 할 필요가 있다.

사업에 있어서 구전 마케팅의 덕을 보려면 다음과 같은 전략이 필요하다.

첫째로 내부직원의 충분한 교육이 선행되어야 한다. 기본적인 접객서비스도 중요하지만 취급하는 상품에 대한 정확한 지식을 소유하여 고객의 질문이 있을 경우 적절한 응대로 고객의 신뢰를 얻을 수 있어야 한다.

두 번째로 모든 고객은 내 점포의 좋은 영업사원이다. 좋은 영업사원은 바로 만족한 고객이며, 그들은 점포에서 매우 유익한 시간을 보냈고, 이러한 사실을 직장동료, 가족, 친구, 기타 주변 사람들에게 이야기할 것이다. 요즘 고객과의 관계 마케팅의 중요성이 대두되고 있다. 만족한 고객들은 모두 점포의 충성스런 고객으로 전환되지는 않지만, 만족도가 충성도의 필수요소임은 자명하다. 따라서 극도로 만족한 고객들이 충성도가 있는 고객으로서 해당 점포의 긍정적인 홍보요원이 된다. 특히 여럿이 한 점포를 찾아도 업소 측에게 "매우 만족했다."라고 적극적으로 표현하는 손님이 분명 있다. 이런 고객을 주목할 필요가 있다. 적극적으로 의사표현을 하는 사람은 다른 사람, 다른 장소에서도 그런 표현을 할 가능성이 아주 높다. 이런 사람들은 지인과 주변 사람들에게 자신이 겪은 좋은 경험 혹은 불쾌한 경험을 적극적으로 구전할 가능성이 높다. 이런 고객들은 점포에서 집중적으로 관리를 해야 한다. 연락처를 파악해서 파격적인 할인서비스나 무료서비스를 증정하면 그 고객은 잊지 않고 소문을 퍼뜨린다.

이러한 충성고객을 어떻게 지속적으로 보유하고 관계를 형성하는가는 해당 점포의 마케팅 전략에서 매우 중요한 이슈로 대두된다. 특히 주거 밀집지역에 위치한 상권에서는 부녀회 내지 향우회 관리를 잘해야 한다. 각 상권마다 특정지역 출신들의 거주 비중이 많은 경우가 있다. 이럴 경우에는 향우회 임원들을 초빙하여 회식을 유치하거나, 향우회 단체에 찬조금을 지급하는 방법으로 유대관계를 형성하여 고객을 창출하는 방법도 효율적이다. 또한 일반

실전 창업의 神

사무실, 공장 밀집지역에서는 회식 장소의 의사 결정권자가 누구인지를 파악하여 주기적으로 안부전화 내지 명절에는 간단한 답례품을 전달하여 지속적으로 회식을 유치할 수 있게 하는 전략도 필요하다.

또한 온·오프라인의 각 지역 매체홍보는 지역 내의 많은 잠재 고객에게 점포를 인식시킬 수 있는 저 비용의 매우 효과적인 수단이다. 내 점포가 뉴스거리가 될 수 있도록 창의적인 아이디어를 적용해 볼 수 있다. 지역 내에서 영향력이 있는 사람을 초대하여 특별 서비스를 제공하거나, 지역 신문이나 잡지에 점포의 상품이나 행사에 대한 짜임새 있는 기사 자료를 보낼 수도 있으며, 일부 예산을 할당하여 소년소녀가장 내지 독거노인 등을 초대하여 음식을 무료로 제공하는 방법도 적은 비용이지만 점포의 이미지를 높이면서 주변 잠재고객에게 점포를 알릴 수 있는 좋은 기회가 될 수 있다. 또한 연예인고객과 긴밀한 관계를 유지하여 그들이 매체를 통하여 가장 좋아하는 점포라고 말하게 하는 방법도 있다.

# 판촉이벤트,
# 최대한 활용하라

**81**

　얼마 전 아파트 밀집지역에 휴대폰 판매점이 개업을 하게 되었다. 이때 몇명의 여성도우미와 시끄러운 음악을 통하여 점포를 홍보하였는데 웃지 못할 해프닝이 발생하게 되었다. 소음이야 참을 수 있지만 지역 주민 중 특히 주부층이 참지 못하고 몇 번에 걸쳐 인근 경찰서로 행사중단 민원을 넣은 것이다. 이유는 바로 도우미들의 복장이 문제가 되었다. 이벤트 기획사 입장에서는 지역 주민의 시선을 끌고자 도우미들의 복장을 야하게 기획했겠지만 이를 지켜보는 주부들에게는 눈살을 찌푸리게 하는 결과를 낳았고 2~3차례의 민원 끝에 도우미들은 겉옷을 입고 행사를 진행하게 되었다. 위 사례를 보았을 때 판촉이벤트는 단 시간 내에 고객의 이목을 집중시켜 점포의 인지도를 높여 주며 또한 점포를 이용하게끔 유도할 수 있는 장점이 있으나 주변 정황을 고려하지 않고 진행했을 경우에는 득보다 실이 많아질 수 도 있다.

　이러한 판촉 이벤트의 방법은 다음과 같이 몇 가지로 정리할 수 있다.

　첫 번째, 협찬 방식이다. 지역 행사나 지역 업체/단체 등에 협찬을 함으로써 브랜드 인지도를 넓혀 나갈 수 있다. 협찬 방식은 효과 측정이 불투명하여 잘못 참여하면 비용만 지출되고 별다른 효과가 없으니 주의해서 추진해야 한다.

*실전 창업의 神*

두 번째, 지역 사업체와의 상호 판촉이다. 시내 중심가 극장 지하에 위치한 음식업소는 극장이용 고객에 한하여 일정 부분의 식사비용을 할인해 주는 판촉행사를 시행하고 있다. 극장주 입장에서는 영화를 관람하는 고객에게 추가적인 가치를 제공하여 고정고객을 증가시킬 수 있고, 음식점의 입장에서도 마찬가지로 극장영업 활성화로 인하여 관람객이 증가되어 잠재고객을 많이 확보할 수 있는 이점이 있다. 지역 상권에는 음식점과 노래방이 상호 협의 하에 고객에게 할인혜택을 주는 경우도 많이 볼 수 있다.

세 번째, 협력 업체와의 상호 판촉이다. 고객에게 인지도가 높은 상품을 취급하는 협력업체 중에서 그들의 상품을 마케팅하고자 하는 업체를 전략적으로 활용한다면, 적은 비용 혹은 비용을 들이지 않고도 매우 효과적인 마케팅 성과를 이루어 낼 수 있다. 예를 들어 맥주회사들은 그들의 시장점유율을 높이고자 음식점을 주요한 유통수단으로 활용하고자 한다. 이러한 맥주회사의 욕구를 이용하여 여름 성수기에 많은 음식점들이 맥주회사의 지원을 이용한

## 판촉 이벤트 체크포인트

- 효용성이 높은가(input 대비 output)?
- 대중에게 즐거움과 재미를 줄 수 있는 아이템인가?
- 남이 안 한 새로운 것인가?
- 소비자 또는 대중에게 어떤 이익을 줄 것인가?
- 공익적인 요소가 있는가(장애인 등 사회적 약자에게 도움, 애국심 고취 등)?
- 이슈·트렌드·타이밍에 적합한가?
- 일석이조를 넘어 일석사조까지 얻을 수 있는 아이템인가?
- 가게와 연관이 많은 이벤트인가?
- 내부 전 직원이 지지하고 동참할 수 있는 아이템인가?
- 언론이 좋아할 비주얼이 나올 수 있는가(특히 재미있고 역동적인가)?
- 통제 불가능한 요소와 예상되는 문제점은 무엇인가?

다양한 이벤트를 계획함으로써 고객들을 유입할 수 있었고 동시에 기존고객들에게도 할인된 가격으로 맥주를 제공하여 많은 고객들에게 혜택을 제공할 수 있다.

또한 고기전문점의 경우에는 일정부분 공급업체의 지원 아래 납품원가를 할인받아 할인폭만큼 고객에게 저렴한 가격으로 메뉴를 이용하게 하는 경우도 있다.

넷째로 특별행사 시행이다. 새로운 고객을 창출하고 기존고객에게 재방문을 유도하도록 자체적인 뉴스를 만드는 방법이다. 개업 3주년, 송년회, 5월 가정의 달 기념 등 시즌 테마에 맞춰진 특별행사는 아무리 소규모 행사라 할지라도 방문 고객으로 하여금 점포에 대한 일체감과 편안함을 느끼도록 만든다.

올해 3월 3일 소위 삼겹살 데이에 인근 삼겹살 전문점을 방문했었는데 삼겹살 및 주류에 대한 대폭적인 할인행사를 시행하고 있었다. 물론 전국의 삼겹살을 취급하는 점포 대부분이 행사를 기획했겠지만 나름대로 인상이 깊었던 점은 행사와 관련하여 종업원들이 점포알리기에 노력하는 모습이다. 추가 무료서비스로 고기나 주류가 나올 때마다 저희 업소는 늘 고객에게 양질의 서비스를 제공하기 위해 노력한다는 멘트와 점심식사메뉴도 취급을 한다고 전달해 줌으로써 입지는 좋지 않지만 그 점포에 대한 기억은 일정기간 지속될 수 있었다.

경쟁에서 이기려는 목적으로 할인율 경쟁의 차원에서 남발하는 행사는 문제가 있으며, 오히려 각종 기념일 등을 맞이하여 자신의 이미지를 강화하거나 기존고객들과의 유대를 강화할 수 있는 이벤트를 매년 빠짐없이 실시하는 것이 바람직하다. 이렇게 특별행사는 점포의 장기적 이미지 구축을 위해 효과적으로 시행되어야 한다.

실전 창업의 神

효율적인 이벤트 판촉을 시행하는데 있어서의 몇 가지 점검할 사항으로는 잠재고객에게 즐거움과 재미를 줄 수 있는 행사인가? 경쟁점에서 시행하지 않은 독창적인 것인가? 고객에게 이익을 줄 수 있는 행사인가? 타이밍, 트렌드, 이슈가 적합한가? 등이다.

# 82

# 개업 전 마케팅전략,
# 참신하게 기획하라

개업행사로 신규고객을 유인하여 점포를 알리는 작업은 매우 중요하다. 개업초기에는 가급적 다양한 방법으로 고객을 유인하여 최대한 많은 잠재고객들이 내 점포를 이용하도록 해야 한다. 보통 대부분의 점포들은 소위 오픈 발(?)이라고 하는 오픈 효과을 받아 개업 초기에는 평상시 매출보다 2~3배의 매출이 발생하곤 한다. 개업초기에는 상권 내 고객 외에 사업장 대표의 친구, 친지 등 원거리 축하 고객도 점포를 이용해주기 때문이다. 따라서 개업 후 2개월 정도가 지나면 허수의 매출이 빠지고 정상적인 매출 수준으로 돌아오게 된다. 아무튼 개업 시점에는 많은 고객이 방문해서 점포가 북적북적해야지만 덩달아 다른 잠재고객들도 호기심에 이끌려 점포를 방문하게 된다. 따라서 개업 전에 충분한 기획을 통하여 가급적 상권 내 잠재고객이 자주 점포를 이용하게 하여 그들을 단골고객으로 만드는 노력이 필요하다.

그럼 개업 전에 기획해야 할 필요성이 있는 마케팅 방법은 무엇이 있을까?

첫째, 현수막 제작하여 부착한다. 현수막은 보통 개점 예정 2~3주 전에 공사 중인 점포 전면에 부착해 점포 인근을 지나는 행인들에게 언제쯤 어떤 점포가 이 지역에 개점한다는 것을 알리는 사전 홍보수단으로 흔히 활용된다. 가능한 크기를 대형화해서 원거리에서도 볼 수 있도록 건물 외벽에 설치한다. 현수막은 외부에 노출되어 부착하므로 사용기간이 30일 정도 경과하면 비바람에 의해 때가 묻거나 찢어지기 쉬우므로 관리에 항상 주의를 하여 깨끗한 상태를 유지토록 해야 하며 옥외에 부착할 시에는 사전에 구청 신고를 한 후 지정 게시대에 부착해야한다. 현수막에는 주상품을 중심으로 작성해 표시하고, 개점예정일, 전화번호 등을 내용에 삽입한다.

둘째, 전단지를 제작하여 배포한다. 전단지에는 점포특성, 위치, 특별판촉 할인 또는 개점 일자 등을 기록해 수천 내지 수만 정도를 제작해 개업 3~4일 전부터 직접 또는 신문 삽지로 끼워 사무실 또는 가정에 배포한다.

셋째, 무료 시식권, 상품권 등을 제작하여 배포한다. 신규점포를 개점할 때는 우선 타깃으로 하는 고객이 한번은 점포에 오도록 하는 것이 중요하다. 이때 전단지 등을 제작해 직접 고객에게 전달하거나 신문을 통하여 고객에게 전달하는 방법은 앞에서 설명한 바 있다. 그러나 전단지 홍보만 가지고는 고객을 유인할 수 없다. 따라서 전단지 내 또는 별도로 무료시식 또는 체험권, 상

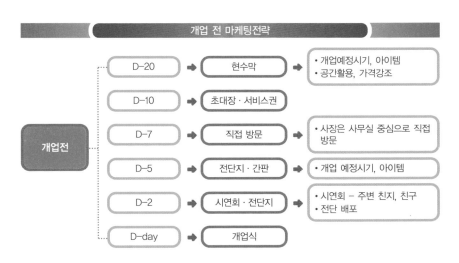

개업 전 마케팅전략

| 개업전 | D-20 → | 현수막 | → | • 개업예정시기, 아이템<br>• 공간활용, 가격강조 |
| | D-10 → | 초대장 · 서비스권 | | |
| | D-7 → | 직접 방문 | → | • 사장은 사무실 중심으로 직접 방문 |
| | D-5 → | 전단지 · 간판 | → | • 개업 예정시기, 아이템 |
| | D-2 → | 시연회 · 전단지 | → | • 시연회 – 주변 친지, 친구<br>• 전단 배포 |
| | D-day → | 개업식 | | |

품권, 초대권 등을 선택하여 보내는 방법이다. 무료시식 메뉴는 반드시 점포가 서빙할 수 있는 품목을 한정해 시행해야 한다. 고객의 입장에서는 무료시식권을 고려하여 점포를 방문했는데, 재료가 떨어져 또는 조리가 불가능해 제공이 불가하다는 얘기를 들으면 굉장한 불쾌함을 느낄 수 있다. 따라서 무료시식 메뉴는 1~3개 품목 중 택일하는 내용, 아예 품목을 정해서 발행하는 방법 등이 있는데, 품목선정의 기준은 주방에서 조리하기가 가장 편리하고 점포에서 자신하는 메인 메뉴, 재고 관리가 원활한 메뉴, 그리고 동시에 많은 양을 빨리 조리할 수 있는 메뉴를 선택하는 것이 효율적이다. 개업 시 무료 시식권의 유효기간은 일정기간을 두고 시행하며 개업 후 1개월 이내가 적당하다. 상품권은 무료시식권과 유사한 내용이고 배포도 같은 방법을 쓰고 있지만 품목을 지정하지 않고 이용금액의 몇 % 할인 내지 정액으로 금액을 정하여 할인해 주는 방식이다. 본 방식은 이용 단가가 적은 점포보다는 1회 이용 단가가 높은 상품을 판매하는 점포에서 활용하는 것이 좀 더 합리적이다.

넷째, 개업 이벤트의 시행이다. 보통 개업 당일과 그 이후 3~4일정도 시행하는 방법이다. 시각과 청각에 의해 고객을 동원하는 방법이다. 예를 들면 개점전일, 개점당일, 개점 후 2~3일 동안 행사 도우미 공연 등이 그것이다. 그러나 이 방법은 행사를 할 수 있는 어느 정도의 공간이 필요하며 교통이 번잡한 도심지나 사람의 왕래가 많은 중심가의 인도에서는 연출이 어렵고 이웃점포나 사무실 등에 소음공해를 줄 수도 있기 때문에 사전에 개점인사와 초청장 등을 배포하면서 개점일 일정시간 동안의 행사를 이해시키는 등의 준비가 필요하다.

다섯째, 점포 개점 일부터 일정기간 내점하는 모든 고객 전부에게 선물을 제공하는 경우이다. 일반적으로 제공되는 개점 판촉선물은 라이터, 어린이용 풍선, 열쇠고리, 오프너, 전화카드, 메모지, 필통 등이 있다. 그러나 점포의 취급상품과 연계하여 판촉선물을 기획하는 자세도 필요하다. 예를 들면 슈퍼마켓의 경우에는 재활용 포장백을 증정용으로 사용하고, 돼지요리 전문점의 경우는 돼지저금통을 선물로 선택하거나, 허브가 가미된 요리전문점은 소형 허브 화분을 준비하면 고객은 더욱 해당점포를 오래 기억하게 된다.

# 83 개업 후 마케팅전략으로 굳히기에 들어가라

개업 후에 마케팅을 전개하는 데 있어서는 다양한 주제가 있을 수 있다. 매출이 하락하여, 신규메뉴나 상품을 알리기 위해, 고객 감사 차원에서 등등. 그러나 이러한 마케팅 기획은 점포의 매출이 정상궤도에 오르고 못 오르고를 떠나 정기적이고 주기적인 행사가 기획되어야 한다.

앞부분에서도 잠시 강조되었지만 고객을 유인하고 충성된 나의 고객으로 지속 유지하기 위해서는 점포에서 취급하는 상품의 품질은 기본이며, 그 외에 무엇인가를 꾸준히 고객에게 주어야 한다.

주변에 위치한 소매점인 편의점의 사례를 보자.

편의점의 윈도우를 유심히 지켜보았다면 해당업소가 년 중 내내 행사를 시행하는 것을 느낄 수 있을 것이다. 이러한 소매점이 "수익을 많이 내서", "영업실적이 좋아서" 일정비용을 지불하고 행사를 시행하는 것일까? 그건 아니다. 다시 말하면 매출 활성화, 신규고객 창출을 위해 지속적인 노력을 다하는 것으로 이해해야 한다. 과거 장사가 잘되던 고기전문점의 매출이 감소하여 상담을 요청받은 경우가 있었다. 현장을 방문하여 입지 및 메뉴의 품질을 점검해 보았지만 별문제가 없었다. 단지 주변에 5곳이었던 경쟁점이 8개정도로 늘었던 점이 문제라면 문제였다. 결국 이 점포는 고객을 경쟁점에 빼앗긴 것

340

*실전*창업의 神

이다. 그래서 경쟁점을 상대로 고객을 유지하기 위해 무엇을 해보았냐고 질문을 하니 별다른 행사를 시행하지 않았다고 답변을 한다. 왜냐하면 고기 품질은 우리가 최고라고 생각했기 때문이란다. 그래서 앞에 기술한 내용대로 고객을 유지하려면 일정액의 비용을 부담하여 늘 고객에게 즐거움을 줄 수 있는 행사를 지속 시행해야 한다고 설명을 드렸다. 그러나 그 경영주는 말하길 "무슨 고기집에서 주기적인 판촉행사가 필요합니까"라고 했다. 이것이 현재의 중소형 규모 경영주의 마인드이다. 매출부진의 원인을 내부가 아닌 외부의 환경변화 탓으로만 돌리고 무작정 손님이 오기만을 기다린 것이다. 그렇기 때문에 대형 규모로 오픈하는 경쟁점에 고객을 뺏기고 또한 비슷한 규모의 경쟁점에 고객을 나눠주게 되어 영업이 부진해질 수밖에 없는 형편인 것이다.

그러면 개업 후 진행해야 하는 마케팅 전략의 원칙에 대해서 알아보자.

첫째, 판촉행사계획은 년초에 1년을 단위로 하여 주기적인 테마를 설정하여 수립해야 하며, 이때 예산은 매출액의 최소 몇 %라는 식으로 기준을 정해 할당하여 반영한다. 둘째, 세부시행계획은 시행 전 1~2개월 정도의 사전 계획을 수립한다. 년초에 수립한 계획은 계절상황, 고객요구파악, 지역의 행사 상황, 경쟁점의 판촉계획 등 최근 동향을 고려하여 가장 현실적으로 반영하고 시행해야 하는 것이다. 셋째, 판촉의 목적과 타깃을 명확히 한다. 신규고객을 창출 할 것인지, 경쟁점 출현에 따른 고객유지를 위한 것인지, 기존고객에 대한 사은 개념인지 정확한 목표를 설정하여 행사를 시행한다. 이때 판촉에 따른 계수적인 판매목표량도 함께 설정하여 대표이하 모든 종업원이 목표달성을 위해 매진할 수 있도록 한다.

이러한 정기적인 마케팅 시행 방법 외에 적절히 점포운영에 반영하면 유용한 마케팅 기법이 있다. 첫째, 고객분산 마케팅이다. 고객분산 마케팅이란 고

## 개업 후 마케팅전략

**개업후 10일** ···· 할인권, 전단지

**개업후 1개월**

| | | |
|---|---|---|
| 1. 지역별 성과에 따라 홍보물 추가 배포 2. 사장이 업체 방문하여 판매 촉진 활동 전개 3. 주요 일간지에 전단지 삽입 | 1. 미수금 대책 수립, 현금 수납 원칙, 주거래 은행개설 2. 단골 고객 – 서비스 제공 (월 4회 시상 방문 시) 3. 주문량 분석(자료 취합) | 1. 전화응대, 직원 친절 교육 강화 2. 청결한 점포 환경 유지에 노력 |

**개업후 3개월** ···· 계절별, 월별 행사 활용

1. 선호도 높은 상품 원가 분석 및 저 비용 대책 수립
2. 손익 분기점 분석, 조정 (판매촉진활동 전개 방안 수립 여부 결정)

**개업후 6개월**

| | | |
|---|---|---|
| 1. 사장의 지역사회 봉사 활동(간접 홍보효과 최대한 활용) 2. 홍보물 추가 배포 (인지도 강화) | 1. 지역 특성과 계절적 특성에 맞는 메뉴 개발 2. 2차 홍보와 맞추어 적절한 서비스 정책 실시 | 1. 판촉효과 분석 후 선택과 집중 2. 고객 데이터 베이스를 활용한 전방위 홍보 |

객이 덜 붐비는 한가한 시간에 고객이 상품을 구매하면 가격을 할인하여 주는 방법이다. 이 방법은 고객에게는 한가한 시간에 점포를 이용하도록 유도함으로써 싼 가격으로 쾌적한 공간에서 상품을 구매하도록 하며, 점포 입장에서는 매출이 부진한 시간대에 고객을 유인하여 더 많은 고객을 유치할 수 있는 효과를 볼 수 있다. 업체들이 내거는 타이틀은 "점심특선메뉴", "모닝세일", "해피아워제도", "조조할인" 등이다. 메뉴 특성상 저녁매출은 좋으나 낮에는 이용율이 떨어지는 점포는 점심시간대 이용고객을 증가시키기 위해 저녁메뉴 중 일정메뉴에 대해 할인을 하여 판매를 하면 부가적인 수익을 증대시킬 수 있다. 둘째, 음악 마케팅이다. 음악마케팅이란 매장 내에 시간대 및 날씨에 맞추어 적절한 음악을 틀어줌으로써 분위기에 젖은 고객들을 유도해

*실전 창업의 神*

매출을 올리는 방법이다. 음악에 따라 고객의 점내 체류 시간을 조절할 수 있으며, 소비 형태에 변화를 줄 수 있다. 예를 들면 고객이 바쁜 시간대에는 경쾌한 음악을 틀어 고객이 빠른 시간 내에 상품을 구매하고 자연스럽게 밖으로 나가게끔 유도한다. 또한 한가한 시간에는 부드럽고 조용한 음악을 틀어 고객이 점내에 체류하는 시간을 늘려 상품의 추가구매를 유도하는 것이다. 화창한 날에는 경쾌한 행진곡을, 눈이나 비가 오는 날에는 부드러운 음악을 틀어 준다. 또 어린이날이나 크리스마스 시즌 등에는 분위기나 계절에 맞는 음악을 준비해 제공하는 것이다. 셋째, 기상마케팅이다. 일기 상태에 따라 생산량을 증감시키거나, 고객을 유인하기 위해 판매가격을 변경하는 활동이 바로 기상 마케팅이다. 상품의 판매량은 날씨와 온도에 많은 영향을 받는다. 음료의 경우에는 25℃를 넘어서면 기온이 1℃ 상승할 때마다 매출이 20%씩 상승한다. 또한 맥주의 판매량은 흐린 날씨에는 평소보다 8%가 감소되고, 맑은 날에는 1℃ 상승할 때마다 4%씩 증가한다. 따라서 기상 변화에 따라 상품의 판매량이 변하기 때문에 적절한 대응책이 필요하다. 날씨를 고려하지 않은 상품 준비는 기회손실, 또는 과다재고를 발생시킨다. 특히 패스트푸드점이나 유효기간이 짧은 메뉴를 취급하는 점포는 더욱 신경을 써야한다.

## 84 상권에 따라 적합한 판촉방법, 따로 있다

점포 개점 판촉 업무를 설명하면서 몇 차례나 강조하고 되풀이해서 강조한 내용이지만, 판촉은 자기점포가 위치한 시장 환경에 맞추어서 실시해야 하고, 자기점포 규모에 알맞은 방법이 강구되어야 함은 물론 자기점포의 개성이 강조되어야 판촉의 효과가 증가된다. 같은 시장 여건이지만 자기점포와 경쟁 점포의 실력에 따라 차이가 있고 평소 또는 장기적으로 고객관리를 어떤 방법으로 해 왔느냐에 따라 같은 판촉 전략을 구사해도 그 효과는 상이 할수 있다는 것이다. 따라서 판촉 업무는 점포의 개성 또는 차별화에 맞추어서 시행되어야 함이 기본원칙이다. 특히 각 지역의 상권의 현황에 맞춘 판촉행사의 시행이 유효한 결과를 가져올 수 있는 것이다.

그런 상권의 특성을 고려하여 판촉을 시행하는 포인트는 다음과 같다.

첫째, 오피스 및 상가시설 밀집지역에 위치한 점포의 판촉 포인트로 번화가에는 여러 업종, 업태의 소매 전문점이 많고, 또 은행 지점, 증권회사, 보험사 등의 사무실도 많다. 따라서 점포 영업의 핵심은 지역 상주 판매점 근무자들과 오피스에 근무하는 사무직 그리고 저녁 시간대 또는 휴일에 상권 내로 유입되는 젊은 세대가 주류를 이루게 된다. 단골 고객화의 대상은 사무실 근무자들이며 중식시간대는 주로 이 지역 사무실 근무자를 대상으로 한 영업에

*실전 창업의 神*

초점이 맞추어지게 된다. 또 오후 시간대와 휴일 시간에는 유행을 찾는 젊은 세대가 가장 중요한 타깃이 될 것이다. 우선 각종 소매업에 근무하는 고객들은 한 점포 근무자는 많아야 1~2명 또는 2~3명 정도 밖이며, 토박이 기질이 강하고 지역상인 중심의 단결력이 강한 것이 특징이다. 따라서 이들 상점가에 근무하는 직원들과의 인간관계 형성이 중요한 판촉전략이다. 이는 고객과의 격의 없는 대화, 지역상인 친목회 등의 적극 참여, 지역 문화행사 등의 적극적인 참여가 필요하며 한 사람용의 식사주문도(특히 중식 시간) 배달할 수 있는 시스템을 구축해야 한다. 또한 바쁜 직장인 층을 공략할 수 있는 간이식사, 편리성, 값의 유연성 등을 판촉의 항목으로 내세워야 한다.

둘째, 학원가 점포의 판촉 포인트는 중·고교밀집지역, 대학가 인근지역, 대학입시학원의 집결지, 대학가는 아니지만 대학로 주변 등에 위치한 점포가 학원가 점포에 해당될 것이다. 학원가(대학가)의 출점은 생각보다 어려운 여건임을 알아야 한다. 계절 구분없이 학생들이 등교한다지만 역시 여름 및 겨울 방학 중에는 일부 소수 상권을 제외하고는 학기 중 매출에 50%정도가 감소되는 실정이다. 또다른 특색은 대학생들은 어쨌든 4년이 지나면 학교를 떠나며 평균적으로 매년 25%의 새로운 고객이 유입된다. 따라서 이러한 새로운 고객을 개척하는 것이 결코 수월한 문제는 아니다. 항상 유동하며 새로운 테마를 찾아 이동하는 젊은 소비집단이기 때문에 고전적인 분위기 보다는 심플하고 편리한 분위기를 선호할 것이며 메뉴의 질 보다 가격과 음식양에 신경을 써야 한다. 대학가의 음식점 경영자는 젊은 세대와의 대화를 즐길 수 있어야 하며, 특히 대학 내 동아리 집단과 계속적인 유대를 가져야 한다. 신학기의 동아리 모임, 동창회 모임 등의 고객을 흡수하지 못하면 경영이 어렵게 된다.

셋째, 주택단지 주변점포의 판촉방법으로는 주택단지, 아파트단지 점포의 주고객은 주부층과 그 가족이다. 평일의 중식, 저녁 외식, 휴일의 외식 결정권을 갖는 것은 주부인 경우가 많다. 따라서 주부층을 핵심 고객으로 유입하는 전략이 주택단지 점포의 핵심 판촉업무가 된다. 특히 주부층은 입으로 전달하는 살아있는 광고팀이므로 이들의 구설수에 한번 오르게 되면 그 점포의 발전은 크게 기대할 수 없다. 어느 음식점은 회수된 반찬을 재사용했다는 소문이 돌아 한동안 손님이 뚝 끊어진 경험이 있었다. 음식점 경영자의 기본자질은 뭐니뭐니해도 겸손이다. 그런데 특히 주부층 고객이 많이 내점하는 주택단지 점포의 경우 경영주의 몸가짐이나 예의 바른 행동이 더 중요한 판촉요소가 될 수 있다. 또한 동행하는 구성원 중 아동들을 응대할 경우에 가급적이면 친밀감을 갖고 접근하며 이름을 기억했다가 다음 이용시 아이의 이름을 기억해 주면 점포의 좋은 이미지를 줄 수 있는 것이다. 후식도 아이들이 좋아하는 아이스크림을 준비해 두면 더욱 효과적이다. 그리고 상황이 된다면 아이들의 놀이 공간(놀이방, 오락기설치)을 구획하여 마련하면 부모의 입장에서도 편안하게 식사를 할 수 있다. 이러한 서비스가 준비된다면 다음번 외식 장소는 오히려 자녀들이 지정하는 음식점으로 정해질 수 있다.

실전 창업의 神

# 85 상품 구매관리의 원칙을
## 파악하라

점포의 성패는 누가 먼저 품질 좋은 상품을 적정한 가격으로 매입하는가에 달려 있다고 해도 과언이 아니다. 과거에는 제조업 위주의 유통망이 형성되어 있어 제조업체에서 공급해 주는 상품만을 수동적으로 구매하여 판매하였다. 그러나 근래에 와서는 다방면으로 구매할 수 있는 것이 현실이다. 이러한 상황에서는 우수한 상품을 남보다 빨리 구매하여 판매하는 것이 점포의 매출을 증진시킬 수 있다.

그러면 질 좋은 상품의 기준을 어디에 두어야 할 것인가?

물론 상품 그 자체의 포장 상태, 품질 등이 상품의 질을 나타내겠지만, 점포경영주의 입장에서는 여기에다 고객이 원하는 것이 무엇인지를 찾아내어 그들의 욕구를 반영한 상품을 선택해야 한다.

경영주 입장에서 판단된 아무리 질 좋은 상품이라 할지라도 고객이 찾지 않는 상품이라면 우수한 상품이라고 볼 수 없다. 판매란 단순히 구매하여 파는 것이 아니라 팔리는 상품을 찾아 판매를 한다고 생각해야 한다. 즉 고객이 원하는 상품을 구매하는 것이 상품 구매에 있어서 가장 핵심이다.

그러하면 고객이 원하는 상품을 어떻게 알 수 있나?

점포경영주에는 두 가지 타입이 있다. 한 가지 타입은 상품의 매입을 하는

데 있어서 납품업자가 추천하는 상품에 의존하여 점포를 운영하는 형태이며, 두 번째 형태는 늘 상품의 흐름에 관심을 갖고 각종매체나 취급상품과 관련된 잡지를 구독하거나, 1주일에 한 번 정도는 경쟁점을 방문하여 새로운 상품의 동향을 파악하는 형태이다. 물론 두말할 것 없이 후자의 경영주가 성공을 하고 있으며, 그 경영주의 점포를 방문하면 고객이 원하는 우수한 상품이 진열되어 있다. 또한 이 점포는 다른 점포보다 신상품의 입점도 빠르다. 결국은 점포경영주 및 종업원이 얻을 수 있는 여러 가지의 정보원 (신문, TV광고, 잡지, 시장조사, 고객의 요구)에 귀 기울여 남보다 빠르게 움직여야 한다.

상품구매 전에 점검해야 하는 사항은 다음과 같다.

- 구입에 대한 기준이 설정되었는가?
- 현재의 재고량을 고려하여 구입하는 것인가?
- 과거의 판매동향을 무시한 채 구매하는 것이 아닌가?
- 구매할 양은 정확히 결정되었는가?
- 구입처는 변함이 없는가?
- 상품을 보관할 수 있는 공간은 넉넉한가?

상품 구매는 점포 경영자나 종업원의 직감에 의하여 즉흥적으로 이루어져서는 안 된다. 구매라는 것은 점포 경영에 있어서 매우 중요한 행위이다. 이것은 한 점포의 흥망성쇠를 가져 올 수 있는 중요한 행위인 것이다. 상품은 현금이다. 이 상품이 잘 팔려야 현금이 돌아 원활한 점포 운영을 할 수 있다. 그러나 한 번 수요 예측이 잘못된 상품을 구매하게 되어 현금이 묶여 버리게 되면 특히 소규모 점포는 존폐의 위기에 놓이게 될 수도 있다. 이와 같은 점을 명심하여 경영주는 상품을 구매할 때 고객조사, 과거의 판매실적, 자금계획, 연중 상품이냐 계절상품이냐 등을 고려한 정확한 구매 포인트를 마련해 놓아야 한다.

상품 구매에 있어서 체크하여야 할 기본적인 포인트를 설명하면 다음과 같다.

첫째, 어떤 상품을 선택할 것인가?

상품 구매를 결정할 때에는 어떠한 가격대의 어떤 메이커의 상품을 구매할 것인지를 명확히 판단해야 한다. 가격이 싸고 마진이 높다하여 이류 브랜드의 상품을 구입할 수는 없다. 다시 말하면 고객이 선호하는 상품을 구매해야 한다는 것이다. 일류 브랜드여서 마진이 적더라도 고객이 많이 찾는다면 모자란 마진폭을 보충할 수 있다. 이러한 원칙 아래 기존상품 및 신규상품을 선택하여 상품을 선정한다면 우수한 상품 선정이 될 것이다.

둘째, 얼마나 구입할 것인가?

상품의 구매량을 결정할 때에는 과거의 판매량과 향후의 판매 예측을 고려하여 구매량과 구매 예산을 수립해야 한다. 특히 점포 운영에 있어서는 상품 재고를 최소화해야만 자금의 활용과 공간의 활용을 원활히 할 수 있는 것이다.

과거의 판매 실적은 반드시 자료로 남겨 하루의 판매량을 산정하여 향후 며칠간의 판매량을 갖고 갈 것인가를 결정해야 한다. 이 때 결정된 수량이 앞으로의 주변 지역의 행사 및 국경일, 날씨 등을 고려하여 최종 구매량을 결정한다. 특히 날씨와 연관되는 상품은 각별히 날씨의 동향을 파악한 후 구매량을 결정하는 것이 현명하다.

셋째, 마진은 어떠한 수준으로 할 것인가?

상품의 가격과 마진은 정비례의 관계가 있다. 즉 판매 가격이 높을수록 점포에서 취하는 이익의 폭은 높은 것이다. 그러나 판매를 하는 입장에서 높은 가격은 대단한 장애 요인이다. 왜냐하면 고객의 입장에서는 비싼 가격의 상품 구매를 꺼리기 때문이다.

이 때 점포경영주는 박리다매로 갈 것인가 아니면 상품 가격을 높게 하며 소량 판매로 운영을 할 것인가 하는 결정을 내려야 한다. 물론 두 가지 다 장단점이 있다. 박리다매일 경우에는 이윤 폭이 적지만 점포의 외형적인 곳에는 많이 투자할 필요가 없다. 즉 투자비가 적을 수 있다. 후자의 경우는 아무래도 높은 가격에 대한 고객의 불만을 좋은 점포 분위기로 상쇄시켜야 하기 때문에 점포가 깨끗해야 하며, 인테리어도 고급으로 시공하여 투자비가 많이 지출될 것이다. 어떻게 결정을 내릴 것인가는 경영주의 능력 및 스타일에 따라 결정되겠으나, 현재와 같이 대형 유통점이 많이 개점하여 운영되고 있는 상황에서 소규모 점포를 운영한다면 아무래도 특화된 소 품종의 상품을 찾아 판매를 하는 것이 바람직하다고 볼 수 있다.

넷째, 어디서 구입할 것인가?

상거래에서 가장 중요한 것은 신용이다. 다시 말하면 거래 상호간의 믿음이 있어야 한다. 그러나 이러한 믿음이 하루아침에 생기는 것은 절대 아니다. 물론 상품을 구매하는 데에는 좋은 구매처를 찾는 것이 가장 기본이다. 하지만 장기적인 거래관계를 위해 서로간의 믿음을 쌓는 것이 더욱 중요하다고 볼 수 있다. 일시적으로 가격이 싸다고 하여 이곳 저곳에서 상품을 구매한다는 것은 근시안적인 발상이다. 한 점포에서 꾸준한 거래를 하면 얻을 수 있는 이득은 의외로 많다. 대금 결제에 있어서의 융통성, 상품 배달의 편리함 등이다. 처음 점포를 선택할 때에는 특히 신경을 써야 한다. 점포에 대한 주변의 평판 및 상점의 영업 상황 및 자금력 등도 가능한 한 파악하여 점포를 선택할 때 고려하여야 한다.

다섯째, 상품 구매의 타이밍은 언제가 좋은가?

기존에 팔던 상품은 물론 재고물량이 떨어지기 전에 물량을 확보해야 한다. 그러나 신상품 등 새로이 입점되는 상품에 대해서는 상품 구매의 타이밍이 매우 중요하다. 계절상품의 경우는 재고관리에 특별히 신경을 써야 될 상

실전 창업의 神

품으로, 가급적이면 그 해에 다 팔 수 있도록 계절이 시작되기 전에 상품을 입점시켜야 한다. 이러한 계절상품은 반품이 불가능한 경우가 많아 판매를 못 한다면 악성재고로 남아 다음 해에는 정상적인 판매가 불가능하기 때문이다.

신상품의 경우는 메이커에서 매체 등에 광고를 시작하는 시점에 상품을 구입하여 입점시키는 것이 가장 좋다. 또한 상품을 구입할 때에는 가격 변동의 정보를 인상 전에 입수하여 가격이 인상되기 전에 일정량의 물량을 확보하는 재치도 필요하다.

여섯째, 상품 구입의 방법을 어떻게 할 것인가? 상품 구입의 방법은 대략 두 가지로 압축될 수 있다. 즉 대량으로 구매하여 구입 경비를 절감할 것인가와 필요할 때마다 소량으로 구입하여 판매를 할 것인가이다.

대량으로 구입할 경우에는 자금은 많이 소요되지만 대량 구입에 따른 가격 할인 등 갖가지 비용의 절감을 가져올 수 있다. 그러나 이 경우는 구입 물량에 대한 판매처가 확보되었을 때나 가능한 일이다. 앞에서도 논의되었지만, 판매하지 못한 물량은 악성재고로 남아 점포의 자금흐름에 악영향을 끼칠 수 있다. 이러한 경우는 대형매장으로서 소매뿐 아니라 도매도 가능한 점포가 활용해야 할 방법이다. 따라서 소규모 점포는 경영주 입장에서 조금은 힘이 들더라도 소규모로 자주 구매하는 것이 위험을 줄일 수 있으며, 지역별로 형성되어 있는 협동조합 등을 통하여 상품을 저렴하게 구매할 수도 있다. 또한 동종의 점포들과 공동으로 상품을 매입하여 매입비용을 절감할 수 있는 방법도 있다. 그러나 소규모 점포는 가급적이면 1주일 또는 15일 단위로 필요한 상품의 물량을 구매하여 판매하는 것이 여러모로 위험을 피할 수 있는 바람직한 방향이라고 할 수 있다.

또한 계절상품 및 유행상품의 경우는 상품의 라이프 사이클이 매우 짧으므

로 구입시 물량에 대한 충분한 검토가 필요하며, 미 판매분에 대한 반품 또는
재고처리 문제도 생각을 하고 있어야 한다.

상품을 구매하는데 있어서 기본적으로 계획을 세워야 하는 사항들이 있
다. 상품의 구매는 한정된 자금 및 정해진 공간을 바탕으로 하기 때문에 이러
한 조건에 맞는 적정한 구매계획이 세워져야 한다. 적정한 구매계획이 세워
지기 위해서는 구매할 상품의 종류, 구매수량, 희망구매단가, 구입시기, 구입
처, 결제방법 등의 6가지 사항이 검토되어야 한다.

앞의 6가지사항은 판매와 연계되어어야만 완벽한 구매계획이 될 수 있다. 구
매계획을 세우기 전에 다음과 같은 사항이 검토되어야 하겠다.

- 과거의 구매실적 : 전월 및 전년 동월 구매한 실적을 파악하며, 실적도
  파악하여 1일 및 월간 평균 판매실적을 파악한다.
- 상품의 재고품 : 현재 남아 있는 재고의 수량을 파악한다.
- 판매 예측 : 과거의 판매실적을 토대로 하여 판매동향을 파악하여 판매
  계획을 세운다.
- 시장의 변화 : 주변 상권의 변화 및 행사의 여부, 계절의 변화, 각종 절기
  의 시점 등을 파악한다.

구매계획을 실현시키기 위해 필요한 것이 구매예산이다. 이것은 구입량에
대하여 지불할 액수를 명확하게 계산하여 자금준비를 하기 위한 작업이다.
말하자면 어떠한 상품을 얼마나 구입하는가 하는 금액상의 예산을 말하는 것
이다. 구매예산은 다음과 같이 판매예산을 기초로 세울 수 있다.

♥ 구입예산(매상 원가 예산) = 판매예산 × ( 1-평균이익율)

다만 이 수식으로는 재고량의 통제가 될 수 없으므로 흔히 '매상 원가 예
산'이라고 불리우고 있다. 여기에 재고량의 수준을 적정하게 하기 위한 방법

실전 창업의 神

으로는 다음과 같은 공식이 있다.

❖ 구입예산 = 매상원가 예산+기말 재고량−기초 재고량

예를 들어 어떤 점포의 연간 판매목표가 7천만 원, 평균 상품 이익률이 24%, 기말 재고량이 1,000만 원, 기초 재고량이 900만 원이라고 하면 연간 구입예산은 다음과 같이 될 수 있다.

❖ 7천만 원 × (1−0.24) + 1,000만 원 − 900만 원 = 5,420만 원

즉, 연간 5,420만 원이 필요하다. 이것을 월별로 배분하면 매달의 구입 예산이 산출될 수 있다.

# 86

# 재고관리,
# 원칙에 충실하라

점포의 경영에 있어서 상품의 재고관리는 매우 중요하다. 상품은 곧 현금이며, 재고가 점포에 쌓이면 곧 회전시킬 수 있는 현금의 보유액이 적어져서 점포 운영에 압박 요인이 될 수 있다. 어느 점포경영주나 계획에 의한 상품 구입, 잘 팔릴 것이라는 예상 하에 상품을 구입하지만 1년, 2년 점포를 운영하다 보면 악성재고가 점포에 쌓이게 마련이다. 이것은 체계적인 계산 하에 재고 변동에 대한 흐름 및 정확한 판매 예측을 하지 않았기 때문이라고 볼 수 있다. 그러면 재고관리를 정확히 하지 않음으로써 나타나는 문제점을 알아 보자.

♥ 재고가 많을 때 문제점
 – 자금이 상품으로 묶여 있어 현금의 회전이 어려워진다.
 – 보관 비용이 발생된다.
 – 폐기 상품이 발생될 수 있다.
 – 상품의 가치가 떨어져 판매가 어려워진다.

♥ 재고가 적을 때 문제점
 – 상품이 떨어져 판매 기회를 잃어 기회손실이 발생될 우려가 있다.

*실전 창업의 神*

– 상품 매입 시 소량 매입에 따른 원가 상승 우려가 있다.

– 빈번한 매입으로 매입 비용이 추가로 발생된다.

– 상품 구색이 부족하여 고객이 감소한다.

그러면 과연 점포에서 어느 정도의 재고량을 유지하는 것이 좋은지 또한 어떻게 재고 통제를 하는 것인지 알아 보자.

사전에 상품의 재고량 및 판매예측을 통하여 적정한 양을 구입한다면 항상 적정한 수준의 상품 재고량이 유지될 수 있을 것이다. 그러나 상품을 빈번히 구입하는 입장에서 과연 지금의 수준이 적정한 재고수준을 유지하고 있는지 판단하기 어렵다. 이것은 어떠한 계수화된 숫자에 의해 점검하지 않았기 때문이다. 그럼 어떤 방법으로 평가를 할 수 있는가?

이 때 흔히 사용하는 지표가 상품회전율이다. 이 회전율은 어느 일정 기간 동안 상품 재고량이 얼마만큼 회전했는지를 알려 주는 지표이다. 다시 말한다면 재고의 현금화가 얼마나 촉진되고 있는가를 알려 주는 것이다. 재고품은 판매를 통하여 현금으로 들어오고 그 현금으로 다시 상품을 구입하고, 그리하여 재고로 남는 순환과정을 의미한다.

각 업종마다 평균회전율이 있다. 이것을 지표로 하여 상점의 상품회전율이 과연 적정한지 여부를 판단하여 재고통제의 기준으로 삼아야 한다. 상품회전율은 일정 기간의 판매 수량을 평균 매가 재고량으로 나누어 산출한다. 평균 매가 재고량이란 기초 재고량과 기말 재고량을 합한 것을 둘로 나누어서 구하는 것이 보통인데, 자료가 충분하다면 매월 말의 재고량을 합하여 합계를 낸 뒤 이를 12로 나누어 연간 평균 재고량을 산출하는 것이 더욱 정확할 수 있다.

♥ 상품 판매 수량 / 평균 매가 재고량 = 상품회전율 (회)

위의 공식에 따라 점포의 회전율이 산출되면 점포에서는 동 업종의 평균 회전율과 비교하여 점포의 목표 회전율을 결정하는 것이 중요하다. 이것이 점포의 재고통제의 기준이 된다. 즉 이 회전율을 지표로 하여 회전율이 둔화되거나 회전율이 높은 경우 점포 자체적으로 재고회전율에 관한 전략을 수립해야 한다.

일반적으로 과잉 재고에 의한 회전율의 둔화가 문제가 되고 있는데 재고의 과잉은 자금의 고정을 초래한다. 이것을 해결하기 위한 방법은 다음과 같다.


♥ 적정재고량 유지방법
 − 구입량을 조절하여 재고를 통제
 − 판촉 행사를 통한 재고의 처분
 − 특매 및 할인 판매


재고 차이란 장부상으로 유지·기록해 온 장부가 재고와 실제 현물조사를 통하여 파악된 실제 재고와의 차이를 말하는 것으로, 장부가 재고가 실제 재고보다 더 크면 재고 부족으로서 재고가 어떠한 경로에 의하여 없어져서 부족한 것이 된다. 재고 차이에 있어서 장부가 재고가 실제 재고보다 더 작으면 재고 초과이다.

보통 재고 초과의 경우는 기록의 유지 및 누락이 있어 발생되는 경우가 많다. 그렇기 때문에 점포 상품관리에 있어서 가장 중요한 업무 중의 하나가 바로 점포의 재고를 정확히 관리하여 재고 부족을 최소한으로 유지하는 것이다.

과다한 재고 부족은 점포의 재정적인 손실을 일으키며 점포의 손익에 악영향을 끼친다. 정기적인 재고조사를 하지 않는다면 현재 점포의 운영이 정상

실전 창업의 神

적인지 아닌지 알 수 없는 것이다. 회계상으로는 이익이 발생될 수 있으나 실제적으로는 적자 점포가 될 수도 있는 것이다.

- ♥ 장부가 재고 〉 실사 재고 → 재고 초과
- ♥ 장부가 재고 = 실사 재고
- ♥ 장부가 재고 〈 실사 재고 → 재고 부족

재고부족에는 외부 침입, 납품업자가 훔치는 것, 종업원이 훔치는 것, 고객이 훔치는 것, 계산하지 않고 먹는 것, 종업원의 실수 등의 유형이 있다.

**– 종업원이 계산 않고 먹는 것**

종업원이 점포의 상품을 마시거나 먹고서 현금 지불을 하지 않아서 발생하는 상품의 손실로서 재고 부족 원인 중 상당한 부분을 차지하고 있다. 이러한 재고 부족의 유형은 모든 종업원들이 아래의 규칙을 따르도록 하여 충분히 관리될 수 있다.

그러나 제일 중요한 점은 점포경영주 자신도 본보기를 보여 점포에 진열된 상품은 반드시 현금을 지불하고 구입하는 것을 종업원에게 보여 주는 것이다.

**– 외부인 침입에 의해 발생되는 경우**

점포가 폐점했을 시에 도둑이나 강도의 침입에 의하여 상품을 훔쳐가는 유형을 말한다. 단독 점포의 경우는 외부 침입 위험이 많다.

**– 납품업자에 의해 발생하는 경우**

보통 점포에 직접 물건을 배송하는 납품업자에 대해 너무 무관심하거나 방심하면 이들에 의해 재고 부족이 발생될 수 있다. 물론 극소수이겠지만 납품업자가 경영주가 안 보는 틈을 타서 점포의 물건을 훔치거나 전표를 조작하거나, 상품 검수를 소홀히 하는 경영주의 눈을 속여 주문량보다 미달된 상품을 정량인 듯 속여 상품을 입점시킨다.

이러한 문제점을 방지하기 위해서는 점포경영주 자신이 상품관리에 만전을 기하여야 한다. 무조건적으로 납품업자를 의심하거나 불친절하게 대해서는 안 된다.

**- 종업원이 훔치는 경우**

참으로 믿기 어렵지만 통계에 의하면, 상품의 재고 부족분 중 80% 이상이 종업원에 의하여 발생된다고 한다. 정직하지 못한 종업원에 의해 점포에서 발생되는 손실의 양은 의외로 가장 크며 가장 빈번히 발생되고 있다.

그러면 어떻게 이러한 손실을 막을 수 있을까? 결국은 사전에 정직한 종업원을 채용하며, 점포 내의 모든 상품의 재고관리가 체계적으로 되어 있어서, 상품 하나가 없어져도 쉽게 그 원인을 파악할 수 있다는 것을 종업원에게 주지시키는 방법밖에 없다.

**- 고객에 의해 발생하는 경우**

고객이 상품을 훔칠 수 있다는 것은 점포에서 훔칠 수 있는 분위기를 제공했다고 보면 확실하다. 방문한 고객에게 인사도 하지 않으며 관심도 보이지 않는 점포는 고객의 훔침 행위가 발생될 요소가 다분히 있다. 이 때에 발생된 우발적, 계획적 도난은 점포의 책임일 수밖에 없다. 항상 고객에게 관심을 가지고 근무를 한다면 고객의 훔침은 방지될 수 있다.

다음은 고객에 의해 재고부족이 발생하는 일을 사전에 막는 요령들이다.

❤ 고객에 의한 재고부족 방지 요령

- 쉽게 도난 당할 수 있는 상품이나 고가품은 가능하다면 종업원의 눈에

실전창업의 神

잘 띄는 곳에 진열한다.

－ 고객이 점포를 방문했을 때에는 필히 인사를 하여 고객에게 관심을 갖고 있다는 점을 인식시킨다.

－ 상품을 사지 않고 배회하는 고객에겐 '무엇을 도와드릴까요?' 라고 말하여 관심을 표명한다. 이 때에 상품을 구매할 의사가 없는 고객은 점포를 떠날 것이다.

－ 상품을 훔친 고객에게는 절대로 폭력을 행사하지 말아야 하며 상황을 판단하여 경찰서에 연락을 취한다.

－ 고객이 상품을 훔친 것이 발견되면 점포 내에서 적발하지 말고 고객이 점포 문을 나섰을 때에 적발한다.

# 가격관리에도 작전이 필요하다

예전부터 좋은 상품을 싸게 파는 것이야말로 소비자들에게는 가장 좋은 일일 것이다. 그리고 싸게 팔지 않으면 절대로 점포는 발전할 수 없다고 믿어 왔던 것이 사실이다. 그러나 오늘날 할인점이나 대형 슈퍼마켓처럼 저가의 가격으로 소비자들에게 상품을 판매하는 매장들이 많이 생겨났고 소비자들은 이들 매장에 엄청난 호응을 보이고 있다.

소점포를 운영하는 사업자로서는 이제는 도저히 가격으로는 이들 업체들과 대항할 수 없게 된 것이다. 음식업도 마찬가지이다. 대형점포의 전문음식점들이 생겨나고 이들 또한 저가격이라는 점을 강조하면서 인근의 소규모 음식점들이 타격을 입고 있다. 이런 이유로 오늘날 점포사업에서는 좋은 상품을 싸게 파는 것이 아니라, 손님의 지지를 받을 수 있는 상품과 적정가격이라는 영업방침으로 바뀌어야 한다.

점포에서 판매하는 가격의 결정은 매우 중요하다. 쉽게 예를 들어, 경쟁점의 가격 또는 권장 소비자가에 대비하여 고가로 나갈 것인가 아니면 저가로 판매를 할 것인가의 결정은 매우 중요하다. 이러한 결정을 하는데 있어 중요한 고려요인은 판매하고 있는 점포의 경쟁 상태, 판매 상품의 종류가 무엇인가, 즉 일반 생필품인가 아니면 전문품, 쇼핑품인가 하는 점이다.

실전창업의神

가격은 '상품의 원가+점포의 이익'의 구조로 결정된다. 점포경영주 입장에서 최대한으로 조정할 수 있는 부분은 점포의 이익 부문이다. 이것을 조정하여 경쟁점과 대비하여 고가로 갈 것인가 저가로 갈 것인가를 결정할 수 있다.

일반적으로 생필품 위주의 편의품은 고객의 입장에서 볼 때 가격에 대한 비교가 아주 적은 편이다. 이러한 상품에 있어서는 경쟁요인이 적다면 정상가 정책이 바람직하다고 볼 수 있다. 만약에 경쟁요소가 많다면 경쟁가격으로 접근하는 방법이 필요하며, 정상가 정책에 가장 빈번히 팔리는 소수의 아이템에 대해서는 연중 저가 정책 (every day low price)으로 하는 것도 하나의 전략일 수 있다.

쇼핑상품은 귀금속, 가전제품, 옷 등으로 고객의 입장에서 다양하게 가격 및 기능, 디자인 등을 고려하여 구매하는 상품으로 일반 편의성 상품보다는 고가이다. 본 상품의 가격 결정은 매우 신중히 할 필요가 있다. 왜냐하면 본 쇼핑상품에 대해서는 가격에 대한 사전 조사 및 비교가 매우 많이 이루어진 후에 상품의 구매결정이 이루어지기 때문이다.

고객의 입장에서는 일반 개인용 컴퓨터를 구입할 때 어느 상표의 상품이든 간에 유사하게 생각한다. 따라서 점포의 입장에서는 추가되는 기능 및 서비스의 개발이 상품 판매의 관건이라고 볼 수 있다. 이러한 것이 없다면 고객은 보다 싼 가격의 상품을 구매할 것이 뻔하다.

전문품이라면 경쟁 요소가 적다고 볼 수 있으며 상품 자체의 가격도 고가인 경우가 많다. 이러한 상품은 납득할 만한 가격을 책정하여 고객을 이해시키는 것이 바람직하다. 전문품은 상품의 특성 때문에 고객의 입장에서 가격에 대한 저항력이 적다. 그러나 경쟁요소가 적다고 하여 너무 터무니없는 가격에 판매를 한다면 쉽게 판매의 기회를 잃을 수 있다.

이러한 전문품 판매 상점은 판매 정소의 편리성 및 이미지가 매우 중요하므로 이러한 점에 중점을 두어야 한다. 또한 고객의 입장에서 전문품의 구입은 매우 신중하여 구입에 따른 소요시간이 길기 때문에, 고객에 대한 꾸준한 상품 정보의 제공 및 상품 구매로의 유도가 필요하다.

일반적인 가격결정 방법은 다음과 같은 것이 있다.

### (1) 원가 + 이윤 가산 가격결정법

가장 쉽게 많이 이용하는 방법으로 상품조달비용에 점포 관리비, 인건비까지 금액을 산출한 다음, 일정한 이윤을 부가하여 최종 판매 가격을 산정하는 방법이다.

### (2) 수요공급설

수요의 특성, 강도를 기준으로 하되, 공급자의 공급능력 여하에 따라 가격이 결정되는 것이다. 공급량에 비해 수요가 많으면 가격을 높게 책정하고 반대의 경우는 낮게 결정해야 한다.

### (3) 경쟁 지향적 가격결정

경쟁 상황을 보아 가며 가격을 결정하는 것이다. 이에는 경쟁업자와 동일한 수준에 맞춘 가격과 박리다매할 목적으로 경쟁수준 이하로 정할 수도 있다. 또한 고품질, 신뢰도, 명성이 있는 경우에는 경쟁 수준 이상으로 정하여 판매하는 것도 가능하다.

음식점의 가격책정에 대해서 생각해 보자. 무조건 싸면 손님들이 좋아할까? 물론 주변의 업소들과 비교하여 동일한 품질의 음식을 값이 싸게 제공받을 수 있다면 큰 호응을 받을 수 있다. 그런데 문제는 그 이후부터이다. 주변의 경쟁점들이 가만히 있을 턱이 없다. 그 때부터는 전쟁인 것이다. 여러 상권을 다니다 보면 간혹 마치 경쟁이라도 하듯이 건너편 음식점과 누가 더 싸

*실전 창업의 神*

다 식의 판촉을 하는 경우를 보는데 이건 바람직하지 않다고 본다. 서로 제 살 깎아 먹기이다. 새롭게 점포를 얻어 창업을 하는 경우 인근의 점포들이 책정한 가격대와 비교하여 큰 차별점이 없다면 경쟁점의 가격대와 가격을 맞추어서 가격을 설정하는 것이 서로간의 경쟁을 피하고 적정한 이익도 얻을 수 있는 길이라고 생각한다. 오히려 내 점포가 주변의 점포들보다 영업시간을 더 오래 하고 있다던지, 음식 맛에 특별한 점이 있다던지, 더 많은 서비스를 제공하는 등의 차별화 요소가 있다면 가격을 더 많이 받는 것으로 책정하는 것은 점포의 수익성이나 차별성을 강조하는 데 도움이 된다.

일반적으로 소매업의 경우는 일반 대중들을 고객으로 하기 때문에 박리다매의 전략이 가장 바람직할 수 있다. 누구나 부담을 느끼지 않고 구매할 수 있는 상품을 취급하는 것이 소매업의 성격이기 때문이다. 또한 점포 내 물건들에 대해 보통 사람들이 가지고 있는 생각은 저렴할 것이라는 인식을 갖고 있기 때문이다.

그러나 상황에 따라서는 다음과 같은 가격 전략이 적용될 수 있다.

(1) 가격차별화 전략 : 고객별, 지역별, 시기별로 상이한 가격을 정해 판매하는 경우이다. 악의적인 판매 방법이 아닌 정확한 상황 판단에서 나오는 현명한 가격결정 방법이 되어야 한다.

(2) 명성 가격 : 차별화 전략의 일종으로 고가는 고품질이라고 인식하는 고객을 겨냥하여 비싼 가격으로 책정하는 경우이다.

(3) 단수 가격 : 예를 들어 39,000원 이라고 표시하여 40,000원 보다는 가격이 최하 가능한 선에서 결정되었다는 인상을 주기 위한 가격결정 방법이다.

(4) 고의적 할인 가격 : 강조할 목적으로 고의적으로 고가 설정한 후 할인폭을 크게 정하는 가격이다.

(5) 탄력 가격 : 가격선을 설정하여 일정한 범위 내의 가격 변화를 가능케

하여 적절히 활용하는 방법이다. 음식 값이 20,500원이 나왔을 때 주인 입장에서 고객 편의와 서비스 제공 차원에서 500원은 할인해 주는 경우이다.

(6) 소매 표시 가격 : 소비자의 선별 구매를 용이하게 해 주는 효과가 있다. 특히 편의점, 슈퍼 등 정찰제가 요망되는 곳은 필히 실시해야 할 방법이다.

(7) 고가 전략 : 신상품을 처음 도입하는 초기에 고가로 가격에 민감하지 않은 고소득층을 먼저 흡수하고 그 뒤에 연속적으로 가격을 인하해 가며 저소득층에도 침투하고자 하는 정책이다.

실전 창업의 神

# 서비스관리에
# 신경 써라

점포의 경영에 있어서 품질 좋은 우수한 상품의 구비가 제일 중요한 점이다. 그러나 고객에 대한 서비스도 이에 못지 않게 중요한 요소이다. 우수한 접객, 깨끗한 점포, 신속한 계산, 구매하기 편리한 진열 등이 있어야만 고객은 최종 구매결정을 내릴 수 있으며, 미래의 단골고객으로 확보될 수 있다.

점포에서 서비스정책의 관리를 위해서 신경써야 할 부분은 종업원 인사관리, 점포관리, 상품관리, 판매관리, 접객관리, 시설관리의 여섯 가지 관리 포인트가 있다.

각 항목별로 체크해야 하는 사항 등을 알아보자.

❤ 종업원 인사관리 체크 사항
– 출근부를 정확히 기입하는가
– 출근 시간을 정확히 지키는가
– 용모와 복장은 단정한가
– 두발 상태는 양호한가
– 유니폼과 명찰 착용상태는 양호한가
– 개인별 업무 분장도가 수립, 운영되는가

- 종업원의 근무 일정표가 게시되어 있는가
- 고객에게 영수증은 교부하는가
- 기타


▼ 점포관리 체크 사항
- 점포 주변은 잘 정돈되어 있는가
- 간판 및 안내판 상태는 양호한가
- 악취가 나는 곳은 없는가
- 점포 내의 청소상태는 양호한가
- 판매 장비의 청소상태는 양호한가
- 형광등 및 전구의 교체 부분은 없는가
- 점포 내·외부 유리창은 깨끗한가
- 계산대 근처에 수표 이용 안내문이 있는가
- 기타


▼ 상품관리 체크 사항
- 상품 발주는 계획에 따라 하고 있는가
- 저회전 상품 발주로 악성재고는 없는가
- 적정 재고 미달로 판매기회 손실은 없는가
- 상품 입점시 철저한 검수를 하는가
- 상품 진열/판매는 선입선출하는가
- 진열된 상품에 먼지가 쌓이지 않았는가
- 주력 상품이 고객의 눈에 잘 띄는가
- 유효기간이 지난 상품이 진열되어 있지 않은가

– 기타

❥ 판매관리 체크 사항
– 가격표는 잘 부착되어 있는가
– 상품 가격 변동 즉시 판매 가격에 반영하는가
– 포장 재료가 준비되어 있는가
– 전화 주문에 신속히 응하는가
– 신용카드 결재 시 흔쾌히 응하는가
– 고객에게 상품 특징을 잘 이해시키는가
– 고객이 찾는 상품을 친절히 안내하는가
– 고객에 대한 태도가 친절한가
– 상품 안내는 친절한가
– 배달은 신속 정확하게 하는가
– 상품에 대한 지식은 충분히 갖고 있는가
– 상품 배달시 주문 확인/금전등록은 하는가
– 기타


❥ 접객관리 체크 사항
– 모든 고객에게 감사의 인사를 하는가
– 고객 접대 6단계를 이행하는가
– 명랑하고 큰소리로 대답하는가
– 외모가 불쾌감을 주지 않는가
– 악세사리 등이 방해가 안 되는가
– 활동하기 쉬운 복장을 하고 있는가

– 유니폼이 청결한가

– 항상 밝은 미소를 짓는가

– 고객의 요구에 신속히 대응하는가

– 기타


♨ 시설관리 체크 사항

– 전기 시설은 수시로 자체 점검하는가

– 불안전 요소는 사전 체크하는가

– 비품관리 책임자를 정하여 관리하는가

– 장비의 응급처리요령이 준비되었는가

– 장비 A/S 연락망이 부착되었는가

– 장비의 적정 온도가 유지되고 있는가

– 판매장비의 선반 및 바닥이 청결한가

– 교체해야 할 전등이 있는가

– 소화기가 점포 내에 구비되어 있는가

– 기타

# 판매촉진으로 고객을 끌어들여라

# 89

매출이 하락할 때, 영업이 정체 상태일 때, 또는 영업을 더욱 활성화하고자 할 때 가장 먼저 생각하고 실행하는 것이 판매촉진이다. 판매촉진은 만만찮은 비용이 드는 대신 제대로 계획을 세워 실행한다면 큰 이익을 가져다 줄 수 있는 가장 효과적인 수단이다. 그렇다면 점포 사업에서 효과적으로 사용할 수 있는 판매촉진 방법은 무엇일까? 어떻게 계획하고 실행해야 하는 걸까?

고객들은 그 점포에서 어떤 상품을 팔고 있는지 알지 못하면 상품을 사러 오지 않는다. 따라서 점포에서는 고객들에게 자기점포가 취급하는 상품을 소개하기 위해 판매촉진 활동을 하는 것이다.

판매촉진은 점포와 고객과의 의사소통을 통해 고객의 행동에 변화를 일으키기 위해 여러 가지 방법으로 실시한다. 판매촉진의 목적은 관점에 따라 몇 가지로 나누어 볼 수 있다.

우선 정보를 제공한다. 고객에게 점포 및 상품의 존재를 적극적으로 알리는 것이다. 상품이 신제품이면 고객들에게 더욱 알려야 하며 새로 개점한 점포라면 점포 자체를 홍보해서 고객들에게 점포의 존재를 인식시켜야 한다.

그리고 고객을 유인해야 한다. 판매촉진의 근본적인 목적은 더 많은 고객들을 점포로 유인해 상품의 판매를 증대시키는 것이다.

| | 판매촉진 활동의 단계별 체크 포인트 | |
|---|---|---|
| 구분 | 준비상황 | 체크 포인트 |
| 1단계<br>상황분석 및<br>자료 수집 | • 계절상황, 고객요구 파악<br>• 지역의 행사상황<br>• 경쟁점의 판촉계획 | • 고객이 가장 원하는 것은 무엇인가?<br>• 경쟁점의 판촉시기 및 행사방법 |
| 2단계<br>판매촉진<br>계획수립 | • 목표 설정<br>• 행사기간 설정<br>• 목표고객 설정<br>• 판매촉진 방법 결정<br>• 판매촉진 고지수단 결정<br>• 종업원별 직무 할당<br>• 예산 수립 | • 목표 설정은 세분화해 일일 단위로 객수,<br>품목별, 객단가, 매출액 목표 설정<br>• 판매촉진 방법은 과거 경험을 바탕으로<br>획기적인 방법 강구<br>• 소요예산은 세분화해 정확히 수립<br>• 효과성을 기준으로 행사기간을 결정 |
| 3단계<br>준비 | • 전단지 등 고지물 제작<br>• 상품 확보<br>• 판촉물 구입<br>• POP 부착, 가격표 준비<br>• 고지물 배포 | • 행사 내용이 정확히 고객에게<br>전달될 수 있는 고지수단 결정 |
| 4단계<br>행사시행<br>및 정비 | • 고객 반응 점검<br>• 행사 참여도 조사<br>• 점포 청결 유지<br>• 추가 고지 여부 검토<br>• 일별 계획 대비 목표관리<br>• 판매촉진 상품의 재고 확보 | • 행사장은 판매촉진 행사 분위기를 연출할 수<br>있도록 동적인 분위기 마련<br>• 일일 고객 반응 조사를 통해 행사 내용을 보완<br>• 일일 목표 점검으로 잔여 행사일 목표 조정 |
| 5단계<br>결과분석 | • 매출 결과 집계<br>• 효과 분석<br>• 문제점 도출 및 개선책 강구<br>• 고객 리스트 정리 | • 정확한 행사 손익분석<br>• 다음 번의 행사진행을 위해 금번 행사의<br>문제점 및 개선사항을 문서화해 기록 유지 |

또한 판매촉진은 매출을 유지하기 위해서 실시한다. 계절에 따라 매출의 기복이 심한데 이를 안정시키는 역할을 한다. 예를 들어 겨울에는 아이스크림의 매출이 부진하기 때문에 아이스크림 가게의 매출은 부진하다. 이럴 때 판매촉진이 사용된다.

판매촉진은 매출 증대를 유발한다. '많이 팔릴 때 더 많이 팔라'는 마케팅 원칙에 따라 잘 팔리는 상품을 판매 촉진함으로써 상품의 판매량을 더욱 증가시킨다.

현대는 광고의 시대이다. TV나 라디오를 봐도, 신문이나 잡지를 봐도 각

실전창업의 神

종 광고들이 잠재고객들에게 자신의 상품이 좋으니 사달라고 요구한다. 소점포의 경우에도 예외는 아니다. 점포의 간판부터 각종 사인물, 신문에 끼워 들어오는 전단지 등 다양한 방법으로 쉴새없이 고객들을 유혹하고 있다.

점포 사업을 하고 있거나, 혹은 새로 시작하려는 사람들은 앞으로 경쟁이 더욱 치열해질 것이므로 경쟁점들의 우위에 서고 싶다면 고객들을 자기점포로 끌어들일 수 있는 광고 선전의 종류와 특징에 대해서 알아두어야 한다.

여기에서는 우리가 주위에서 쉽게 접할 수 있는 선전 방법인 광고, 판매촉진, 홍보에 대해서 살펴보기로 한다.


## ▼ 광고

신문, TV, 라디오, 잡지, 옥외광고판 등을 통해 선전하는 방법으로 대규모 상권에 필요한 방법이고 장기적인 효과가 있다.

이 중 TV 광고는 시각과 청각을 동원하며, 시청 대상의 폭이 넓고 반복해서 광고를 할 수 있기 때문에 효과가 크다. 반면에 비용이 비싸고 목표로 하는 고객을 정확히 조준할 수 없다는 단점이 있다. 따라서 전국적인 TV광고는 소점포 광고에는 거의 활용하기가 힘들지만 근래에는 케이블 TV의 보급으로 지역 채널을 이용한 광고가 꽤 활용되고 있는 상황이다.

신문 광고는 지역별 선택이 가능하고 전달하고자 하는 메시지를 할당된 지면에 마음껏 표현할 수가 있다. 그러나 광고 수명이 짧으며 TV, 라디오와 같이 반복 광고가 불가능하다.

잡지 광고는 특별한 고객층을 선정해 공략하기가 쉬우며, 신문보다 오래 볼 수 있으므로 광고 수명이 길다. 또한 다양한 인쇄 기술을 적용할 수 있다. 반면에 지역적인 제한이 없다는 것이 단점이다.

또 한 가지 자주 접하는 것이 DM 광고이다. DM (Direct Mail)이란 각종 안내문, 홍보물, 간행물 등을 우편을 통해 발송, 전달하는 판촉 방법이다. 고객관리를 통한 DM 광고는 광고대상을 점포에서 선택할 수 있으며, 상품 및 점포의 특매 행사에 자세히 알릴 수 있어 매출에 직접적으로 연계시킬 수 있고, 비교적 비용이 싸서 손쉽게 시행할 수 있다는 장점이 있다. 따라서 효율적으로 DM 광고를 실시하려면 평소에 고객에 대한 데이터 베이스를 구축해야 하며, 가능한 한 예상고객 리스트를 많이 확보할 수 있어야 한다.

옥외 광고는 야외광고판, 벽보, 플랭카드 등을 이용한 간단한 광고로 특정 지역에 의사 전달이 가능하지만, 자세한 내용을 전달하기 어려우며, 지역 환경을 해친다는 불만을 사기가 쉽다. 플랭카드를 설치할 때에는 관할 관청에서 지정하는 위치에 부착해야 한다.

손쉽게 구할 수 있는 생활정보신문도 판매 촉진 활동의 대상이 될 수 있다. 동네 입구, 건널목 앞 등 언제부터인가 우리 주변에서 생활정보신문들을 쉽게 구할 수 있게 되었다. 이러한 지역신문들을 활용하면 저렴한 광고비로 한정된 지역에 집중적으로 광고할 수 있으나 생활정보신문의 특성상 점포의 이미지를 실추시킬 수 있으므로 이미지에 관계없이 대량판매를 위한 아이템에 활용하는 편이 좋다.

전화번호부도 광고 매체로 활용할 수 있다. 전화번호부는 114 전화안내가 유료화되어 과거보다 이용률이 높아진 상태이다. 전화번호부 광고는 TV, 신문 등과 비교해 볼 때, 확인, 구매 등을 목적 의식으로 하는 목적 광고이기 때문에 실고객층의 주목률이 매우 높다. 또한 1회 광고로 1년 내내 지속적인 광고 효과를 볼 수 있어 가장 경제적이다. 전화번호부 광고는 가까운 한국통신 지역본부에 연락하면 영업사원이 직접 방문해 광고를 접수해 가므로 이용이 편리하다.

실전창업의 神

### ❖ 판매촉진

공급이 수요를 초과하는 경쟁시대에는 앉아서 고객이 오기만을 기다려서는 안 되며 고객을 적극적으로 유인해야만 한다. 고객의 욕구는 다양해지고 선택의 폭도 넓어져서 이제 고객은 상품 이외의 서비스나 혜택을 제공받길 원한다.

판매 촉진은 주로 시험구매를 유도하거나 기존의 매출을 증가시키기 위해 실시하며, 가격 할인, 경품 제공 등의 방법으로 단기적으로 시행하는 직접적인 인센티브 활동이라고 할 수 있다. 판매 촉진 활동은 주로 한정된 기간 내에 시행하기 때문에 적극적이고 빠르게 판매를 늘릴 수 있으며 결과에 대한 효과 분석이 가능하다.

### ❖ 홍보

점포의 우수한 점을 각종 매체에 기사화시켜 알림으로써 간접적인 매출 증대를 꾀하는 방법으로 이 방법의 특징은 광고 비용이 들지 않으며, 신뢰성이 매우 높다는 점이다.

### ❖ 고객의 흥미를 끄는 광고의 보조 도구

광고를 할 때 상품 또는 행사의 집중도를 높이기 위해서 보조 도구가 사용된다. 이러한 도구는 점포의 주고객층이 선호하는 것으로 연출되어야 한다.

| 고객의 흥미를 끄는 광고 보조 도구 | | |
|---|---|---|
| **구 분** | | **항 목** |
| 청년 | Sports<br>Sex Appeal<br>Screen | 동적인 스포츠<br>성적인 매력<br>영화, 텔레비전 |
| 남자 | Map<br>Malt<br>Machine | 도표, 지도<br>주류<br>기계적 장치 |
| 여자 | Baby<br>Beast<br>Beauty | 유아, 아동<br>애완용 동물<br>아름다운 것, 미인 |

### ♣ 적법한 광고 선전의 선택

광고 선전은 여러 가지 방법을 통해 여러 번 시행하는 것이 매출 증진에 도움이 된다. 그런 지출할 수 있는 비용은 한정되어 있기 때문에 자신의 점포에 적합한 선전 방법으로 광고 선전을 시행하여야 한다. 그래야만 점포의 매출을 증대시키고 점포의 이익을 극대화시킬 수 있다.

적합한 선전 방법을 선택하는 기준은 각 점포의 특성에 맞추어 결정해야 한다. 동네 슈퍼마켓이 TV광고를 한다면 광고를 통한 매출 증대는 있겠지만, 오히려 과다한 광고 비용으로 점포의 손익은 악화될 것이다. 그러므로 광고 선전 방법을 선택하는 데 있어서 가장 크게 고려해야 할 사항은 취급 상품의 특성과 이 상품을 어디의, 누구한테 팔 것인가이다.

고객들을 대상으로 구매의욕을 상승시키는 판매촉진 방법에는 여러 가지가 있다. 여기서는 소점포 사업에서 활용 가능한 일반적인 판매촉진 방법을 소개하기로 한다.

실전 창업의 神

이러한 다양한 판매촉진 방법을 자기의 점포에 맞게, 자신의 업종에 맞게 새롭게 변형, 개발하는 사람만이 판매촉진의 효과를 얻을 수 있을 것이다.

### ♨ 샘플제공

고객의 구매욕구를 자극해 주의를 집중시켜 인지도를 제고시킬 목적으로 사용된다. 보통 샘플은 신상품이 도입될 때, 모델이 변경될 때, 캠페인 행사 때 제공된다.

### ♨ 경품제공

고객 확대 및 고정고객을 만들기 위한 목적으로 사용되는 방법으로 많이 사용하는 것이 고객에게 사은품을 제공하는 방식이다. 사은품 제공은 구입자 일부에게 제공하는 현상 경품 방법과 구입자 전원에게 제공하는 기념품 제공 방식이 있다. 일정액 이상을 구매하는 고객에게 그에 상응하는 사은품을 증정하는 방식이 많이 사용되고 있으며, 일정 구매액 단위로 스티커를 제공해 일정매수 이상의 스티커를 모으는 고객에게 경품을 제공하는 방식도 사용된다.

### ♨ 가격할인

고객의 구매를 촉진시키며 신규고객을 확보하기 위해 사용하는 방식으로 특매 캠페인, 시즌 캠페인을 통해 시행한다. 비수기 및 불경기가 지속될 때, 특정상품의 과다재고를 처분할 때, 전략적으로 경쟁점을 이기고자 할 때 사용된다. 이 방법은 일반적으로 가장 손쉽게 매상을 증진시킬 수 있으나 남발

할 경우 싸구려 상품을 파는 점포라고 이미지를 실추시켜 매출에 악영향을 미칠 수 있다. 또한 가격 할인 판매촉진 방법은 먹는 음식에는 가급적 사용하지 말아야 한다. 먹는 음식에 할인 행사를 하면 고객 입장에서는 품질에 의심을 갖게 되기 때문이다. 이 때에는 앞에 설명한 경품제공 방식을 사용하는 것이 효과적이다.

### ❤ 회원제도

고객을 조직화해 각종 정보 제공 등의 혜택을 줌으로써 고객 확대 및 고정고객으로 만들기 위해 사용하는 방법이다. 우수 고객으로 고객을 분류해 멤버쉽 카드를 발급해 각종 행사에 초대하거나 할인 특전을 제공한다.

### ❤ 전단지 배포

점주 사진을 넣어 그의 경영 이념, 신조를 강력히 피력하면서 고객을 위한 점포라는 것을 강조하고 점포의 주요 아이템 및 가격대를 소개한다. 배포 방법은 직접 가두에서 배포하는 방법이 있고, 신문에 끼워 배포하는 경우가 있는데, 이 때에는 2차 상권(일반적으로 점포 반경 1km)까지를 대상으로 해서 배포한다.

### ❤ 지역봉사 활동 참여

지역의 고객과 밀착해 점포의 이미지를 상승시키기 위한 목적으로 각종 지역행사에 참여하거나 행사를 지원하며, 지역 불우단체를 방문한다. 이 방법

실전창업의 神

은 장기적으로 점포의 이미지를 제고시켜 지역의 고정고객을 많이 창출시킬 수 있는 방법이다.

### ♨ 지불조건의 다양화

신규 고객 확대 및 구매를 촉진시키기 위해 사용하는 방법으로 고객의 신용도에 따라 무이자 할부판매, 현금가 분할 판매 등을 시행한다.

위에서 설명한 다양한 판매촉진 방법 중에서 자신에게 적합한 방법을 결정하고 효과적으로 진행하기 위해서는 행사에 맞는 적절한 고지 방법이 있어야 한다.

판매촉진 행사를 해서 좋은 결과를 얻으려면 사전에 치밀한 계획을 세워야 한다. 소점포 사업에서는 보통 판매촉진 행사가 점포 위주라기보다는 납품업자의 주도에 따라 이루어지는 경우가 많다. 다시 말하면 체계적인 판매촉진이 아닌 이끌려가는 판매촉진 행사를 진행한다.

공급업자가 제공한 가격, 경품, 판촉사원 등을 이용해서 하는 판매촉진 행사는 안 하는 것보다는 하는 것이 좋을 것이다. 그러나 이왕이면 철저한 계획을 수립해 계속적인 판매촉진 활동을 진행하는 것이 점포에 대한 고객의 기대심리를 증대시켜 고정고객을 증가시킬 수 있다. 뿐만 아니라 연간 계획을 세워 실시하면 고정적인 매출도 확보될 뿐 아니라 판매촉진 행사에 대한 경영기법을 습득할 수 있다.

# 90

# 경영분석은 반드시 필요하다

　소점포 사업을 경영하는 사업주 중에는 의외로 계수관리에 약한 사람이 많다. 단순히 손가락 셈에 의한 계산으로 '이익이 얼마이고, 손실이 얼마이다.'라고 계산을 하는 사람이 많은 것이다. 그러나 이러한 단순한 계산 방식에 의한 점포 경영은 아주 위험한 것으로 하루아침에 흑자 또는 적자로 점포 경영을 마감할 수 있다는 점을 명심해야 한다.

　치밀한 손익관리와 잘 짜여진 자금 관리가 밑바탕이 된 점포 경영이야말로 기초 공사가 튼튼하게 된 점포 경영이라고 할 수 있는 것이다.

　직장에서 창업상담을 할 때 상당 부분이 자금지원과 연계되어서 상담을 하게 되는데, 이미 창업을 해서 운영을 하고 있는 사업자에게 하는 첫 질문은 대부분 이렇다. '현재 하루 평균매출이나 월평균 매출액은 얼마쯤 되시나요?, 또 손익 상황은 어떻습니까?' 하는 물음으로 두 가지 분류로 나누어진다.

　– 본인의 사업에 대해서 잘 알고 있는 경우 : 월평균매출액이 약 900만 원 정도 되고, 마진율이 50%선쯤 되니까 영업이익은 450만 원 선, 제반경비가 대충 합해서 200만 원 선이 되니까 한 달 수익은 약 250만 원 정도 됩니다.

　훌륭한 답변이다. 이 정도 되면 사업자에게 일단 믿음감이 가게 되어 있다.

실전 창업의 神

– 개념이 없는 사업자 (세무 문제 때문에 일부러 답변을 회피하는 경우도 있지만 실제 의외로 상당히 많은 편이다) : 매출액이요? 계산을 안 해봤는데… 또는 전표정리를 아직 안 해서…

상황이 이 정도 되면 사업이 잘 될래야 될 수가 없을 것이다.

점포경영을 하는 사람은 언제나 다음과 같은 질문을 진지하게 생각하고 있어야 한다. 즉 매출이 바람직하게 올라가고 있는가, 영업경비가 왜 늘어만 가는가, 혹은 순이익이 확보되었는가 등의 문제를 항상 제기해야 하는 것이다.

여기에서 매출은 충분함에도 불구하고 순이익이 적은 경우에 경영자는 다음과 같은 점을 고려해 봐야 한다.

첫째, 구입원가가 높지 않은가?, 원가를 떨어뜨리는 방법은 없는가?

둘째, 판매가를 높이는 방법은 없는가?

셋째, 영업에 필요한 경비를 최소한으로 줄이는 방법은 없는가?

자산이나 자본의 적정화를 도모하는 것이야말로 경영의 전부라 해도 과언이 아닐 것이다. 예를 들어 영업성적을 분석해서 매출이 충분한데도 순이익이 오르지 않는다면 그 원인은 '예상이익율의 불충분' 에 있었다는 것을 말해 준다.

이를 타개하기 위하여 먼저 싸게 구입하여 원가를 떨어뜨리는 법, 매출을 높이는 방법, 그리고 예상이익율은 그냥 두고 영업경비를 절약할 수 있는 방법을 모색해야 한다.

첫째, 원가를 낮추어 이익을 올리는 법

비용 중에 가장 큰 비중을 차지하는 것이 상품원가이다. 동 업종을 영위하는 경영주와 공동구매를 하거나, 자금에 압박이 갈 수 있겠지만 물량의 대량구매를 통한 원가 할인으로 매출원가를 최소화할 수 있다.

둘째, 매출액을 높여서 이익을 얻는 법

매출액을 올리는 방법에는 여러 가지가 있을 것이다. 판촉행사, 장시간 영업 등. 그러나 간단하게 매출액이 어떻게 이루어지는가를 살펴보면 가장 기본적인 매출증대 방안을 찾을 수 있다.

매출액은 그 날 점포에 방문한 고객이 얼마만큼의 상품을 구매했는가에 의해 결정된다. 즉 그날의 매출은 얼마만큼의 고객을 점포에 끌여들였느냐, 고객 1인당 얼마만큼 많은 구매를 하게 유도했는가에 따른 결과이다. 고객이 적다면 고객을 점포로 유인할 수 있는 판매전략이 필요하고, 객단가가 적다면 1개를 구입하는 고객에게 연계판매, 제안판매를 통한 추가판매가 발생될 수 있는 판매기법이 필요하다.

셋째, 영업경비를 줄여 이익을 얻는 법

판매관리비에는 고정비와 변동비가 있다. 즉 매출액을 기준으로 매출에 상관 없이 점포가 영업을 할 때 고정적으로 발생하는 고정비, 매출액의 증감에 따라 발생되는 변동비가 있다. 이러한 비용은 경영주의 관리 방안의 수립 및 시행을 통하여 최소화시킬 수 있다.

비용관리의 목표는 매출과 수익에 영향을 미치지 않는 최소한의 비용으로 점포를 관리하는 것이다. 모든 비용을 최소한으로 유지하는 것은 바로 당신 점포의 이익에 큰 영향을 미칠 수 있다.

이러한 것을 명료하게 파악하여 판매계획과 이익계획 등이 설정되어야 할 것이다. 즉 손익분기점을 구하기 위해서는 먼저 점포의 비용을 고정비와 변동비로 나누어 생각해야 한다. 고정비란 매출의 증감과는 관계없이 언제나 일정액이 소요되고 지불되지 않으면 안 될 성질을 갖는 비용이다. 즉 점포나 설비의 임대료, 보험료, 기타의 비용은 매출이 전혀 없더라도 지불되어야 할 비용을 의미한다. 이것과는 반대로 변동비는 매출액의 증감에 비례하여 나타나는 비용을 의미하고 있다. 즉 매출이 오르면 거기에 비례하여 일정한 비율

실전 창업의 神

로 증가하는 비용을 말하는 것으로, 인건비, 운반비, 접대비, 배달비, 판매촉진비 등이 이에 해당한다. 따라서 점포의 모든 비용은 반드시 고정비와 변동비의 어느 한 쪽의 성질을 가지는 것이며, 이것을 파악하면 손익분기점은 쉽게 구할 수 있게 되는 것이다. 즉 손익분기점은 과거의 일정한 기간 동안 판매하여 올린 매출액과 그것에 사용된 고정비 및 변동비를 (1)번과 같이 계산하여 파악할 수 있다.

예를 들어 어느 점포의 1년 간의 매출액이 1,000만 원이라고 하고 거기에 들어간 고정비가 350만 원, 변동비가 500만 원이었다면 손익분기점은 (2)번과 같이 계산한다. 즉 700만 원이라는 숫자가 손익분기점이 되는 것이다.

이 경우 점포의 매출액이 가령 900만 원이라고 하면 고정비는 동일하게 350만 원이 필요할 것이며 변동비는 변동비 비율, 즉 변동비를 매출액으로 나눈 것이 2분의 1이므로 450만 원이 되어 순이익은 (3)과 같이 100만 원이 된다. 즉 매출액 1,000만 원일 때의 매출액 대 순이익율은 (4)번과 같이 15% 인데 반하여 매출액이 100만 원 줄었을 경우에는 (5)과 같이 11%가 되어 4% 가 떨어지는 것이다.

(1) 손익분기점 = 고정비 / ( 1 − 변동비 / 매출액 )

(2) 손익분기점 = 350 / ( 1 − 500 / 1000 ) = 350 / (1 / 2) = 700만 원

(3) 순이익 = 900 − ( 350 + 450 ) = 100만 원

(4) 매출액 대 순이익율 = ( 150 / 1000 × 100 ) = 15%

(5) 매출액 대 순이익율 = ( 100 / 900 × 100 ) = 11%

(6) 손익분기점의 비율 = ( 현매출액 / 손익분기점의 매출액 × 100 )

이와 같이 매출액이 손익분기점을 넘으면 넘은 만큼 이익률은 커지고 그렇

지 않으면 손해가 되는 것이다. 즉 이 점포에서는 최소한 연간 700만 원 이상의 매출액을 올려야 이익이 있다는 것을 의미한다. 말하자면 700만 원이 손익의 분기점이다.

점포의 손익분기점이 현재의 매출액에 대하여 어느 정도의 위치에 있는가는 손익분기점의 비율 (6)식에서 알 수 있다. 이것은 물론 100 이상이 되어야 하지만 높으면 높을수록 좋은 것이므로 과거의 자료에서 나타난 기록과 업계의 표준을 비교하여 유효하게 의사결정을 내릴 수 있는 지침이 되어야 한다.

다음에 손익분기점으로서 계획에 효과적인 성과를 거두기 위한 방법을 생각해 보자. 경영을 과학적으로 합리화하고 계수에 의하여 계획을 세우는 경우에는 과거의 비용을 고정비와 변동비로 분해하여 손익분기점을 응용하는 것으로서 여러 가지 방법이 고려될 수 있다.

(7) 예상손익 = 목표매출액 × ( 1 − 변동비 / 매출액 ) − 고정비

(8) 예상손익 = 1200 × ( 1 − 500 / 1000 ) − 350 = 250

(9) 필요한 매출액 = ( 고정비 + 목표이익 ) / ( 1 − 변동비 / 매출액 )

(10) 필요한 매출액 = ( 350 + 300 ) / ( 1 − 500 /1000 ) = 1300

(11) 판매촉진비용 = 목표매출액 − ( 고정비 + 변동비 / 매출액 × 목표매출액 ) − 목표이익

(12) 판매촉진비용 = 1200 − ( 350 + 500 / 1000 × 1200 ) − 200 = 50

먼저 매출목표를 정한 경우에는 그 목표를 달성하면 얼마의 이익이 있게 되는가를 예측하기 위하여 (7)번의 공식이 사용될 수 있다. 앞서 예를 든 점포의 경우 목표매출액이 1,200만 원이라면 예상이익은 (8)번과 같다. 즉 250만 원의 이익이 얻어진다.

또한 목표한 이익을 올리기 위해서는 얼마의 매출이 필요한가는 (9)번과 같이 계산한다. 만일 그 점포의 목표이익이 350만 원이라면 필요한 매출액은 (10)번과 같다. 즉 1,300만 원의 매출액이 있어야만 350만 원의 이익을 얻게 된다. 그리고 목표매출액을 달성하고 일정한 이익을 얻기 위하여 얼마의 판매촉진비용을 써야 할 것인가는 (11)번과 같이 표시할 수 있다. 점포가 매출을 1,200만 원으로 계획하고 200만 원의 이익을 얻으려면 판매촉진비용은 (12)과 같이 산출되는 것이다. 즉 50만 원 한도로 판매촉진비용을 쓸 수 있다는 것이 나타난다.

이와 같이 점포경영에 있어서도 합리적인 기법을 활용하여 계획적인 관리를 수행해야 하는 것이다. 그리하여 장래에 일어날 수 있는 여러 가지 변화를 예측하고 그에 따른 종합계획을 설계해야 한다.

제 3 부

내 사업모델 프랜차이즈로 확장하기,
Franchising 이렇게 하면 **성공**한다

# 제10장

# 프랜차이즈 사업시스템,
# 기초부터 확실히 이해하라

# 프랜차이즈 사업의
# 의의와 종류를 이해하라

오늘날 프랜차이즈 사업이야말로 최고의 유통확장전략이면서, 황금알을 낳는 거위라고 할 수 있다. 그동안 역사가 짧은 우리나라에서 많은 피해사례 발생으로 문제가 많았지만, 정부에서도 전략적으로 육성하고자 여러 제도를 정비하면서 한마디로 "키우는 산업"으로 조명받고 있다. 프랜차이즈 산업에 관심이 있는 사람이라면 먼저 가장 기본적이라고 할 수 있는 프랜차이즈 시스템의 의의와 성공요소에 대한 것을 알아야 한다.

프랜차이즈(Franchise)은 다음과 같이 정의 내릴 수 있다. "프랜차이저 (Franchisor)와 프랜차이지(Franchisee)가 상호간에 프랜차이즈 계약을 맺고 프랜차이저는 상품의 판매권, 경영기술의 제공, 상호사용권, 각종 판매촉진 등의 영업활동을 해주고, 프랜차이지는 그 대가로서 일정한 로열티를 내고 판매에만 전념하는 영업형태이다." 여기서 프랜차이저는 상호 및 상표, 경험, 노하우, 인지도를 갖고 이를 제공하는 회사 혹은 사람을 말하고 (가맹사업자, 체인회사), 프랜차이지는 일정한 대가를 내고 이를 사용하는 사람이다 (가맹계약자, 체인가맹점). 또한 이러한 프랜차이즈 시스템을 영업방식으로 하여 판매하는 등 사업을 전개하는 것을 프랜차이징(Franchising)이라고 할 수 있다.

오늘날 이러한 프랜차이징이 각광을 받는 이유는 무엇일까? 그것은 (1) 재정상태가 한정되어 있기 때문에 사업을 확장하는데 제한이 있는 가맹사업자가 비즈니스 패키지를 구축하여 가맹계약자들을 모집함으로써, (2) 독립적으로 큰 자본없이 창업을 해서 빠른 시간 내에 시장으로 진입하려는 가맹계약자가 이러한 가맹사업자의 완전한 비즈니스 포맷을 구매하여 상호 협력함으로써 각자 사업을 전개할 때 일어날 수 있는 실수와 경제적 손실을 줄일 수 있기 때문이다.

체인회사는 상품, 서비스, 노하우 등의 개발과 그 원활한 운영에 전력을 다하고, 가맹점은 그것을 기초로 하여 대고객 판매에 전력을 다한다. 다시 말해서 체인회사와 가맹점의 관계는 직영 체인에 있어서 본부와 점포의 기능분담 관계와 같으며, 그 효과도 동일한 것으로 기대할 수 있게 되는 것이다. 체인회사와 가맹점은 서로 입장을 달리하는 독립된 사업자이면서 프랜차이즈 계약에 의해 일정한 기간 동안, 그리고 일정한 지역에서의 독점적인 권리 관계를 통하여 마치 하나의 회사가 운영되고 있는 것 같은 이미지를 소비자에게 주며 경영효율도 동일자본의 기업체와 같은 수준으로 회사 및 가맹점에 주어진다. 이것이 바로 프랜차이즈 시스템의 기본적인 특질이면서 이점이기도 하다.

체인회사는 가맹점과 프랜차이즈 계약을 체결함으로써 비교적 소액 투자와 최소 인력으로 단시일 내에 새로운 시장을 개척해 나갈 수 있으며, 또 계약금, 로열티라는 형식으로 확실한 수익을 기대할 수 있게 되고, 한편 가맹점은 회사에서 개발한 상품과 사업을 회사 지도 아래 상대적으로 낮은 위험으로 수행할 수 있게 된다. 일반적으로 프랜차이즈 시스템을 채택하여 체인 전개를 한 것을 프랜차이즈 체인이라고 부르며, 체인 형태에는 이 밖에 레귤러 체인과 볼런터리 체인이 있다.

## (1) 레귤러 체인 (Regular chain)

단일자본에 의한 체인점을 말한다. 어떤 기업이 전부 자기자본으로 체인점을 설립하여 점포 전개를 한 것으로서, 회사형 체인, 또는 직영점 체인이라고 한다.

## (2) 볼런터리 체인 (Voluntary chain)

임의연쇄점이라고 하는 것으로 독립 자본의 다수 소매점이 모여서 각자가 가지고 있는 기능의 일부를 체인회사에 위탁하여 프랜차이즈 시스템을 갖추고 영업을 하는 방식을 말한다. 조직의 주체는 소매업자이며 소매업자 간에 수평적 관계가 중시된다.

## (3) 프랜차이즈 체인 (Franchise chain)

체인회사와 각 가맹점이 모두 독립 자본에 의한 사업자이지만 운영의 주체는 체인 회사에 있으며, 가맹점은 체인 경영의 의사결정에 적극적으로는 참가하지 않는 형태이다. 체인회사와 가맹점간에 수직적 관계가 중시된다.

프랜차이즈 시스템은 매우 많은 업종과 업태에 폭넓게 적용될 수 있다. 따라서 프랜차이즈 시스템에는 많은 패턴이 존재할 수 있는데, 제조업과 도소매업과의 프랜차이징, 도매업과 소매업의 프랜차이징, 라이센스 계약, 제조업 프랜차이징, 서비스 프랜차이징, 공동 운영 프랜차이징 등 그 종류가 상당히 다양하다. 그러나 여기서는 프랜차이즈 시스템을 체인회사가 채용하는 목적에 따라 분류하면 다음과 같이 나눌 수 있다.

## (1) 상품유통을 목적으로 하여 채용하는 프랜차이즈 시스템
### (Product Distribution Franchise)

제조업체 또는 도매업자가 자사의 상품을 유통시키기 위해 프랜차이즈 시스템으로서 본부가 되어 어떤 지역에 존재하는 소매업자에게 그 지역에서의 상품의 판매권을 부여하는 방식이다. 그러한 시스템을 바탕으로 해서 회사의 지도·원조도 이루어지게 되며 통일된 상표, 상호 아래에서 가맹점은 영업을 하게 된다.

(2) 프랜차이즈 비즈니스로서의 프랜차이즈 시스템
(Business Format Franchise)

가장 보편화되어 있고, 현재 성장하고 있는 프랜차이즈 영역으로 앞으로 주로 이야기하게 될 분야이다. 체인회사는 특정한 상품을 유통시킴으로써 생긴 이익을 얻는 것이 아니라 프랜차이즈 패키지라고 불리는 상표·상호의 제공, 각종의 지도·원조, 상품, 자재의 판매 등을 포괄적으로 규정한 프로그램을 개발하며 그 위에서 가맹점을 모집하고 주로 가맹점이 지불하는 가입금, 로열티에 의해 이익을 얻으려는 방식이다. 말하자면 회사는 상품을 판다는 것보다는 오히려 프랜차이즈 패키지를 가맹점에게 판다고 하는 형태의 것이라고 할 수 있다. 이러한 프랜차이즈 시스템의 채택방법을 프랜차이즈 비지니스라고 부른다.

결론적으로 프랜차이징 및 프랜차이즈 사업의 의의를 정리한다면, 다음과 같다고 할 수 있다.

♨ 프랜차이징(Franchising)이란 ?
– 고객을 얻고 유지하기 위한 사업 전략이다.
– 현재와 미래의 고객의 마음속에 진실되고 인식된 이미지를 창조하기 위한 마케팅 시스템이다.
– 고객의 욕구를 충족시키는 상품과 서비스를 제공하는 방법이다.

실전 창업의 神

☙ 프랜차이즈 사업(Franchise business)이란 ?

– 이익을 발생시키고 능률적으로 시장점유율을 증대하기 위하여 마케팅
과 유통시스템을 효율화하고,

– 회사와 가맹점주의 동기부여를 최대한으로 증대하여,

– 프랜차이즈의 힘을 사용함으로써,

– 상표 인지도, 입증된 운영시스템, 지원서비스를 구축하는 것이다.

# 92

# 프랜차이즈의
# 이점과 결점을 파악하라

여기서는 프랜차이즈 시스템의 이점과 결점에 대해서 정리를 해보도록 한다. 체인회사 측면, 가맹점 측면에서 각기 이점과 결점을 잘 이해하는 것이 프랜차이즈 시스템을 이해하는 첫걸음이 될 것이기 때문이다.

| 체인회사 측면 | |
| --- | --- |
| 이 점 | 결 점 |
| • 자신이 체인점을 설치하는 것이 아니라 많은 사업 의욕이 있는 사람을 가맹점으로 모음으로써 점포 투자액을 적게 하고 넓은 지역에 단시간 내에 판매망을 확보할 수 있다. 그리고 프랜차이즈 시스템의 실적이 오르고 지명도가 높아짐에 따라 체인 전개를 가속화할 수 있다. | • 계속적인 지도, 원조를 위해 비용과 노력이 필요하다. |
| • 가입비와 로열티 등을 착실히 확보할 수 있기 때문에 안정된 사업을 수행할 수 있다. | • 가맹점이 급증한 경우 회사의 지도력 체계가 뒤따라가기 힘들며 통제를 할 수 없게 될 우려가 있다. |
| • 가맹점 점포 스타일, 판매원의 유니폼 등을 통일할 수 있기 때문에 소비자와 업계에 대하여 통일적인 이미지를 강력히 어필할 수 있다. | • 가맹점이 프랜차이즈 시스템이라는 권리 위에 안이한 생각으로 있게 되어 프랜차이즈 시스템 전체에 활력이 없어질 우려가 있다. |
| • 상품의 유통을 목적으로 한 프랜차이즈 시스템의 경우 확실한 상품유통의 루트가 설정되기 때문에 일정상품의 판매망을 확보할 수 있다. | • 투자 효율이 높다고 해서 자기 스스로 점포전개를 하는 것보다 이익액 그 자체를 대폭 증가시키는 것은 곤란하다. |
| • 가맹점 영업상황, 회사 체계, 환경조건의 변화를 보면서 가맹점 모집을 조절, 유연하게 성장시켜 나갈 수 있다. | • 부실채권의 발생 가능성이 크다. |

실전 창업의 神

| 이 점 | 결 점 |
|---|---|
| • 회사가 합리적인 방법에 의해 프랜차이즈 패키지를 개발하여 그것에 입각하여 지도 원조를 하기때문에 실패의 위험성이 적다. | • 회사가 엄밀한 프랜차이즈 패키지를 만들고 그것에 의해 지도,원조를 하기 때문에 의뢰심이 강해져서 스스로가 문제해결이나 경영개선의 노력을 게을리할 우려 |
| • 단독으로 시작하는 것보다 설비의 대여, 금융지원 등의 이유에 의하여 비교적 소액의 자본으로 사업을 시작할 수 있다. | • 상품구입, 판매방법, 점포디자인 등이 표준화되어 통일적인 운영을 하기 때문에 스스로 보다 좋은 방법을 개발하더라도 그것을 이용할 수 없는 경우 |
| • 사업에 경험이 없더라도 회사의 교육 프로그램, 매뉴얼의 정비, 각종 지도에 의해 그 사업을 수행해 나갈 수 있다. | • 회사는 전체의 효과를 생각해서 시책을 입안,실시하기 때문에 특정 가맹점에 있어서는 실정에 맞지 않는 일이 생길 우려 |
| • 회사가 개발한 우량상품, 점포디자인, 상표 등을 사용해서 사업을 수행하기 때문에 처음부터 지명도가 높은 효과적인 경영이 가능하다. | • 회사와 가맹점이 이해가 상반되는 경우 쌍방 모두 독립의 사업자이기 때문에 본부가 자신의 이익만을 고집하는 경우 발생 |
| • 회사가 일괄적으로 광고캠페인을 하기 때문에 개별적으로 하는 것보다 훨씬 영향력이 큰 판매촉진책의 수행이 가능하게 된다. | • 어떤 가맹점이 실패한 경우 이미지와 신용의 다운이라는 영향을 받는 수가 있다. |
| • 회사의 집중적인 대량구매를 통해서 공급을 받음으로써 싼 가격으로 상품의 판매가 가능하다. 그러므로 본부 집중 구매제도만이 이익창출을 가능하게 한다. 품질적으로 안정된 공급을 받을 수 있다. | • 회사 방침 등의 변경이 있을 경우 가맹점은 그 의사결정에 참여할 수가 없다. |
| • 환경변화, 소비자행동에 따라 본부가 프랜차이즈 패키지의 개발 개선을 계속적으로 행하여 주기 때문에 시장의 변화에 적합한 사업경영이 가능하다. | • 계약이 부합계약이기 때문에 가맹점 희망자가 자기의 요망, 조건 등을 붙일 여지가 없다. |
| • 판매활동 이외의 사업처리, 노무관리 등의 많은 부분을 회사가 집중적으로 직접 수행해 주기 때문에 판매에 전념할 수가 있다. | • 프랜차이즈 시스템은 회사의 상품, 상표, 회사의 노하우를 토대로 운영되기 때문에 계약을 해제한 후 가맹점은 그때까지의 실적을 자기의 점포에 살릴 수가 없다. |
| • 개인 점포 단독으로는 초빙이 불가능한 법률, 점포디자인, 경영의 전문가를 회사가 스탭으로 두고 있기 때문에 그들의 지도와 원조를 받을 수가 있다. | • 회사가 약체화되거나 판매정책을 대폭 변경한 경우 가맹점에게 책임이 없더라도 지도, 원조를 충분히 받을 수 없게 될 우려가 있다. |
| • 가맹점으로 성공하여 자금여유가 생기면 그 실속을 토대로 또다른 가맹점 개설의 사업 확대 가능 | • 계약해제시에는 가맹시에 지불한 보증금이 계약조건에 따라서는 반제되지 않는 경우가 있는데 충분한 보증이 없는 상태에서 계약이 해제되는 경우에는 손실을 입게 된다. |
| • 가맹점의 점주가 질병 또는 사망의 경우에도 자녀나 처가 본부와 계약을 갱신하고 교육을 받음으로써 사업을 계속하는 것이 가능하다. | |

# 93

# 사업의 성공 3요소를
# 구축하라

앞에서 프랜차이즈 사업(Franchise business)의 정의를 다음과 같이 말했다.

– 이익을 발생시키고 능률적으로 시장점유율을 증대하기 위하여 마케팅과 유통시스템을 효율화하고,

– 회사와 가맹점주의 동기부여를 최대한으로 증대하여,

– 프랜차이즈의 힘을 사용함으로써,

– 상표 인지도, 입증된 운영시스템, 지원서비스를 구축하는 것이다.

결론적으로 프랜차이즈 사업 성공의 3요소라고 한다면 상표인지도, 운영시스템 확립, 지속적인 지원이라고 할 수 있다.

좀 더 자세히 말하면,

첫째, 상표인지도라는 것은 체인회사의 브랜드가 소비자들에게 얼마만큼 잘 알려져 있으며 인정받고 있는가에 대한 문제이다. 아무래도 브랜드에 대한 고객충성도가 높다면 체인점으로서 영업에 큰 도움이 될 것이기 때문이다. 체인회사에서는 상표인지도를 높이는 문제가 사업성패의 중요한 포인트가 된다.

둘째, 운영시스템 확립이라는 것은 개점 후에 회사에서 영업활동을 위하

실전 창업의 神

프랜차이즈 성공 3요소

체인본부    가맹점

목 표    − 상표    목 표
− 영업
목 적    시스템    목 적
− 지속적
희 망    지원    희 망

여 운영하는 영업시스템이 얼마만큼 잘 구축되어 있는가에 대한 문제이다.

가맹점주의 영업을 활성화하기 위한 회사의 전반적인 운영시스템이 체계적으로 구축된 체인회사가 가맹점주의 지원 면에서도 우수할 것이 틀림없기 때문이다.

셋째, 지속적인 지원서비스라는 것은 가맹점에 대한 회사의 영업지원이 창업 초기에만 이루어지고 일정기간이 지난 후에는 가맹점의 영업상태에는 관심을 기울이지 않고 수금에만 신경을 쓰는지, 아니면 수퍼바이저라는 전문지도 요원들을 통하여 지속적인 영업지원을 해주는지에 대한 문제라고 할 수 있다.

결론적으로 상표인지도, 운영시스템 확립, 지속적인 지원서비스라는 프랜차이징의 3요소는 프랜차이즈 사업의 당사자인 체인회사와 체인가맹점이 상호 동반자적인 관계에서 자신들의 목표, 목적, 희망사항을 달성할 수 있게 해주는 최고의 성공요소라고 할 수 있다.

# 94 프랜차이즈 계약시스템을 구축하라

상담 중에 들은 어느 프랜차이즈 가맹 희망자가 겪은 사례이다.

창업을 구상하고 있는 중에 아침 조간신문에 음식점 가맹점 모집광고를 보고 관심을 가지고 읽고 있는데 우연히도 당일 모 호텔에서 사업설명회를 개최한다는 것이다. 이거 잘 됐다고 생각하고 부랴부랴 준비를 한 후 사업설명회에 참가를 했다. 창업열기를 반영하듯 사업설명회장은 사람들로 북적되고 있었고 깔끔한 양복 차림의 직원들과 도우미들이 참가한 사람들을 안내하느라 상당히 복잡한 가운데 사업설명회가 진행되었다. 주변의 얘기도 그렇고 사업도 시작하면 성공할 수 있겠다는 생각에 설명회가 끝난 후 개별상담을 받으러 갔다. 개별상담을 받으면서 설명회에서 느꼈던 생각이 더욱 굳어지는 것을 느끼며 집으로 돌아가 식구들과 의논도 하고 주변의 얘기도 들어봐야겠다는 생각을 하고 있는데, 직원이 이런 얘기를 한다.

"이거 확실한 사업입니다. 지금 계약하시죠. 주위를 보세요. 지금 가계약이라도 안 해두시면 순서가 어디까지 밀릴지 모릅니다."

"갑자기 나오느라고 돈을 많이 안 가지고 나왔는데요."

"저기 지하철역에 현금인출기가 있지 않습니까? 지금 100만 원 거시고 일

*실전 창업의 神*

주일 이내에 400만 원 입금하시면 회사에서 본격적으로 점포를 구하는 것부터 시작합니다. 지금 결정하세요. 아니면 늦습니다."

내가 아는 한 제대로 시스템을 갖춘 프랜차이즈 회사들은 이렇게 하지 않는다. 가맹점을 하고 싶다고 찾아 온 예비 가맹계약자들에게 자신들이 추구하는 사업의 개요와 함께 공동으로 만들어가고 유지시켜 나가야 하는 사업의 시스템에 대해서 철저하게 이해를 시킬려고 노력을 하며, 오히려 회사에서 적극적으로 예비 가맹계약자에 대한 조사를 하고 평가를 한 후에 교육을 마치면 정식 가맹점주로서 인정해 주고 있다. 이러한 이유는 회사의 이미지와 프랜차이즈 사업의 이미지를 장기적으로 유지하기 위하여 그것에 적합한 가맹점주를 선발하겠다는 취지가 있다.

안타까운 일이지만 일부 유명 프랜차이즈 회사들 이외에는 초기 상담단계부터 프랜차이즈 계약에 대한 자세한 설명도 없이 예비 가맹계약자들의 혼을 빼놓고 무조건 가계약금을 받을려고 달려드는 경우가 많은 것 같다. 가맹사업자 입장에서는 사업설명회를 위해서 막대한 자금도 들였을테고 그렇다보니 빠른 시간 내에, 가급적 현장에서 프랜차이즈 계약까지 성공시키는 것이 매우 중요한 문제일 것이기 때문이다. 사람이란 가계약을 해두면 아무래도 심정적으로 회사에 끌려가게 된다. 여기서 이런 얘기를 하는 것이 가계약금을 받는 것에 대해서 잘못 되었다거나 또한 실패할 것이라는 얘기를 하는 것은 아니다. 문제는 가맹사업자나 가맹점 희망자나 본인들의 구체적인 사업성 평가, 계약 후의 본인이 수행할 역할 문제, 그리고 프랜차이즈 검토 필수사항들에 대한 검토가 이루어지지 않았다는 것에 있다. 실제로 이런 이유 때문에 가맹사업자와 가맹계약자간의 분쟁도 빈번하게 발생하는 것이 현실이다.

프랜차이즈 시스템에 있어서 가맹사업자와 가맹계약자의 권리와 의무를 기록하고 장래 발생할 가능성이 있는 여러 가지 문제에 대한 처리 해결 방법을 정하는 것이 바로 프랜차이즈 계약이다. 프랜차이즈 관계는 이러한 계약 행위에 의해서 비로소 효력을 발생하는 것이며, 계약은 프랜차이즈 시스템에 있어서 매우 중요한 의미와 역할을 가지고 있다.

대부분의 경우 프랜차이즈 계약의 기본조항은 가맹사업자에 의해 거의 일방적으로 만들어지게 되며, 가맹계약자들은 가맹사업자로부터 제시된 계약안의 기본조항을 보고 이에 동의할 수 있는 경우에 그 프랜차이즈 시스템에 참가하게 된다. 물론 상호간의 협의에 따라 특약사항 등이 정해질 수 있을 것이지만 프랜차이즈 시스템의 통일성을 유지하기 위해서는 기본적인 조항을 대폭 변경할 수 없는 것이므로 수정의 여지는 거의 없다고 봐야 한다.

프랜차이즈 계약서는 가맹사업자에 따라서 각자의 영업특성에 맞는 계약조건을 나름대로 준비하고 있는데, 여러 가맹사업자의 계약서를 접해 보면, 계약서의 내용이나 분량이 많으면 50장(거의 책자 수준이다)정도로 세세한 부분까지 언급된 계약서가 있는가 하면, 달랑 서너 장 정도로 간단한 내용의 계약서도 있다. 문제는 내용이 너무 간단한 계약서인데 분쟁이 생길 경우 구체적인 처리방법이 정해져 있지 않아서 그 해석이 서로 다르게 된다.

계약서 분량이 중요한 것은 아니지만 (계약서 분량이 많다고 우수한 시스템의 업체라고는 할 수 없으며, 계약서가 간단해도 사업을 잘 운영하는 업체들도 있다) 외국계 브랜드의 소위 인정받고 있는 업체들의 경우에는 대부분 계약서에 구체적인 운영방향 등 정책을 세부적으로 기록하여 두고, 또한 사전에 이것을 예비 가맹계약자에게 자세히 이해시킨 후 계약하는 것을 보면 프랜차이즈 계약서는 모든 내용을 구체적이고 세부적으로 작성하여 운영하는 것이 바람직한 시스템이라고 할 수 있다.

실전 창업의 神

우리가 프랜차이즈 사업에서의 계약시스템에 대해 생각하면서, 먼저 일반적인 계약의 기본적인 사항들에 대해서도 알아둘 필요성이 있다.

법적으로 계약이란 여러 사람들 사이에 권리·의무관계를 만들어 내기 위한 의사의 합치, 즉 합의라고 한다. 여기서 권리란 상대방으로부터 어떠한 도움을 받을 수 있는 입장을 말하며, 의무란 상대방에게 어떠한 도움을 주어야 할 입장을 말한다. 의무자가 권리자에게 약속대로 도움을 주지 않을 경우 법에 호소하여 의무자의 도움을 강제하거나 이에 따른 손해를 배상받을 수 있게 된다.

계약의 특징 및 기능을 간단하게 알아보면,

### ❧ 계약은 법적인 약속이다

계약이란 두 사람 이상 사이에 체결되어 법으로 강제할 수 있는 약속이라고 할 수 있다. 약속이란 장래에 있어서 어떤 행위를 하거나 않겠다고 하는 의사표시를 말한다.

### ❧ 계약은 서면으로 구체화하는 것이 바람직하다

계약은 반드시 서면으로 해야 하는 것은 아니다. 일부 법률에서 서면계약을 요구하는 경우가 있으나 이것은 매우 드문 경우이다. 법률에서 서면을 요구하는 경우를 제외하고는 계약의 성립에는 어떠한 형식이라도 상관없다. 말로 하든 서면으로 하든 일정한 권리·의무의 성립에 관하여 당사자의 의사가 합치된 것이 확인될 수 있으면 족하다. 하지만 계약은 말로 할 수 있다고 하지만 되도록 서면으로 계약의 내용을 구체적으로 해두는 것이 바람직하다. 사람의 기억은 한계가 있고 개성이 다르므로 어느 정도 시간이 흘러가면 계약의 내용에 대한 해석이 달라져서 다툼이 일어나는 경우가 많기 때문이다.

### ♥ 계약은 법에 정한 요건을 갖추어야 한다

계약은 두 사람 이상의 계약 당사자, 그들간의 합의, 계약의 목적이 있어야 성립한다. 이 3가지 요소를 계약의 성립요건이라고 한다. 먼저 당사자가 계약 체결능력을 가지고 있어야 하며, 그 합의과정에 흠이 없어야 한다. 또한 계약의 목적은 실현가능하고 확정할 수 있어야 하고, 적법하여야 하며, 사회적 타당성이 있어야 한다. 이러한 요건을 계약의 유효요건이라고 하는데 계약이 이 요건을 갖추지 못하면 그 계약은 무효가 되거나 취소될 수 있다.

### ♥ 계약 내용의 증명

계약은 약속에 의해 성립하며 특별한 경우를 제외하고는 계약서가 없더라도 다른 방식에 의해 서로의 합의 내용이 확인될 수 있으면 족하다. 계약서는 계약내용을 증명하기 위한 것이므로 상대방이 이를 인정할 수 있도록 작성되어야 한다. 한편 계약서가 진정한 것으로 증명되면 계약서의 내용대로 구속을 받게 되므로 그 내용을 충분히 납득한 후 서명, 날인하여야 한다.

### ♥ 재판과 계약서

계약에서 분쟁이 일어난 경우 재판을 통해 해결하게 되는데 이 때에 계약서가 중요한 기능을 하게 된다. 이처럼 약속된 내용에 다툼이 있을 때 그 내용을 증명하기 위해 계약서의 중요한 기능이 있다. 즉 그 계약서가 의미하는 바가 무엇인가 또는 무엇을 약속하였는가를 증명한다. 계약의 내용에 따른 이행이 이루어지지 않을 경우 재판을 통하여 이를 구하게 되는데, 이 때 법원은 그 약속 내용을 판단하는 중요한 근거자료로 계약서를 사용하게 된다.

프랜차이즈 계약은 프랜차이즈 시스템의 총체라고 할 수 있을 정도로 그

실전 창업의 神

중요성이 매우 크다. 프랜차이징하고자 하는 사업의 모든 것이 바로 이 계약서에 담겨져 있어야 한다. 또한, 계약서를 단지 만들어 놓고 희망자에게 대충 설명하고 도장을 받는 것으로 생각해서는 안되며, 계약서에 담겨져 있는 사업의 모든 것을 예비 가맹계약자들에게 충분히 설명하고 이해시킨 후 계약에 임하도록 하는 것이 중요하다.

우리나라의 프랜차이즈 산업이 성장하면 할수록, 그리고 많은 업체들이 프랜차이징에 뛰어 들면서 예비 가맹계약자들의 선택의 폭이 늘어나면 늘어날수록, 체계적인 프랜차이즈 계약시스템을 운영하는 업체가 인정받게 될 것이 틀림없다. 그러한 것이 가맹계약자들에게 신뢰를 줄 수 있기 때문이다.

한마디로 말하면 프랜차이즈 계약시스템의 구축은 사업을 추진하는 과정에서 만들어 놓아야 될 하나의 계약서가 아니라, 프랜차이징의 모든 것을 체계적으로 담아내고 있는 계약서이어야 한다. 그것이 진정한 가맹사업자의 성공의 시작이다.

프랜차이즈 계약서에 담겨야 할 기본적인 내용으로는 다음과 같은 사항들이 반영되어야 한다.

### (1) 당사자와 계약의 합의에 관한 사항

프랜차이즈 계약 당사자인 가맹사업자와 가맹계약자를 명시하고 가맹계약자의 가맹 신청에 의하여 본 계약서가 작성된다는 것을 확인한다.

### (2) 가맹 납입비 등의 납부 의무에 관한 사항

가맹계약자가 계약 후 가맹사업자에게 납부하여야 할 가맹점 가입비, 보증금 등의 제비용에 대한 납부 의무를 확인한다. 가맹사업자는 가맹계약자의 이러한 제비용의 납부에 대한 자신들의 서비스가 어떻게 제공되는지에 대해서 계약서 안이나, 별도의 서류를 통하여 설명하는 것이 바람직하다.

### (3) 교육과 자격 부여에 관한 사항

가맹점 운영 개시 전에 가맹사업자에 의해 준비된 교육훈련 프로그램에 참가하여야 한다는 규정을 명시한다. 가맹계약자의 입장에서 가맹사업자가 귀찮을 정도로 교육을 강조하면서 체계적이고 세밀한 교육 프로그램을 제시한다면 일단 그러한 가맹사업자는 믿어도 좋다.

### (4) 시스템 등의 사용 권리에 관한 사항

가맹사업자가 가맹계약자에게 상표, 시스템, 영업기법 등의 프랜차이즈 패키지에 대한 사용권리를 부여한다는 것을 확인한다. 가맹계약자는 실제로 가맹사업자가 이러한 시스템을 보유하고 있는지 아니면 단순히 상품 공급만을 목적으로 무작위로 가맹점을 모집하는 것인지를 파악해야 한다.

### (5) 점포, 장비 설비 등에 관한 사항

점포 준비와 장비 설비 등의 구입문제 등을 명시한다. 가맹사업자가 장비 설비 등을 제공한다면 그 사용권 관계를 명확히 파악하여야 한다.

### (6) 계약기간에 관한 사항

프랜차이즈 관계의 계약기간을 명시한다.

### (7) 수수료 또는 로열티

프랜차이즈 권리, 점포 및 장비 설비의 구입 또는 사용권 부여, 기타 지속적인 지원 서비스의 대가로 가맹계약자가 정기적으로 지급하여야 하는 수수료에 관한 사항을 명시한다. 수수료 또는 로열티 등의 납부 방법에 대해서는

실전창업의 神

세부적으로 그 내용을 설명하는 것이 바람직하다.

### (8) 가맹계약자의 거래계정에 관한 사항

가맹계약자가 영업을 하면서 발생되는 가맹사업자와의 거래 사항을 기록, 유지하기 위한 거래계정에 대한 사항을 명시한다. 상품 구입, 수수료, 영업비용, 기타 부채 사항 등의 거래관계를 처리방법, 정산 등 구체적으로 기록하여 가맹계약자의 확인을 받아야 한다. 이것은 가장 민감한 금전적인 문제이므로 가맹계약자에게 100% 이해를 얻고 계약을 하여야 한다.

### (9) 머천다이징과 재고관리 등에 관한 사항

가맹사업자의 재고정책, 취급상품, 진열방법, 내부 설치구조와 기구, 장비 설비의 운용, 가격정책 등의 제반 머천다이징 정책을 설명한다.

### (10) 유지 보수에 관한 사항

제반 장비 설비 등 점포시설에 관하여 청결, 안전성, 이미지를 유지하기 위한 가맹사업자와 가맹계약자의 권리와 의무, 비용 부담에 대한 사항을 명시한다.

### (11) 비밀유지에 관한 사항

가맹사업자에 의해서 가맹계약자에게 제공되는 시스템의 영업 비밀에 관한 사항을 누설하지 않을 것임을 확인받는다. 프랜차이즈 사업은 시스템 사업이므로 시스템에 관련된 제반 영업 기법의 중요성 매우 크다. 영업 기법의 우수성이야말로 프랜차이즈 관계를 지속적으로 유지 · 운영해 나가는데 있어 핵심적인 요소이다. 이것이 외부로 누출될 경우에는 사업 운영에 치명적인 타격을 줄 수도 있기 때문에 가맹사업자는 매우 강력하게 비밀에 대한 유지 의무를 가맹계약자에 부과하는 한편 위반시 손해 배상을 청구할 수 있도록 계약서에 규정하므로 가맹계약자에게 이에 대한 이해를 확실히 하여야 한다.

### (12) 계약의 갱신, 양도, 해지에 관한 사항

프랜차이즈 관계의 갱신, 양도, 해지에 관한 사항을 명시한다. 시스템을 보유한 가맹사업자일수록 가맹계약자의 계약 위반 사항에 대해서 계약 해지 권한을 발동하는 등 강력한 권리를 행사하고자 하는 경향이 있다.

### (13) 재판권과 계약서 서명에 관한 사항

마지막으로 분쟁이 생겼을 경우의 재판 관할권을 명시하고 서명에 관한 사항을 명시한다.

실전 창업의 神

# 95

# 가맹점 모집전략을 체계화하라

이제 본격적으로 프랜차이징에 대한 계획을 수립하는 단계이다. 한마디로 프랜차이저(가맹사업자)로서의 몸 만들기에 들어가는 것이다. 여기서 설명하는 각 항목들은 그 자체가 가맹사업자의 사업계획이 되면서도 향후 사업을 전개해 나가면서 지속적으로 개발하고 구축해 나가야 하는 프랜차이즈 시스템의 핵심적인 사항이라고 할 수 있다. 현실적으로 또는 경우에 따라서 모든 시스템을 다 갖추지 못하고 사업을 전개하는 경우가 많이 있다. 하지만 중요한 것은 사업 초기에 개략적인 기본 운영방향만은 반드시 설정을 하고 프랜차이징에 나서야 하며, 장기적으로는 반드시 갖추어야 하는 필수사항이라는 것을 알아야 한다.

우수한 프랜차이즈 체인, 부실한 프랜차이즈 체인을 가름하는 중요한 요소로는 다음과 같은 사항을 들 수 있다.


### (1) 가맹점 선정 절차

가맹점을 모집하고, 상담하고, 계약에 이르게 되는 전체적인 프로세스를 설정하는 단계이다. 누차 얘기하는 것이지만 중요한 점은 계약을 완결 지으려고 달려드는 것이 아니라, 장기적으로 공동의 이익을 위하여 상호 협력해

나가야 하는 사업의 동반자를 선정한다는 것이다. 따라서, 프랜차이즈 선택 과정의 수립, 예비 가맹계약자를 평가할 수 있는 체계, 가맹사업자 및 가맹계약자의 필수 검토 사항의 수립 등이 중요한 사항이다.

### (2) 점포개발 및 상권분석 시스템

통상적으로 입지의 우수성이야말로 사업성공의 70~80%를 좌우한다고 한다. 그만큼 중요한 사항이라고 할 수 있다. 가맹사업자가 가맹계약자에게 만족을 줄 수 있는 가장 큰 요인은 결국 매출과 이익의 확보라고 할 수 있는데, 이것을 결정짓는 요인이 바로 점포개발 및 상권분석 시스템인 것이다. 구체적으로 구축하여야 할 사항들은 출점전략, 시장조사분석, 입지선정전략, 점포개발전략, 상권분석시스템을 통한 투자타당성 분석이라고 할 수 있다.

### (3) 수퍼바이저 운영 전략

프랜차이징 성공의 3요소 중의 하나인 지속적인 지원시스템의 성공의 키라고 할 수 있는 사항이다. 가맹사업자의 가맹계약자에 대한 지속적인 경영지도 및 자문을 수행하는 기능으로서의 수퍼바이저에 대한 운영전략이 수립되어야 한다. 구체적으로 수퍼바이저의 역할, 자격 및 필요기법, 양성과정 수립 및 가맹점 관리기법 구축 등이다.

### (4) 점포 운영 시스템

점포운영 시스템 구축의 주요 항목은 점포이미지 관리방법, 점포 운영상태 관리방법, 판매 관리 방법, 서비스 관리 방법 구축 등이다.

실전창업의 神

### (5) 교육 시스템

가맹사업자의 노하우를 전달하는 방법으로서의 교육과 가맹사업자 자체의 시스템을 유지, 개발, 발전시키기 위한 교육이라고 할 수 있다. 가맹점 교육 시스템 구축, 회사 내 계층별, 직급별 교육 시스템 구축이 있다.

### (6) 마케팅 시스템

가맹사업자와 가맹계약자의 지속적인 매출과 이익의 확보를 통하여 사업의 성장을 달성하기 위한 마케팅 시스템이 구축되어야 한다. 구체적으로 중장기 마케팅 계획, 상품 정책, 가격 정책, 서비스 정책, 광고 정책, 판매촉진정책, 점포 운영지원 시스템 구축 등이다.

### (7) 프랜차이즈 본부 시스템 구축 및 평가

프랜차이징의 전반적인 시스템을 점검하고 발전시키기 위한 총체적인 시스템 평가방법으로써 정기적(통상 1년 단위)으로 평가되고 보완되며 개선되어야 하는 사항이다. 경영시스템 부문, 운영시스템 부문, 마케팅 시스템 부문, 점포개발 및 가맹시스템 부문, 고객서비스 부문 등이 있다.

### (8) 점포 및 매출 활성화 시스템

급변하는 환경에 대응하면서 가맹 점포를 지원하기 위한 시스템으로서 점포 및 매출활성화 시스템이 구축되어야 한다. 구체적인 실행방안으로서는 고객 조사 분석기법, 시장 환경 조사 분석기법, 경쟁 조사 분석기법 등이 있으며, 이러한 것들을 종합하는 매출활성화 시스템이라고 할 수 있다.

# 96

# 프랜차이즈 선택과정과
# 필수검토사항을 파악하라

우리가 프랜차이즈 회사를 생각할 때 흔히 오해하는 사항이 하나 있다. 가맹사업자가 가맹 광고를 내고 가맹계약자를 모집하는 것이기 때문에 그 회사의 가맹점에 관심을 가지고 있는 사람들을 상담할 때 무조건 계약을 체결하려고 열을 올리고 있다는 것이다. 물론 대부분의 작은 규모의 회사들은 사실 가맹 모집 과정상에서 한 사람의 대상자라도 계약으로 연결시키기 위해서 많은 노력을 기울이는 것이 사실이다. 가맹점 희망자가 강자인 상황이다. 내 돈을 투자해서 너희 회사 가맹점을 할려고 생각 중이니까 모든 결정은 나한테 있다고 생각하는 것이다.

그런데 한 가지 이른바, 유명 프랜차이즈 체인의 경우에는 반드시 그렇지 않다. 시스템이 훌륭하고, 브랜드가 소비자들에게 잘 알려져 있어 사업성을 인정받은 유명체인회사들은 정반대로 가맹점 희망자를 평가한다. 이들에게는 자신들이 하고 있는 사업에 적합한 가맹점의 유형을 정해 놓고 기준에 맞는 사람들에게만 가맹권을 주고 있다. 이런 이유는 물론 자신들의 정책을 준수하고 회사의 지침에 따라 점포를 잘 운영할 것이라고 평가되는 사람에게만 가맹점으로 인정을 한다. 미꾸라지 한 마리가 물을 흐린다고, 잘못 선정한 가맹점 한 곳이 전체의 가맹점뿐만 아니라 회사에게도 피해를 줄 수 있기 때문

실전 창업의 神

이다.

가맹사업자가 예비 가맹계약자와 진행하게 되는 일반적인 프랜차이즈 선택과정은 다음과 같다.

중요한 점은 1~5단계라고 할 수 있는데 자격부여, 예비 가맹계약자 조사, 초기 자격부여, 고려사항, 면접 등 까다로운 심사기준과 절차가 있다. 이유는 앞에서 설명한 대로이다.

♥ 프랜차이즈 선택과정

· 1 단 계 : 가맹계약자 지위를 위한 자격 부여 규정
              − 자격 개요와 기준 설정
· 2 단 계 : 예비 가맹계약자 조사
· 3 단 계 : 예비 가맹계약자 초기 접촉 − 초기 자격 부여
· 4 단 계 : 심사 고려사항 요청
· 5 단 계 : 면접 − 자격부여에 대한 회의
· 6 단 계 : 회사와 가맹계약자에 의한 합의
· 7 단 계 : 신청, 승인, 프랜차이즈 사용권 부여
· 8 단 계 : 수수료 납부와 가맹계약자의 계약서 서명
· 9 단 계 : 가맹계약자 계약 − 교육
· 10 단 계 : 사업 시작 − 가맹계약자 점포 개점

프랜차이즈 사업의 양 당사자인 가맹사업자와 가맹계약자의 역할을 정리하면 다음과 같다.

## ❤ 가맹사업자의 역할

– 자격이 있는 개개인에 대하여 프랜차이즈 사용권을 부여함으로써 현재의 그리고 잠재적인 고객에 대하여 상표의 가치 인식을 구축하는 것
– 운영시스템을 개선시키고, 능률적이고 효과적으로 이익을 창조하는 가맹계약자의 능력을 증대시키며, 더욱 더 많은 고객을 유지하고, 취급 상품 수를 증대시키고, 적당한 이익을 유지하는 것
– 가맹계약자가 매출을 높이고, 고객을 창출하고, 고객을 유지하여 이익을 낼 수 있는 능력을 개발하고 성숙시킬 수 있도록 지속적인 지원을 제공하는 것


## ❤ 가맹계약자의 역할

– 사업을 운영함으로써 현재의 고객과 지역 사회에 대하여 상표의 가치를 인식시키고 증대시키는 것
– 지속적으로 개선된 운영시스템과 마케팅에 의해 더욱 더 많은 고객을 얻고 유지하는 것
– 가맹사업자에 의해 제공되는 지속적인 지원서비스를 활용하여 보다 능률적이고, 효과적으로 이익을 내게 하는 것
– 개인의 목표, 목적과 희망을 성취하도록 프랜차이즈를 활용하는 것


다음은 어느 프랜차이즈 체인의 예비 가맹계약자 평가기준이고, 또 가맹사업자 차원에서 예비 가맹계약자에게 요구하는 검토사항 및 가맹사업자의 검토사항을 정리한 것이다.

실전 창업의 神

### ♣ 예비 가맹계약자 평가 질문

- 당신은 재정적으로 자격이 있는가?
- 당신은 종업원을 스스로 채용할 수 있는 결정을 할 수 있는가?
- 당신은 해당 산업을 잘 알고 있는가?
- 당신은 프랜차이즈를 이해하고 당신의 성격을 맞출 수 있는가?
- 당신은 어떻게 프랜차이즈를 운영하는지 이해하는가?
- 당신은 가맹점주가 어떻게 이익을 얻는지 이해하는가?
- 당신은 어떠한 입지를 원하는가?

### ♣ 예비 가맹계약자가 검토할 사항

- 나의 장단기 목표는 무엇인가?
- 프랜차이즈 사업의 운영을 이해하는가?
- 사업 시작일은?
- 사업이 나의 성격에 맞는가?
- 가맹점이 어떻게 수익을 얻는가?
- 사업에서 성공할 수 있는가?
- 프랜차이즈 회사의 목표는 무엇인가?
- 상품과 서비스에 대한 시장 잠재성이 있는가?
- 교육 프로그램에는 무엇이 있는가?
- 회사의 지원은 어떤 것이 있는가?
- 가맹점 운영의 재정운영을 어떻게 할 것인가?
- 점포의 입지는 어디에 정할 것인가?

## ♨ 가맹사업자가 검토할 사항

- 예비 가맹계약자의 자격부여 기준은?
- 예비 가맹계약자의 배경은?
- 예비 가맹계약자의 목표, 목적, 희망은 무엇인가?
- 예비 가맹계약자가 시스템에 따를 수 있을 것인가?
- 예비 가맹계약자의 걱정, 불확실성, 의심은 무엇인가?
- 예비 가맹계약자가 프랜차이즈 사업을 성공적으로 운영하기 위한 능력을 가지고 있는가?
- 예비 가맹계약자가 사업에 열의를 가지고 있는가?
- 사업운영에 누가 관련하고 있는가?
- 예비 가맹계약자가 가맹점 운영을 어떻게 하고, 어떻게 수익을 얻는지를 대하여 이해하고 있는가?

실전 창업의 神

제 4 부

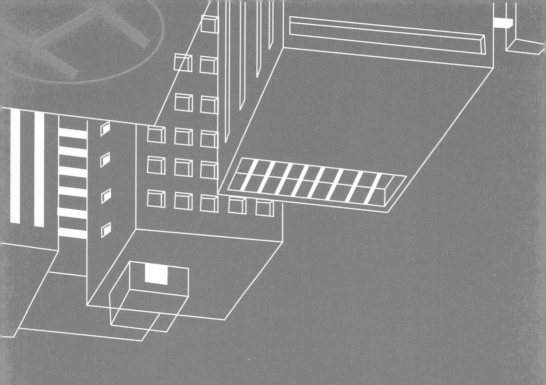

이틀거 은마 양순음다리
매롤물산엄현

# 불황을 모르는 사업, 활성화방법론을 실행하라

# 상권 및 입지분석을
# 다시 하라

97

점포사업의 성공에 있어서 약 80%는 우수한 입지에 점포를 개점하는 것이다. 아무리 업종이 좋고 자금준비가 원활하더라도 적정한 입지에 점포를 개점하지 않으면 사업의 성공은 불투명해진다. 하지만 좋은 위치에 개점했다고 하더라도 경영자는 개점 후에도 점포의 입지변화에 늘 예의 주시해야 한다. 점포의 입지는 고객층의 변화, 교통수단의 변화, 경쟁점의 출현 등에 의해 변할 수 있기 때문이다.

따라서, 매출활성화의 첫 단계는 먼저 점포의 입지조건을 다시 파악하는 것부터 시작한다. '영업이 부진하다' 혹은 '고객이 줄어든다' 라고 고민하는 점포는 점포의 특성에 맞는 상품을 구비하지 못한 경우가 많다. 점포의 편리에 의해서, 점포경영주의 취향에 따라서 점포의 입지가 선정되고 고객층이 고려되지 않고 점포가 운영된다면 매출 부진 점포가 될 수 밖에 없다. 입지조건이 어떠하고, 고객이 누구이고 또 무엇을 원하는지 파악하는 것이 점포 및 매출활성화의 첫 단계이다.

### (1) 각종 데이터의 수집
자기점포의 객관적인 입지 상황을 파악하기 위해서는 각종 통계 자료를 수

집해야 한다. 통계 자료가 되는 주변의 동 업종의 숫자나 거주 세대수는 절대 대충 파악하면 안 되며, 관공서 등을 통해 정확히 수집하고 수집한 자료는 체계적으로 정리하여야 한다. 조사 항목은 상권 내의 새대수 및 연령별·성별 거주 현황을 파악하고, 상권 내 업종별 분포 현황을 파악한다.

### (2) 1차 상권 조사

1차 상권이란 내점 고객 중 70%를 차지하는 상권으로, 일반 소점포의 경

| 유동인구 조사서 | | | | | | | | |
|---|---|---|---|---|---|---|---|---|
| **일 자 :** | | | | | | **날씨 :** | ( | ℃) |
| 시간대 | 객층 | 요 일 | | 요 일 | | 요 일 | | 합 계 | |
| | | 남 | 여 | 남 | 여 | 남 | 여 | 남 | 여 |
| 오전 | 어린이 | | | | | | | | |
| | 청년 | | | | | | | | |
| | 중년 이상 | | | | | | | | |
| | 계 | | | | | | | | |
| 오후 | 어린이 | | | | | | | | |
| | 청년 | | | | | | | | |
| | 중년 이상 | | | | | | | | |
| | 계 | | | | | | | | |
| 심야 | 어린이 | | | | | | | | |
| | 청년 | | | | | | | | |
| | 중년 이상 | | | | | | | | |
| | 계 | | | | | | | | |
| 합계 | 어린이 | | | | | | | | |
| | 청년 | | | | | | | | |
| | 중년 이상 | | | | | | | | |
| | 계 | | | | | | | | |

특이사항 :

실전창업의 神

우에는 점포를 기점으로 반경 500m 이내이다. 대형 음식점의 경우에는 반경 1km를 1차 상권으로 본다. 먼저 지번에 나와 있는 교통지도를 구입해 자기점포를 기준으로 원을 그려 잠정적인 1차 상권 범위를 확정한 후 원내의 세대수 및 인구수를 파악한다.

다음으로 점포 앞의 유동 통행량을 파악해야 한다. 자기점포 앞을 통행하는 사람들을 성별, 연령별, 시간대별로 구분해서 파악한다. 차량 주차 여부가 큰 비중을 차지하는 업종은 차량의 이동량도 파악해야 한다. 이런 조사는 평일과 주말을 구분해서 파악하도록 하며, 조사일자의 날씨, 온도, 주변의 행사 진행 여부도 함께 기록한다. 특히 방학 때나 여름휴가철에는 고객의 흐름에 특별한 상황이 발생될 수 있기 때문에 이 때에는 조사된 결과에 어느 정도 조정치를 가감해야 한다.

### (3) 2차 상권 조사

2차 상권은 점포를 기준으로 반경 1km 이내의 지역으로 조사에 있어서 중요한 포인트는 점포를 기준으로 각종 도로의 현황과 경쟁점 및 유사 업종의 위치를 파악해 지도에 표시하는 것이다. 또한 2차 상권 입지의 전반적인 특성을 파악하는 것도 중요하다. 물론 2차 상권을 기준으로 한 인구수 및 세대수를 파악하는 것은 기본이다.

### (4) 3차 상권 조사

3차 상권이란 점포를 중심으로 약 2-5km 되는 지역으로 이 기점부터 고객이 거의 100%가 되는 지역이다. 이 상권에서는 거주 세대에 대한 정밀한 조사가 필요하다. 홍보를 통해 고객으로 유인할 수 있으므로 거주 세대의 직업, 성별, 연령별 조사를 하여야 한다.

# 98

# 주고객이 누구인가를 파악하라

입지 재분석과 함께 주고객층이 누구인지 파악하여야 한다. 고객층 분석은 입지 및 상권 재분석과 함께 매출 및 점포 활성화의 첫걸음이다. 매출부진 점포는 십중팔구 고객에 대한 타깃 선정이 잘못 설정되었기 때문이다.

과연 점포를 이용하는 고객이 연령별로, 성별로 그것도 시간대별로 어떻게 구성이 될까? 아마도 현대적인 POS시스템을 구비하고 있지 않은 점포는 자기점포의 주고객층이 누구인지 대충은 얘기할 수 있겠지만 정확히 파악하고 있지는 못할 것이다. 현대적인 POS시스템을 이용하면 주고객층이 누구인지, 전체의 구성비 중 얼마를 차지하고 있는지 등 고객 데이터를 정확히 분석할 수가 있다. 이러한 고객 데이터의 분석은 점포의 방향을 잡는데 중요한 역할을 한다. 따라서 컴퓨터 시스템이 없으면 수작업으로라도 일일 매출 집계표를 작성해 고객층에 대한 파악이 이루어져야 한다.

고객층을 조사할 때는 가급적이면 오전(08:00~12:00), 오후(13:00~18:00), 저녁(19:00~22:00), 심야(23:00 이후)로 시간대를 나누어 파악하는 것이 좋다. 그리고 남녀 성별을 기본으로 어린이, 청소년, 직장인, 중장년, 노인 등으로 분류하고, 각 시간대별로 매출액을 기록하여 각 시간대별 매출액의 비중을 조사해야 한다. 시간대별 고객층 조사와 매출조사를 통하여

*실전 창업의 神*

| 상품명 | 판 매 수 량 | | | | | | 합계 | 판매단가 | 매출액 |
|---|---|---|---|---|---|---|---|---|---|
| | 1일 | 2일 | ~ | 29일 | 30일 | 31일 | (A) | (B) | (A)×(B) |
| | | | ~ | | | | | | |
| | | | ~ | | | | | | |
| | | | ~ | | | | | | |
| | | | ~ | | | | | | |
| | | | ~ | | | | | | |
| | | | ~ | | | | | | |
| | | | ~ | | | | | | |
| | | | ~ | | | | | | |
| | | | ~ | | | | | | |

일일판매 집계표

점포 경영자는 정확한 영업현황을 파악할 수 있으며, 각 시간대별로 근무자의 숫자를 조정할 수 있다.

즉, '우리의 점포는 주고객층이 중장년층, 그것도 여성 고객이 70%를 차지하고, 매출은 오후 4시에서 6시에 가장 성시를 이루며, 이 시간대의 매출이 전체의 50%를 차지한다'는 정도로 점포 영업 현황을 파악하고 있어야 앞으로 매출 증대를 위한 전략 수립에 충분한 기초 자료로 활용할 수 있다.

지금까지 설명을 통해 점포의 입지 조사 및 고객층 조사가 가능해졌으며, 이 조사를 통해 자기점포의 고객층 및 입지의 특성을 파악할 수 있을 것이다. 그러면 개점 초기에 생각했던 점포의 고객층 및 입지요소와 최근에 조사한 점포 현황과 맞아떨어지는가? 맞아떨어진다면 별 문제가 없지만 상황이 많이 달라졌다면 즉시 최근에 조사된 고객층 및 입지 요소에 맞는 영업 방침을 수립해 새로이 조사된 고객층을 향한 영업이 진행되어야 한다.

또한 입지 분석을 통한 상품 가격정책 변화 및 주력상품을 조정해야 한다. 예를 들어 개점 초기에는 청소년들이 많이 이용하는 상권이었는데, 2년이 지

| 구　분 | | / 월요일 | / 화요일 | / 수요일 | / 목요일 | / 금요일 | / 토요일 | / 일요일 | 합계 |
|---|---|---|---|---|---|---|---|---|---|
| 오 전 | 매출액 | | | | | | | | |
| | 고객수 | | | | | | | | |
| | 객단가 | | | | | | | | |
| 오 후 | 매출액 | | | | | | | | |
| | 고객수 | | | | | | | | |
| | 객단가 | | | | | | | | |
| 저 녁 | 매출액 | | | | | | | | |
| | 고객수 | | | | | | | | |
| | 객단가 | | | | | | | | |
| 심 야 | 매출액 | | | | | | | | |
| | 고객수 | | | | | | | | |
| | 객단가 | | | | | | | | |
| 합 계 | 매출액 | | | | | | | | |
| | 고객수 | | | | | | | | |
| | 객단가 | | | | | | | | |

*객단가 = 매출액÷고객수 / 단위 : 명, 원

난 지금은 대형 할인매장이 입점해 주된 유동인구가 주부층으로 바뀌고 기존의 고객층인 청소년층이 대폭 줄었다면 주부층을 대상으로 영업 정책을 바꾸고 판매 상품도 조정을 고려해야 한다.

실전 창업의 神

# 점포에 대한 고객의
# 만족도를 조사하라

99

　점포를 활성화시키려면 그 방법을 고객들에게 직접 물어보는 것이 최상의
방법이다.

　고객만족도는 대개 고객 설문조사를 통하여 이루어지는데, 점포의 강점과
약점을 파악하게 해주는 장점이 있다. 고객 설문조사란 일정형식의 설문지를
통하여 고객의 점포에 대한 만족도를 조사하는 것을 말한다. 설문조사는 사
람이 직접 고객과 대면하여 진행하는 대면조사방법과 점포의 일정한 곳에 설
문지를 비치해 놓고 고객이 자발적으로 참여하게 하는 방법이 있다. 설문지
를 작성할 때는 4가지 항목으로 분류해 작성한다. 상품에 대한 만족도, 가격
에 대한 만족도, 고객서비스에 대한 조사, 이용형태에 대한 조사 등이다.

　이러한 고객만족도 조사를 통하여 자기점포의 강점 및 약점을 파악할 수
있으며, 점포를 이용하는 고객이 우리 상권 내에 어떻게 분포하고 있는지도
알 수 있다. 즉, 이러한 조사를 통해 '우리 점포는 상품의 질은 좋으나 점포가
불결해서 고객이 오지 않는다'와 같은 구체적인 결과를 얻을 수 있을 뿐 아니
라, 점포를 주로 이용하는 고객이 우리 상권 내에 어떻게 분포되어 있는지도
알 수 있는데, 설문지에 적힌 주소를 지번에 점으로 찍은 후 제일 외곽에 거
주하는 고객을 선으로 이으면 점포의 상권범위가 된다. 또한 상권 내에서 점

제11장 불황을 모르는 사업, 활성화방법론을 실행하라

이 제일 많이 찍혀 있는 부분이 점포 입장에서는 핵심지역으로 관리해야 하며, 점 숫자가 작은 지역은 앞으로 고객을 개척해 나가야 하는 지역으로 파악을 할 수 있다. 앞으로 신규 고객을 확대시키려고 할 때나 어느 지역에 집중적으로 광고나 홍보를 해야할지 기초자료로 활용이 가능하다.

설문조사를 할 때에는 비용을 줄이기 위해서 점포에서 직접 실시하는 경우가 많은데, 가급적이면 아르바이트를 고용해서 조사하는 편이 낫다. 왜냐하면 점포 직원, 또는 주인이 보는 앞에서 설문지에 정확하게 불만을 표시하는 고객은 드물기 때문이다. 또한 설문조사를 할 때에는 감사의 표시로 조그만 기념품이나 선물을 준비하는 것도 고객들의 참여를 높일 수 있는 방법이다.

점포 사업의 기본원칙은 고객이 원하는 것을 제공하는 데 있으므로 고객만족도 조사는 반드시 필요하다고 할 수 있다.

실전 창업의 神

저희 점포는 보다 나은 점포로 거듭나기 위하여

본 조사를 시행하게 되었습니다.

바쁘시더라도 고객의 고견을 말씀해 주시면 점포 개선에 반영하겠습니다.

❶. 항목 조사

• 점포의 청결상태는?　　　　　☐ 매우 좋다　☐ 좋다　☐ 보통이다　☐ 나쁘다

• 종업원의 친절상태는?　　　　☐ 매우 좋다　☐ 좋다　☐ 보통이다　☐ 나쁘다

• 상품의 품질은?　　　　　　　☐ 매우 좋다　☐ 좋다　☐ 보통이다　☐ 나쁘다

• 상품의 가격은?　　　　　　　☐ 매우 싸다　☐ 싸다　☐ 적정하다　☐ 비싸다

• 점포는 1주일에 몇 회 정도 이용하십니까?

　　　　　　　　　　　　　　☐ 5회 이상　☐ 3회　☐ 2회　☐ 1회 미만

• 점포를 이용하시는 교통수단은?　☐ 자동차　☐ 대중교통　☐ 자전거　☐ 도보

❷. 건의사항을 적어주십시오 :

▶ 주　　소 :

▶ 이　　름 :　　　　　　　　　　　　　　　　　(성별 : 남 / 여)

▶ 직　　업 :　　　　　　　　　　　　　　　　　(나이 :　　세)

▶ 생년월일 :

♠ 지금까지 협조해 주셔서 감사합니다. ♠

# 100

# 점포의 장단점을 진단하고 개선방향을 수립하라

점포입지와 주 고객층, 그리고 고객만족도 등 기초조사가 마무리되면 구체적인 점포운영 개선전략을 수립해야 한다. 행동계획을 세울 때는 점주가 독단적으로 결정하지 말고 가급적 종업원들의 여론을 최대한 수렴해야 한다. 점포는 점포경영주 혼자서 운영하는 것이 아니다. 점포경영주와 종업원이 공동으로 점포를 이끌어나가는 것이다.

점포경영주 입장에서 보는 점포의 장단점과 종업원의 입장에서 보는 장단점과는 차이가 있다. 각자의 시각에서 느끼는 점포의 장단점이 종합되면 더 나은 매출 증진 계획을 세울 수 있다. 사장님 앞에서 점포의 단점을 직설적으로 말할 수 있는 종업원은 드물기 때문에 점포경영주는 종업원의 허심탄회한 의견을 이끌어 내는 것이 중요하다. 일단 회합의 자리를 만들어서 가벼운 주제부터 이야기를 풀어나간다. 이 자리는 절대 무겁게 이끌어서는 안 되며, 가급적 점포경영주는 듣기만 하고 종업원의 의견에 대해 옳다, 그르다라는 의견을 이야기하지 않도록 한다. '우리 점포의 고객서비스 수준은 어떤가?', '상품의 품질은 어떤가?' 라는 식으로 경영주는 이야기의 방향만을 던져 주고 각 주제별로 종업원들의 의견이 개진될 수 있도록 한다.

점포 내부 환경의 장점과 단점을 파악할 때에는 다음 사항을 중점적으로

| 매출증진을 위한 행동계획표 | | | | | |
|---|---|---|---|---|---|
| **항    목** | **일      정** | | | | |
| | ( )월 | ( )월 | ( )월 | ( )월 | |
| 1. 점포의 장점 및 단점 정리 | | | | | |
| 2. 개점 시점의 입지현황과 현재의<br>   현황과의 변동사항 도출 | | | | | |
| 3. 입지 분석과 주력 상품군을 대비 분석 | | | | | |
| 4. 객층 분석과 주력 상품군을 대비 분석 | | | | | |
| 5. 고객 설문을 통한 요구사항 분석 정리 | | | | | |
| 6. 종합 개선방향 도출 | | | | | |
| − 주력 상품군 재조정 | | | | | |
| − 신상품 도입 기획 | | | | | |
| − 판촉계획 수립<br> · 목적<br> · 판촉방법<br> · 예산 | | | | | |
| − 고객 서비스 개선방안 수립<br> · 체크리스트 보완<br> · 종업원 교육<br> · 인센티브제도 도입 | | | | | |
| − 점포 청결 개선방안 수립<br> · 점포 인테리어 / 간판 보완<br> · 체크리스트 보완<br> · 종업원별 직무 할당 | | | | | |

검토해야 한다.

- 고객에 대한 서비스는 우수한가?
- 점포는 청결한가?
- 상품의 품질은 우수한가?
- 가격은 적정한가?
- 진열은 우수한가?
- 광고는 적절하게 하고 있는가?
- 종업원의 급여는 적당한가?
- 점포의 영업시간대는 적절한가?

입지 조사, 설문 조사, 종업과의 토의를 통해서 점포의 문제점을 도출해 내고 이에 따른 개선 방향이 수립되었다면 다음은 그 결과에 대한 행동계획이 세워져야 한다. 개선계획은 일정별로 작성되어야 하며, 각 항목별 업무가 명확하게 분장되어야 진행 및 점검이 확실해질 수 있다.

실전 창업의 神

# 상품의 판매동향을 분석하라

상품에도 생명력이 있다. 사람이 출생하여, 성장하고, 사망하는 것과 같이 상품에도 이와 비슷한 주기로 생성과 소멸의 과정을 거친다. 신상품은 시장에 도입되면 도입기, 성장기, 성숙기, 쇠퇴기라는 4단계의 과정을 거치는데, 이것을 상품의 생명주기라고 한다. 각 단계마다 매출 및 이익의 정도가 틀려지므로, 각 단계별로 마케팅전략 및 점포의 운영 방법도 변화되어야 한다. 따라서 점포경영자는 자신이 취급하는 상품이 현재 어느 단계에 있는지를 정확하게 파악하는 것이 중요하다.

점포경영주는 자기점포의 주력 상품에 한해서는 판매 결과를 신규 입점 때부터 기록 유지해서, 상품의 판매가 상승세인지, 아니면 최고의 절정에 있는지, 또는 하향세인지를 늘 파악하고 여기에 맞는 적절한 판매 대책을 세워야한다.

상품 판매 동향을 분석할 경우에는 먼저 잘 팔리는 상품과 안 팔리는 상품을 구분하여 분류해야 하는데, ABC분석 방법이 유용할 수 있다.

ABC 분석이라는 것은 품목이 많은 상품군을 매출액 기준으로 A,B,C의 세가지 등급으로 분류해 각 등급별로 적합한 관리를 하는 상품분류 체계이다. 보통 A등급은 매출 구성비가 전체의 75%를 점하는 품목군이며, B등급은 매

출 구성비가 5-25%를 점하는 품목, C등급은 5% 미만을 점하는 품목으로 분류한다.

이렇게 A,B,C군으로 상품을 나누어 분류하려면 무엇보다도 점포경영주는 평소에 상품판매 일일집계표를 정확하게 기록, 유지하여야 한다.

ABC 분석표를 통해 점포에서 취할 수 있는 행동은 두 가지가 있다.

첫째, 상품 관리의 측면에서 매출이 높은 A그룹은 B,C그룹보다 진열량이나 진열 면적이 많이 할당되어야 한다. 상품 진열은 품목순으로 일정하게 하는 것이 아니라, 잘 팔리는 A그룹인 중점 관리 상품부터 진열량의 비중을 높여 매출증대를 꾀해야 한다.

둘째, A,B,C등급의 품목수를 통해 각 등급을 조정·보완한다. 예를 들면 A등급, B등급, C등급 모두 동일한 품목수를 보유하고 있으면 이 점포는 인기 상품군이 없다는 뜻이다. 인기 상품이 많이 있어도 A등급 품목수가 많으면 양호하다. 따라서 이 점포는 인기가 높은 신상품을 도입하는 데에 주력해야 한다. 반면에 A상품군의 비중이 적은 경우에는 전문점이라면 큰 문제가 없지만 일반 판매점이라면 상품 구색면에 문제가 있는 것이므로 A,B,C등급 각 부문이 균등하게 구색을 갖출 수 있도록 조정해야 한다.

A,B,C 각 등급별 체크 포인트는 다음과 같다.

A등급은 입지 및 객층에 적합한 상품으로 구성되어 있는지 점검한다. B등급은 판매가 잘 되지도 안 되지도 않는 품목으로 이익률이 적거나, 상품 관리에 많은 비용이 들어가는 품목은 과감히 삭제한다. C등급의 상품은 판매량이 하향 추세에 있거나 계절이 지난 상품이라면 과감히 삭제하고 신상품으로 교체하는 것이 바람직하다.

실전창업의 神

## ABC 분석서

기간 : ～

| 순위 | 상품명 | 상품코드 | 판매수량 | 판매단가 | 판매액 | 구성비 | 누계구성비 |
|------|--------|----------|----------|----------|--------|--------|------------|
| 1 | | | | | | | |
| 2 | | | | | | | |
| 3 | | | | | | | |
| 4 | | | | | | | |
| 5 | | | | | | | |
| 6 | | | | | | | |
| 7 | | | | | | | |
| 8 | | | | | | | |
| 9 | | | | | | | |
| 10 | | | | | | | |
| │ | | | | | | | |
| │ | | | | | | | |

\* 1. 판매액 = 판매수량×판매단가
   2. 구성비 = (판매액÷총판매액)×100
     총판매액 : 각 상품별 판매액을 합산한 금액
   3. 누계 구성비 : 각 상품별 구성비를 더하면 된다.
     제일 마지막 상품의 누계 구성비는 100%가 된다.
   4. 등급 구분 :  A등급 - 누계 구성비가 75%까지의 상품
                 B등급 - 누계 구성비가 75~95% 사이의 상품
                 C등급 - 누계 구성비가 95~100% 사이의 상품

| 특징 | 도입기 | 성장기 | 성숙기 | 쇠퇴기 |
|---|---|---|---|---|
| 판매량 | 적다 | 빠른 속도로 증가 | 절정에 이름 | 감소 트렌드 |
| 판매 이익 | 적다 | 빠른 증가 | 최고 수준 | 감소 |
| 고객의 형태 | 혁신적인 고객 | 적응이 빠른 고객 | 보통 고객 | 보수적인 고객 |
| 경쟁상품 | 거의 없음 | 증가 추세 | 감소 시작 | 감소 |
| 판매방향 | 상품의 인지도를 높이기 위한 시험구매 유도를 위한 촉진활동 실시 | 상품 판매율을 극대화 | 상품 판매량을 유지하며 이익을 극대화 | 판매 부대 비용을 최소화 |
| 광고 | 혁신적인 고객을 위한 상품의 인지도를 제고 | 일반상품의 고객에게 상품을 알리고 구매 유도 | 상품을 유용성을 강조 | 좋아하는 고객은 계속 유지하고 광고를 줄임 |
| 판매가격 | 시장 가격 적용 | 시장침투 가격으로 조정 | 경쟁업체와 동일한 가격 유지 | 가격을 인하 |
| 판매촉진 | 강한 판매촉진으로 시험구매 유도 예) 무료시음, 견본 제공 | 판촉의 강도를 약간 약하게 하며, 고객의 수요를 받아줌 | 상품의 충성도를 제고시킬 판촉행사 진행 | 최소한의 판매촉진 진행 |

실전창업의 神

# 102 적극적인 판촉활동으로
# 고객을 끌여들여라

이제 앉아서 고객을 맞이하는 시대는 지났다. 적극적으로 고객을 유인하기 위한 유인책이 필요하다. 작게는 점포의 POP나 간판 등을 통하여, 크게는 적극적인 판촉행사를 시행함으로써 고객을 유인해야 한다. 때에 따라서는 점포의 영업시간을 연장해서 판매시간을 늘리는 지혜도 필요하다. 그러나 이러한 모든 방법은 점포의 규모와 여건에 맞아야 한다. 어떤 형태든 판촉행사는 많이 할수록 좋다. 그러나 작은 규모의 점포에서 비용이 많이 드는 판촉행사를 할 수는 없으므로 상황이나 여건에 맞는 판촉방법을 연구하고 찾아내야 한다. 남들이 한다고 무조건 따라하는 판촉 행사는 오히려 점포의 손실을 가져온다. 따라서 자신의 점포에 맞는 판촉방법을 연구하고 시행한다.

판매 촉진 행사를 효과적으로 진행하려면 다음 상황을 점검해야 한다.

첫째, 판매 대상은 누구인가?

진행하려고 하는 판촉 행사의 목표대상이 누구인지 명확하게 설정해야 한다. 판매대상에 따라서 행사의 연출 및 판촉물 등이 좌우될 수 있다.

둘째, 어떠한 방법을 사용할 것인가?

판촉 행사 진행 방식에 대한 것이다. 가격 할인 방법으로 할 것인가, 판촉물 제공의 방법으로 할 것인가 등을 결정해야 한다.

셋째, 판촉 기간은 어느 정도로 할 것인가?

요즘 대형 할인점이 많이 등장해 연중 세일 정책으로 상품을 판매하고 있다. 이에 따라 고객은 판촉에 대한 반응이 점점 무뎌지고 있으며 아예 무감각해지고 있는 상태이다. 따라서 어느 시점에 얼마 동안 판촉 행사를 진행할지 결정하는 것이 무척 중요하다. 가급적이면 지역의 행사 기간과 연계해 일정을 잡으면 효과적인 판촉 행사가 될 수 있다.

넷째, 행사 예산은 적정하게 수립되었는가?

판촉행사를 진행하기 위해 소요되는 각종 예산이 적정한지를 점검해야 한다. 또한 매출 목표와 대비해 판촉 비용을 상쇄할 수 있는지 판단해야 한다. 이 때 비용은 최대한 계상해야 하며, 매출 이익은 최소 발생액을 기준으로 해야 한다.

실전 창업의 神

# 고객의 눈에 띄게 상품을 진열하라

상품의 진열은 소비자에게 의사를 전달하는 방법의 하나로, 이러한 의사 전달이 효과적일수록 매출은 증가한다. 다시 말하면 고객의 눈에 띄게 하여 사게 만드는 진열이 필요하다. 따라서 점포 내 진열상태가 매출액을 증가시키는데 차지하는 공헌율이 매우 크다.

그렇다면 매출을 높일 수 있는 효과적인 진열방법에는 어떤 것이 있을까? 앞에서 말한 내용을 요약하면 진열의 기본원칙은 다음과 같다.

- 잘 팔리는 상품을 잘 보이는 곳에 진열한다.
- 연관된 상품을 같이 진열한다.
- 너무 높거나 너무 낮은 곳에는 상품을 진열하지 않는다.
- 점포의 이동공간을 넓혀 상품이 잘 보일 수 있게 한다.
- 유사상품끼리 가격비교가 될 수 있도록 진열한다.
- 주력 상품 위주로 진열한다.
- 계절이나 특매행사 등 시기나 상황에 맞게 진열한다.
- 상품 성격에 맞게 진열 위치나 방법을 결정한다.
- 상품의 주요 고객층에 맞게 진열한다.

이러한 진열원칙에 따라 점포의 진열상태를 점검해야 할 필요성이 있다.

| 진열 점검서 | | | |
|---|---|---|---|
| 항목 | 현황평가 | 평가 | 개선사항 |
| 관련상품과의 진열상태 | | | |
| 선입선출에 의한 진열 | | | |
| 가격비교가 가능한 진열 | | | |
| 색상, 크기가 조화된 진열 | | | |
| 엔드진열의 상태는? | | | |
| 쇼윈도 진열의 상태는? | | | |
| 진열의 상태가 깨끗한가? | | | |

\* 평가기준 : 우수 – ● 보통 – ▲ 불량 – ×

　　종업원의 이동, 신상품의 입점, 상품의 판매로 인해 수시로 상품이 보충 진열됨으로써 진열상태가 흐트러질 수 있다. 따라서 점포경영주는 진열에 대한 점검서를 작성해 주기별로 상품 진열상태를 점검해야 한다.

실전 창업의 神

# 점포의 청결상태를 점검하라

점포는 3가지 요소인 상품의 품질, 서비스, 청결 상태가 잘 갖춰져 있으면 매출을 증대시킬 수 있다. 이 3가지 중에서 점포의 청결 부분은 어떻게 보면 가장 쉽고 또 어떻게 보면 가장 귀찮은 업무이기도 하다. 그러나 점포의 청결은 점포 운영의 가장 기본으로 절대 게을리해서는 안 되는 부분이다. 특히 음식을 가공, 조리해서 판매하는 패스트푸드점이나 전문 음식점에서는 점내의 청결함뿐만 아니라 상품을 취급하다가 발생하는 악취 제거 등에도 세심한 주의를 기울여야 한다.

어떤 점포의 운영 상태를 알아보려면 화장실을 가보라는 말이 있다. 요즘은 음식점의 화장실도 어느 정도 깨끗해지고 있지만 불결한 곳도 많다. 이것은 점포경영주가 청결에 대한 중요성을 깨닫지 못한 결과라고 할 수 있다.

점포를 깨끗이 유지하는 것은 쉽지 않은 일이다. 그러나 청결의 중요성을 깨닫고 꾸준히 노력하며 점검서를 통해 체계적으로 관리하고, 직무 할당을 통해 수시로 확인한다면 점포를 청결하게 유지할 수 있다.

| 장소 | 점검항목 | 예 | 아니오 |
|---|---|---|---|
| 간판 | – 간판은 깨끗하게 유지되어 있는가?<br>– 간판의 전등은 고장난 것이 없는가?<br>– 거미줄이 끼어 있지 않은가?<br>– 전면 유리창은 깨끗한가(손때, 테이프 자국 등)?<br>– 창틀에는 먼지가 끼어 있지 않은가? | | |
| 현관 | – 매트는 깨끗한가?<br>– 현관 천장은 깨끗한가, 거미줄은 없는가?<br>– 쓰레기통은 깨끗한가, 악취는 나지 않는가? | | |
| 점포 내부 | – 계산대 주변은 정리가 잘 되어 있는가?<br>– 진열대의 상품들은 먼지가 없으며 깨끗한가?<br>– 바닥에는 껌 또는 얼룩이 있지 않은가?<br>– 고장난 전등은 없는가?<br>– 테이블과 의자는 깨끗한가?<br>– 테이블 밑은 청결한가? | | |
| 화장실 | – 악취가 나지 않으며 청결한가?<br>– 환기는 잘 되는가?<br>– 휴지 및 비누는 준비되어 있는가?<br>– 수건은 깨끗한가?<br>– 변기 내에 오물이 묻어 있지 않은가?<br>– 휴지통은 깨끗한가? | | |
| 주방 | – 싱크대 배수구는 청결한가?<br>– 환기는 잘 되는가?<br>– 천장은 깨끗한가?<br>– 음식물 찌꺼기가 묻어 있지는 않는가?<br>– 배수구로 물은 잘 빠지는가?<br>– 조명상태는 문제가 없는가?<br>– 바퀴벌레 등 해충은 없는가? | | |
| 장비 | – 점포 내 에어컨의 필터는 청소되어 깨끗한가?<br>– 냉동고에 성에가 끼어 있지 않은가?<br>– 냉장고에 오래된 음식물이 있지 않은가?<br>– 싱크대 밑부분과 뒷부분은 깨끗한가? | | |
| 창고 | – 창고의 잠금장치는 잘 되어 있는가?<br>– 환기는 잘 되고 있는가?<br>– 쥐 등 해충류는 없는가?<br>– 바닥이 청결한가?<br>– 불필요한 폐품이 놓여 있지 않은가? | | |

점포 청결 점검서

실전 창업의 神

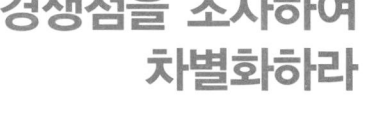

# 경쟁점을 조사하여 차별화하라

 일반적으로 경쟁상대는 같은 업종 안에 있다고 생각한다. 즉, 소갈비 전문점은 주위의 소갈비 전문점이나 다른 육류 취급점 또는 모든 음식점이 자신의 경쟁상대라고 생각하고 견제한다는 것이다. 그러나 이것은 경쟁의 의미를 제대로 파악하지 못하고 있는 경우이다.

 일반고객을 상대로 하는 소매업은 상호 경쟁하면서도 또한 공존하는, 즉 경쟁과 양립이 모두 존재하는 특성이 있다. 그럼 양립이란 무엇인가? 양립이란 하나의 상권 안에 유사업종이 모여 있으면 상호간에 매출이 상승효과를 내는 관계로서 경쟁관계는 이익을 점포간에 서로 많이 차지하려 하지만, 양립관계는 상호의 이익을 상승시킨다.

 이러한 경쟁과 양립관계를 명확히 파악해서 과연 진정한 경쟁자가 누구인지를 알아내야 한다. 위에서 예를 든 소갈비집과 돼지갈비집은 경쟁관계라기보다 집적이익이 발생될 수 있는 양립관계일 확률이 높다.

 다시 말하면 주변에서 같이 존재하면서 상호간에 도움을 주는 관계라고 할 수 있는 것이다. 경영주는 이러한 경쟁과 양립관계를 명확히 파악하여 진정한 경쟁자를 찾아야 한다.

 점포의 경쟁 개념이 명확해 졌으면 경쟁점을 정의하고 그 경쟁점 보다 비

교 우위를 점할 수 있는 차별화 정책을 모색해야 한다. 이러한 차별화를 모색하기 위해서는 경쟁점의 강점부터 조사해야 한다.

그러면 경쟁점의 무엇을 조사해야 하는가? 이 때는 왜 고객이 경쟁점을 이용하는지 그 이유를 파악해야 한다. 고객이 자신의 점포를 이용하지 않고 경쟁점포를 이용하는가를 조사해 보면, 가격이 저렴하거나, 상품의 품질이 우수하거나, 점포가 청결하다든지, 종업원이 친절하기 때문 등의 이유가 있다. 이런 이유를 파악했다면 경쟁점의 강점과 자기점포를 비교 분석해서 문제점을 개선한다. 경쟁점 조사는 가급적 상호간에 마찰이 발생하지 않는 범위 내에서 해야 한다. 경쟁점 조사를 할 때 드러내 놓고 조사한다면 경쟁점측에서 꺼릴 수 있으므로 조사를 하기 전에 미리 조사할 내용을 적을 수 있는 양식을 준비해야 조사 즉시 점포를 나와서 내용을 기록할 수 있다.

또 한 가지 방법은 두 사람이 한 조가 되어 녹음기를 몸에 지니고 들어가 자연스럽게 점포의 상황을 이야기하며 조사한 내용을 녹음하는 방법도 있다.

경쟁점 조사는 조사의 목적에 따라 시기가 달라질 수 있으므로 적절한 시점에 진행해야 효과를 볼 수 있다. 따라서 원인 없이 매출이 하락할 경우에 즉시 시행하고, 정기적인 시점 (월별, 분기별) 가격을 인상시키고자 할 때, 경쟁점이 판촉행사를 실시할 때, 지역에 행사가 있을 경우에 실시한다.

| 단 계 | 주 제 | 점 검 사 항 |
|---|---|---|
| | | **경쟁점 조사의 순서** |
| 1단계 | 조사의 포인트 결정 | • 내 점포의 문제점이 무엇인가?<br>(상품력, 가격, 서비스)<br>• 조사 포인트는 가급적 세분화하여<br>진행한다.<br>막연한 조사는 시간과 인력만<br>낭비할 뿐이다. |
| 2단계 | 조사의 목적 수립 | • 새로운 판촉방법을 도입<br>• 고객을 접객하는 방법 |
| 3단계 | 내 점포의 현상 요약 | • 먼저 내 점포의 문제점 정리 |
| 4단계 | 세부 조사항목 결정 | • 계산대 접객요령, 인사방법<br>• 판촉 아이템, 방법 |
| 5단계 | 경쟁점<br>현장조사 실시 | • 사실에 근거한 조사 실시 |
| 6단계 | 경쟁점<br>조사결과 정리 | • 각 항목별 기록유지 및<br>사진자료 첨부 |
| 7단계 | 내 점포와의 대비분석 | • 내 점포와의 비교검토를 통해<br>개선점 파악 |
| 8단계 | 교육 후 현장에 반영 | • 개선점을 명문화한 후<br>현장에 반영 |
| 9단계 | 시행결과 피드백 | • 점포에 반영 후 결과에 대한 평가 |

조사일자 :　　 년　 월　 일(　　 am/pm)

| 상　호 | 자점과의<br>이격거리 | 평　수 | 점포근무<br>인　원 | 영업시간 | 비　고 |
|---|---|---|---|---|---|
| 1. | m | | | | |
| 2. | m | | | | |
| 3. | m | | | | |
| 4. | m | | | | |

〈가격조사〉

| 상　품　명 | 1 | 2 | 3 | 4 |
|---|---|---|---|---|
| | | | | |
| | | | | |
| | | | | |
| | | | | |

〈고객 서비스〉　　　　　　　　　　　　　　　　　(우수 – ● 보통 – ▲ 불량 – ×)

| 항　목 | 1 | 2 | 3 | 4 |
|---|---|---|---|---|
| 신속한 서비스 | | | | |
| 친　절 | | | | |
| 복 장 상 태 | | | | |
| 영수증 교부 | | | | |

〈점포 이미지〉

| 항　목 | 자점 | 1 | 2 | 3 | 4 |
|---|---|---|---|---|---|
| 청 결 상 태 | | | | | |
| 진 열 상 태 | | | | | |
| 조　명 | | | | | |

〈강점, 약점 기타〉

| 상　호 | 강　점 | 약　점 | 기　타 |
|---|---|---|---|
| 1. | | | |
| 2. | | | |
| 3. | | | |
| 4. | | | |

실전 창업의 神

# 106

# 외부환경 변화에
# 민감하게 대처하고
# 업종전환도 고려하라

　점포 내부의 진단과 점검을 통해 점포의 장점과 단점을 파악할 수가 있다. 이렇게 파악된 장점은 더욱 보강하여 계속해서 살리고 단점은 제거하여 보완해야 한다. 점포 운영은 이처럼 내부부터 단단하게 만들어 놓아야 비로소 활성화되는 것이다. 그러나 이러한 내부의 운영상태가 잘 갖춰져 있어도 외부환경이 바뀌게 되면 점포운영에 차질이 발생하기 마련이다. 따라서 점포운영에서는 내부적인 결속도 중요하지만, 외부환경의 변화에도 예의 주시하여 빠르게 대응해야 한다. 그러면 점포운영에 있어서 외부의 어떠한 환경을 점검하고 대응해야 하는지 알아보자.

　첫째, 상권의 변화를 민감하게 체크하라
　상권은 점포사업을 할 때 가장 중요하게 점검을 해야 하는 외부 환경 요인이다. 점포의 1차 상권을 중심으로 건물의 신축이나 증축 계획, 사무실의 이동사항, 관공서의 신설, 병원의 건립, 아파트 재건축사업의 시행 등의 사항을 평소에 탐문조사를 통하여 이러한 변화를 세밀히 파악하고 있어야 한다. 한 예로 슈퍼마켓을 하던 점포경영주는 장사가 부진해 3년간 영업을 하던 점포를 헐값에 처분했다. 그런데 1년 후 점포 인근에 병원이 입주해 점포를 인수

한 점포경영주는 매출이 증가해서 이익을 올렸고 상권이 활성화됨에 따라 권리금도 상승해서 두 배로 이익을 보게 되었다.

둘째, 경쟁점의 출현에 민감해야 한다

점포경영주는 주변의 정보에 민감해야 한다. 특히 신규경쟁점포가 출현한다는 정보는 신속히 파악해서 이에 대비하여야 한다. 점포 공사가 어느 정도 진행되었을 때 경쟁점이 개점한다는 것을 알았다면 대응을 하기에는 때가 너무 늦다. 경쟁점이 개점하기 전에 이에 따른 영업 방침 및 판촉행사 등을 기획해 놓아야 하기 때문이다.

셋째, 주변의 업종변화를 파악해야 한다

요즘처럼 경제가 불안정할 때는 하루아침에 점포가 생기기도 하고, 또 문을 닫기도 한다. 이것을 잘 관찰한다면 상권 내 새로이 부상되는 업종이 무엇이며, 어떤 업종이 잘 되고, 반대로 어떤 업종이 쇠퇴하여 사라지는가를 알수 있다. 따라서 현재 하고있는 업종의 장기적인 발전 가능성도 이러한 주변 업종의 변화를 관찰함으로써 판단해 볼 수 있다.

넷째, 주변경기의 흐름을 파악해야 한다

주변경기가 불경기인지 아니면 호경기인지에 따라 점포의 매출에 많은 영향을 준다. 주변경기의 흐름이 하락하는 추세라면 점포 내에서도 이에 대비한 긴축운영 태세를 갖추어야 한다. 특히 외부환경의 변화로 인한 위기상황은 점포의 생존을 결정지을 수 있는 중요한 요인이다. 이러한 위기상황을 재빨리 파악하여 영업방향을 전환하거나 체질개선의 자료로 활용한다면 위기상황은 점포의 또 다른 도약을 위한 기회요인이 된다는 것을 점포경영주는 명심해야 한다. 이런 흐름을 파악하지 못하고 방만한 운영을 한다면 점포의 손익은 점점 악화될 것이다.

'위기는 또 하나의 기회다' 라는 말이 있다. 특히 외부 환경의 변화로 인한

위기는 점포가 생존할 수 있느냐 없느냐를 결정짓는 중요한 상황이다. 이러한 위기 상황을 빨리 파악해 점포의 영업 방향의 전환 및 체질 개선으로 활용한다면 점포의 또 다른 도약을 위한 기회요인이 된다는 것을 점포경영주는 명심해야 한다.

# 107

# 업종전환 또는
# 폐업의 포인트

전업이나 폐업을 결정하는 것도 활성화의 한 방법이 될 수 있다. 앞서 점포 내부분석과 외부분석을 하고 또한 점포 활성화 방안을 실행한 결과 점포의 상권이 쇠퇴기에 있다거나, 주변 시장 환경이 침체기에서 헤어나지 못하거나, 매출이 지속적으로 하향곡선을 그리고 있어서 도저히 영업을 계속할 수 없다고 판단이 되면 생존을 위한 방법으로 전업이나 폐업을 고려해야 한다.

**첫째,** 전업은 과감히 결정해야 한다.

상품에 라이프 사이클이 있듯이 업종에도 도입기, 성장기, 성숙기, 쇠퇴기가 있게 마련이다. 고객 선호 변화에 의해서, 또는 상권의 변화에 의해서 업종은 흥망성쇠를 맞게 된다. 따라서 점포경영주는 사업의 전환 포인트를 잘 포착해 변신을 시도해야 한다. 이러한 변신이 성공적인 방향으로 진행되기 위해서는 다음과 같은 사항을 점검해야 한다.

(1) 전업을 결정할 때
- 최소한 3년간의 매출 동향을 점검해야 한다.

장사가 잘 될 경우에도 전업을 하는 편이 나은 경우가 있다. 새로운 업종을 찾았다거나, 아니면 업종이 적성에 맞지 않을 때이다. 그러나 전업은 장사가 안 될 때 하는 경우가 많다. 이럴 때에는 정말로 현재의 업종이 전망이 없는지를 앞서 설명한 점포 내부 및 외부분석과 함께 점포 활성화 방안을 통해 파악해야 한다. 먼저 가장 중요한 체크포인트로 점포의 매출이 어떻게 진행되어 왔는지를 검토해야 한다. 최소한 3년간의 매출액을 월별로 분석해 매출곡선이 하향세를 나타내고 있다면 이러한 점포는 과감하게 전업을 결정해야 한다.

- 상권의 변화를 파악해야 한다.

상권은 시시각각으로 변한다. 따라서 1년 전의 상권과 현재의 상권은 많은 변화를 갖게 된다. 1년 전에는 주변에 학원이 많아 학생들을 상대로 한 상권이었는데, 현재는 학원이 이전해서 일반 회사원이 많아질 수가 있는 것이다. 만약 학생들을 상대로 한 패스트푸드점을 운영하고 있었다면 상권이 변한 지금은 회사원을 상대로 하는 음식점으로 과감히 변심해야 한다.


(2) 전업을 결정한 후

전업을 하기로 결정을 했으면 과연 어느 업종으로 전업을 해야 하는가? 업종을 선택하는데 있어서 점포경영주가 가장 고심하는 것은 기존에 영업을 하면서 사용했던 집기 및 인테리어를 어떻게 처리하느냐 하는 점이다. 따라서 점포경영주가 업종을 변경할 때에 고려해야 할 사항은,
- 기존에 운영했던 업종과 비슷한 종류의 업종을 선택하면 점포에 투자한 인테리어를 어느 정도 활용할 수 있다는 점이다.
- 업종을 선택할 경우 믿을 수 있고 튼튼한 체인본사와 상의를 하면 기존 인테리어의 활용이 가능하며 또한 자금융자도 가능하다는 점이다.

유사업종으로 전업하라.

전업을 결정했다면 현재의 상황에서 어떤 업종을 선택할 것이냐 하는 것은 매우 중요한 문제이다. 전업의 결정은 과감하게 하되 업종의 결정은 위험을 최소화하는 방향으로 하는 것이 전업의 원칙이라고 할 수 있다. 따라서 투자 비용을 고려하는 것은 물론 점포 영업에 있어서 서로 관련이 있는 업종을 선택하는 것이 전업에 따른 손실을 최소화할 수 있는 방법이다. 먹는 장사를 했다면 새로운 유망 음식업종으로 전업을, 판매 소매업을 했다면 유망한 판매 소매업을 선정하는 것이 전업을 통해 성공에 이를 수 있는 길이다.

셋째, 폐업 시 권리금 회수에 총력하라.

현재 운영하는 점포의 위치가 상권의 변화로 인해 도저히 점포경영주가 희망하는 사업을 하기 어렵거나, 점포경영주의 개인 사정으로 인해 현재의 상권에서 계속 영업을 할 수 없다면 기존 점포를 포기하고 다른 상권의 점포를 물색하여야 한다. 이 때 점포경영주는 기존 점포에 투자했던 투자액을 회수하는데 총력을 기울여야 한다. 특히 권리금을 회수하기 위해 노력해야 한다. 권리금이라는 것이 영업이 잘 되었을 때에는 충분한 보상을 받을 수 있으나, 그렇지 못한 경우에는 지불한 권리금에 휠씬 못 미치는 금액에 점포를 내놓아야 한다. 따라서 적정한 권리금을 확보하기 위해서는 점포를 내놓을 경우 절대 주변이나 중개업소에 장사가 안 되어서 점포를 내놓는다는 인상을 주어서는 안 될 것이며, 개인적인 사정에 의해서 불가피하게 점포를 내놓는다는 것을 알려야 한다. 그 다음이 투자된 인테리어 금액 중에서 그동안 운영했던 기간의 감가상각액을 제외한 금액을 회수하는 것인데 가장 좋은 방법은 기존

실전 창업의 神

에 운영했던 업종으로 개업하려는 사람에게 점포를 넘기는 방법이다. 주변의 소개를 통하거나 비슷한 업종을 운영하는 체인본사에 연락을 취해 인수할 사람을 찾도록 한다. 마지막으로 점포경영주는 점포가 매각될 때까지 최선을 다해 점포를 운영해야 한다. 점포를 매각하겠다고 결정하게 되면 대다수의 사람들은 작자가 나타날 때까지 영업을 대충하는 경향이 있다. 이렇게 점포를 운영하다 보면 앞에서도 언급했듯이 점포가 운영이 안 된다는 인상을 주게 되어 적정한 권리금을 회수하기 어렵게 된다. 따라서 적정한 임차 희망자가 나타날 때까지 점포 운영에 최선을 다하는 것이 점포경영주 입장에서 손해를 최소화하는 것이다.

**넷째,** 전업, 폐업 전에 세금문제는 반드시 확인하라.

전업, 또는 폐업을 할 때에 소홀히 취급하기 쉬운 것이 세금이다. 점포경영주가 점포의 인수가격이나 재고처리에만 신경을 쓰기 때문이다. 그러다가 나중에 예상치 못한 부가세를 내느라 어려움을 겪는 경우가 비일비재하다. 세금 문제는 점포를 개업하기 이전부터 점포를 전업, 또는 폐업할 때까지 항상 신경쓰고 검토해야 할 부분이다. 개업을 하겠다고 결심했다면 점포가 영업을 개시하지 않았어도 먼저 사업자등록을 신청해야 한다. 왜냐하면 점포 운영을 위해 구입하는 각종 집기, 비품 등에 대한 매입부가세를 환급받을 수 있기 때문이다. 사업자등록 이전에 구입한 물품에 대해서는 부가세에 대한 환급을 받을 수 없다. 또한 점포를 폐업할 때에도 잔존 재고는 세무 상으로 점포경영주 자신에게 판매한 것으로 간주되므로 이에 대한 부가세를 납부해야 한다. 점포경영주는 사전에 충분한 검토를 하도록 하며, 특히 세무상의 문제는 전문 세무사에게 의뢰해서 정확한 처리를 해야 불필요한 비용을 줄일 수

있다.

- 잔존 재고를 시가보다 낮게 팔아야 하는 경우라면 재고 자산을 지닌 채 폐업하지 말고 재고를 모두 처분한 뒤에 폐업하는 것이 유리하다.
- 전업하는 경우 기존 사업을 폐업하고 신규 사업을 시작하려면 기존 사업체의 재고에 대해 부가세를 물어야 한다. 하지만 기존 사업체의 사업자 등록증 내용만 변경하는 형식으로 전업하면 부가세를 피할 수 있다.
- 사업체를 다른 사람에게 넘길 때에는 단순히 폐업하지 말고 사업양수도 계약서를 작성해 사업체의 권리, 의무를 포괄적으로 인수자에게 넘기면 부가세가 전혀 발생하지 않는다.

이처럼 조금만 신경을 쓰면 불필요하게 발생하는 비용을 줄일 수 있으므로, 폐업을 하거나 전업을 할 때도 점포정리에만 신경을 써서는 안 된다. 절세 포인트를 잡아내는 것도 성공 점포운영의 요령이라는 것을 명심하기 바란다.

실전 창업의 神

•
•
•

\* 글을 맺으며… 사업에 임하는 모든 분들께 바칩니다.

公子 曰, "見利思義"
(이득을 보면, 의로운가, 의롭지 않은가를 생각하라.)

GoodWorkMaker 이강원

•
•
•

# 당뇨 기적의 완치

## 아는 만큼 극복되는 당뇨!
## 원리만 알면, 반드시 예방되고 반드시 치료된다.

심장병, 뇌졸중, 실명, 심부전, 치매 등 합병증이 나타났을때는 이미 늦어, 이책은 체계적으로 알기쉽게
당뇨를 소개하면서 정상적인 삶을 유지할 수 있는 당뇨 극복법을 제시한 책!

**전국서점
판매중**

| 김동철(생명공학박사) 지음
232쪽 | 12,000원

**인터넷주문 | www.sspark24.com**

### 당뇨 환자와 가족들을 향한 희망의 메시지!

제3세대 당뇨병 제품은 5장 6부의 기능을 정상화함은 물론
이고, 제2세대 원인으로 막힌 베타세포 구멍을 뚫어서 통하
게 하면서 다시 이 구멍이 막히지 않도록 하는 것이 마지막
단계라고 하겠다. 이렇게 되면 당뇨병은 근본적으로 퇴치되
는 것이다.

### 당뇨치료의 새로운 패러다임, NTB-A추출물

NTB-A추출물은 천연의 자연식물 30여가지를, 특수 나노기
술을 이용하여 추출하고 건조하여 분말형태로 만든 원료이
다. 황기, 누에, 산약, 사삼(더덕), 꾸지뽕, 갈근(칡뿌리), 숙지
황, 옥수수수염, 백모근 등의 원료를 과학적으로 잘 배합하
였기 때문에 체질에 관계없이 누구나 섭취가 가능하다. 단순
히 당뇨에 좋다고 하는 성분들을 모아서 추출한 것이 아니
라 정량적으로 배합하고 처방화하여 구성한 것이다.

### 사례. 20대 같다는 말 실감나 바로 이런 것!

가톨릭대 김 모 교수님(남, 50세)은 3개월 섭취 후 정상혈
당을 유지하면서 완전히 옛날로 회복되었다. 대부분의 당뇨
환자들은 신장의 염증으로 인한 발기부전 합병증세로 부부
관계를 거의 할 수 없는 경우가 많은데, NTB-A추출물은
신장의 염증을 해소하여 문제점을 개선해주기 때문이다.

10여 년 전부터 고혈압과 당뇨병으로 내과전문의 치료를 받으며 NTB-A를 5개월째 복용해 오고 있는
65세 남자로 NTB-A를 병원약과 함께 아침저녁으로 3개월째 복용 후, 병원에서 식후 2시간 혈당 수치
가 108로 검사결과가 나와 양호하다는 소견을 받았습니다. 의사에게는 NTB-A 복용한 사실을 말하지
않고 4개월 후 혈액검사를 하였더니 당화혈색소가 6.0으로 양호한 결과 수치가 나왔고 현재도 양호한
상태를 유지하고 있습니다. 병원약만을 먹었을 때는 종종 저혈당 증상으로 고생을 했는데, 지금은 공복
이나 운동 후에 땀을 많이 흘려도 저혈당 증상이 나타나지 않습니다.
당뇨병으로 고생하시는 분들에게 희망이 될 수 있는 NTB-A를 추천합니다.

※전화로 주문하시면 자택으로 우송해 드립니다.